我们从哪里来

罗三洋 著

北京联合出版公司

谨以本书献给我们苦难深重的祖先,
每一个战胜天灾幸存下来的人,
都是真正的英雄。

目 录

序　言　气候开天，地质辟地　　I
楔　子　沧海竟能变桑田　　I

第一章
中国大陆是怎样"炼"成的

01　冷艳星球，生命热土　　13
02　从中华群岛到中华半岛　　24
03　逆袭之路　　40
04　环境史上的头号疑案　　51
05　巨星陨落，哺乳为王　　60

第二章
古海变荒漠，人猿相揖别

01　失落的故乡　　71
02　地中海与人类祖先　　73
03　当北美洲遭遇南美洲　　81
04　八达岭的沉没　　87

第三章
大人国，小人国

- 01 两极分化的猿人　97
- 02 人祖出汾河　104
- 03 湟水奏丧钟　116
- 04 周口店风云　121

第四章
清水洗中华

- 01 黄河几时入海流　137
- 02 15万年的记忆　144
- 03 清水期事件催生的万物之灵　152

第五章
胜利大逃亡

- 01 寻根之旅　155
- 02 火山冬天　162
- 03 出非洲记　168
- 04 从爪哇岛走到爱尔兰　174

第六章
山顶洞人的世界

- 01 大冰河时代　187
- 02 遥远的东方有一条河　196
- 03 重归周口店　209
- 04 猛犸象的澎湖湾　218
- 05 独有英雄驱虎豹，更无豪杰怕熊罴　223

第七章
新世界与旧图腾

  01 最早的美洲人 231

  02 置之死地而后生 241

  03 冰火两重天 247

  04 图腾中的圣兽 254

第八章
当大陆沉没

  01 众口一词的神话 273

  02 时隐时现的蓬莱仙岛 284

  03 麻姑的神圣桑林 303

附 录 史前中国大事年表 313

  参考书目 318

序 言
气候开天，地质辟地

近年来，随着经济发展，环境问题日益受到关注。世界各大媒体每天都在提醒公众，即便科学技术已经发展到了相当高的水准，自然灾难仍然是我们时常无力对抗的，如果不能与自然和谐相处，过度开发终将使人类遭受自然的惩罚。几乎所有环境问题都被归罪于人类的活动，特别是现代工业文明的发展，仿佛在现代工业文明出现之前，地球上不存在环境问题。殊不知，石器时代的古人类没有锅炉、汽车、空调和电冰箱，无法大量排放温室气体，却也要面对环境灾难，其中一些更是大得远远超过现代人的想象，科幻电影中的特效场景都相形见绌。

从古至今，中国的环境问题从未消失过，史前时代和古代的这片疆域曾经多次出现过远比现代更加严峻的环境危机。在开发自然资源与保护自然环境之间寻找平衡，是中国历史上最重要，也最富现代意义的篇章之一。

人们常说，中国历史上下五千年。然而，这片土地的历史远不止上下五千年。在960万平方千米的领土和470多万平方千米的领海内，任意一块石头的年龄都可能远远超过5000年，许多山峦的历史达到上亿年。相比于5000年的历史，这段漫长的史前史在历史书籍中占据的篇幅微不足道，破碎的化石和简陋的石器，差不多就是它留下的全部遗产。这段"石器时代"既缺乏趣味横生的奇闻逸事，更没有荡气回肠的文学名著，实在难以引起公众的心灵共鸣。在许多人的潜意识中，"史前史"甚至不被视为"历史"的一部分。在他们看来，只有见诸文献记载的人类活动才属于"历史"的范畴，而且涉及"怪力乱神"的神话传说还需要剔除。于是，不可避免地出现了两段被割裂开来的中国历史：公元前3000年以前的中国历史和公元前3000年以后的中国历史。两者之间的关系模糊不清。

但从现代的，尤其是从自然科学的观点来看，没有见诸文献记载的人类活动，以及各种生物，甚至无机物的兴衰演变过程，同样都可以纳入"历史"范畴，例如自然史、地质史、疾病史等等。运用20世纪中叶以前的传统研究方法，历史学家和考古学家只能复述古代文献、描述出土文物，而无法回答许多最基本的历史问题。例如公元前3000年左右，为什么中国和中东等地几乎同步进入成熟的农业文明，而世界上许多地区却直到近代依然停滞于原始社会阶段？

对沧海桑田、兄妹开荒、精卫填海等远古神话故事，传统研究方法更是无能为力，只好归结于祖先落后的知识水平和过度奔放的想象力。但是在古人眼中，这些现代人难以理解的神话未必是幻想小说，而往往被视为真实的历史。它们之所以能流传这么久，正是因为建立在"人类集体记忆"这座坚固的地基上。

神话可以理解为由巫师或祭司讲述的历史，因此充满了神秘晦涩的修辞。它关注的重点往往并不是人与人之间的关系，而是人与自然的关系，以及与人类没有直接关系的自然现象。因此，现代人要想理解这些看似荒谬的记载，首先需要掌握足够的知识，进而理解当时古人生存的环境。想要最终打开神话的大门，我们必须借助自然科学这把钥匙，来复原古人的生活环境。而直到最近几十年，人类才开始具备这样的科学技术水平。

实际上，由于人类的记忆能力有限，就连神话时代都远不足以涵盖整个人类历史。专注于"文明"的现代人似乎已经遗忘了，看似停滞，甚至无聊的石器时代持续了数百万年，是整个文明时代的上千倍。考古发现证实，在当今中国版图内，人类的活动历史长达约200万年。在如此漫长的时间内，我们的祖先真的无所作为吗？仅仅在最近的5000年内，见诸书籍的各种人类事迹就已经不可胜数了呀！是因为古人智力不高吗？

古人类化石显示，几十万年前，人类的大脑就已经发育到了与现代人相近的体积和形态。至少最近 10 万年来，人类的智力并没有突飞猛进的迹象。近 2 万年来，人类的脑容量甚至还下降了 10%，大概减少了一个网球那么大的体积。直到几十年前，还有许多民族过着原始社会的生活，一如数万年前我们的祖先。如今他们的后代在使用汽车、手机、电脑等现代设备，但由前可知，我们的智力未必比数万年前的祖先高出多少，甚至可能有所下降。

既然如此，在漫长的时间内，和我们一样聪明的原始社会祖先们究竟在想些什么、做些什么呢？也许这些人空长了一个大脑子，由于缺乏教育或某些缺陷，始终处于浑浑噩噩的蒙昧状态？也许他们要不断面临某些当代已经极少需要应对的挑战，长期在死亡的恐惧和求生的信念之间徘徊？也许他们发达的文化遗迹业已隐没在考古学者无法触及的幽暗地下？

究竟是祖先们进步得太慢，还是我们忘却得太多？5000 年来，限于知识水平，人类始终无法对这个问题给出圆满的回答。20 世纪下半叶出现的新兴学科环境史学（或称"环境考古学"）使我们能够具体细致地复原这段被人类忘却的漫长历史，不必像唐朝诗人陈子昂那样，徒然慨叹"天地之悠悠，独怆然而涕下"。

美国环境史学会给出的定义是："环境史是关于历史上人类与自然世界相互作用的跨学科研究"，"通过研究作为自然一部分的人类如何随着时间的变迁，在与自然其余部分互动的过程中生活、劳作与思考，从而推进对人类的理解"。

然而，只有与人类有关的事件才是真正的历史吗？这不免有傲慢的"人类中心论"之嫌。如果否认自然史是历史的主要组成部分，环境史研究就很可能被导向诸如"如何定义人类""没有古人类生活的地区是否就没有环境史""人类与自然界是否根本对立"之类的歧途上去，也难以将环境史与古人类学和历史地理学等相关学科区别开来。此外，从原始部落中普遍存在的"万物有灵论"（这是一切巫术的基础）来看，史前人类很可能不具备"人类中心论"思想，抱着这种"文明"的想法，我们恐怕永远难以理解祖先们的言行。

目前环境史的内涵十分清晰。它是一门跨学科研究，涉及天文学、地质学、物理学、化学、生物学、数学、医学、农学、气候学、信息学、历史学、考古学、地理学、文献学等众多领域。就时间而言，许多环境史研究工作的对象都大大超出了有人类活动的历史，一直上溯史前时代，直至地球诞生之初。就空间而言，它所研究的自然环境也远远超过了人类生存的地球陆地表面，一直深入到宇宙。所有与地球自然环境变迁有关的研究，都可以被归入环境史的范畴，这是环境史与古人类学和历史地理学等学科的根本不同之处。环境史研究的这些领域，也是古代巫师重点关注并有义务向部落成员解释的领域。因此，要想理解以巫术为文化核心的史前社会，就必须研究环境史。同时就"我是谁？""我从哪里来？""我往何处去？"这三个最基本的人生哲学问题给出科学上的解释。

19世纪出现的考古学颠覆了大量基于古代文献记录的传统历史观念，环境史学则是如此。比起春秋笔法无孔不入的皇皇巨著，岩石、泥土和树木年轮里的信息显得更加可靠。古往今来，没有任何一名史官能够彻底摆脱主观好恶的影响和专业的限制，国家与民族的盛衰总是被归因于某些帝王或权臣的道德水准。有时这种"道德决定论"似乎极富说服力。但事实上，许多帝王将相私德有亏，而道德楷模却结局悲惨。在《史记·伯夷列传》中，司马迁困惑地发问："余甚惑焉，傥所谓'天道'，是邪非邪？"

关于这个问题，司马迁应该多向他的父亲司马谈请教。与崇尚儒家思想的儿子司马迁不同，司马谈推崇倡导"道法自然"的道家思想，而道家祖师老子明确地指出："天地不仁，以万物为刍狗；圣人不仁，以百姓为刍狗。"他认为，人类不能以自己炮制出来的道德标准来要求天地自然，顺应天地自然法则的领导者才是"圣人"，而非一意屈从民意者，因为民意短视又善变。北宋学者欧阳修在其代表作《秋声赋》中进一步阐述道："天地之义气，常以肃杀而为心。天之于物，春生秋实，故其在乐也，商声主西方之音，夷则为七月之律。商，伤也，物既老而悲伤；夷，戮也，物过盛而当杀。"

人类自我设想的"人命关天""救人一命，胜造七级浮屠"等等，听上去很合乎道德，但并没有涵盖"天道"的全部内容。这既是因为人类的智力和知识有限，也是因为在"文明社会"，人类习惯于以自我为中心来思考世界上的各种问题，忽视自然环境，不自觉地忘记了人类只是自然界的一个微小部分而已。春季代表的"生"与秋季代表的"死"，都是天道的一部分。生态系统需要新陈代谢来维持，如果只生不死，这个系统会因为迅速耗尽自然资源而瓦解。世间万物有生必有死，有死才能有生。

仰望星空，在浩瀚的宇宙中，地球之外很难找到具备供生命存在的条件。地球在诞生之后的前10多亿年完全是无机物的世界，根本就不存在什么生命。可见，自然界对生命并没有特别的偏爱。在某些情况下，无生命状态更符合天道。人类即便不自相残杀，也会有瘟疫、洪水、旱灾、地震、火山、海啸等天灾，尽管在人类看来，天道的这一部分实在过于残酷无情。归根结底，"天"并不是专为人类而存在的，宇宙需要取得自然平衡。生物学家发现，在被天敌猎杀部分老弱病残个体之后，兽群经常会变得比以前更加健康强壮；在火灾过后，植被也会生长得比以前还要繁茂。驱使物种演化的主要力量，正是生物的求生欲望；反之，如果天道一味偏爱生命，反而会使生物丧失演化动力，那么地球至今还是细菌和藻类的世界，高等生物根本不会出现。近年来的科学研究还发现，像地震和火山爆发这类现代人眼中的天灾，并不总是生命的敌人，在远古时代，它们曾经多次扮演过生命创造者和拯救者的角色。

每一个成功的物种，都曾经通过各种天灾的考验，成为"适者生存"中的幸存者。传统的神创论者认为，世界诞生之后，物种稳定而不演化，得罪神祇的物种会被天灾消灭。灾变论者认为，环境突变是推动物种发展的决定性因素，但并不都同意天灾代表上帝意志。早期进化论者多数是均变论者，普遍倾向于低估环境突变对物种演化的影响。还有一些学者指出，化石证据显示存在古生物突然大量出现的时代，例如"寒武纪大爆发"，仿佛是灾变的对立面一般，就像上帝突然来到了凡间，在短期内创造出大量物种。如今，大部分学者已经认同，物种演化的过程中既存在均变，也存在骤变，物种演化的原因介乎均变论与灾变论之间。

能够适应自然环境变迁的，就是成功的演化，会被发扬光大；不能适应未来自然环境变迁的，就是失败的演化，会遭到淘汰。然而，当演化发生时，成功或失败并不是生物自身能够预先判断的。高度进化或特化，往往还会成为物种无法适应新环境而衰亡的主要原因。恐龙灭绝时，是地球上最先进、最繁盛、最强大的种群；同样，各种猿人灭绝时，也是当时地球上最先进的物种。如今，世界上"最落后"的生物是病毒和细菌，"最先进"的生物是人类。然而，"最先进"的人类每天都成千上万地被"最落后"的病毒和细菌夺去生命，可见"落后"并不构成物种绝灭的理由，"先进"更不构成能够消灭其他物种的理由。即便在原始丛林里，"弱肉强食"也远非普遍现象，体格弱小的物种依然繁盛的例子比比皆是，生存竞争显然并不像达尔文主义描述的那样残酷。任何物种，只要能适应自然环境的变迁，就有生存繁衍的机会，所以地球上才有数以百万计的物种共存。

自然环境主要分气候与地质两部分，它们既相互影响，又都受到各种外太空因素推动，由此形成了复杂的自然环境系统。人们熟悉的气候挑战包括寒暑、飓风、洪涝、干旱、臭氧层消失和空气污染等。当气候条件适宜人类生存的时候，风调雨顺，五谷丰登，反之则天灾连连，饿殍遍野。人们熟悉的地质挑战包括地震、火山爆发、泥石流、地面沉降、土壤沙化与盐碱化等。当地质环境保持稳定的时候，天下升平，海不扬波，反之则天崩地陷，神州陆沉。总而言之，古代人都要靠天吃饭，如果连饭都吃不饱，自然就没有文明可言。

在各种自然考验面前，有些人类文明能够屹立不倒，而另一些人类文明则消亡得无影无踪。许多文明的领袖为了避免衰亡的命运，曾经展开严肃的探索。一个令传统历史学家和考古学家费解的现象是，所有主要人类文明都对天文学有着强烈的兴趣，还耗费巨大的人力物力设立了专门的机构来观测和研究天象。这个机构通常也是国家的最高学术机关，其研究结论往往会对王朝的政策施加决定性影响。不仅如此，所有现存的主要宗教和哲学流派也都非常重视对宇宙的探索，巫师、祭司和哲学家有义务回答这样深奥的基础性问题：天与地是怎样形成的？人类是怎样出现的？日月星辰为什么会发光？为什么有四季和潮汐？等等。经过苦思冥想，他们提供了丰富多彩的答案，虽然其中的很多解释已经被证伪，但现代科学实际上就发源于此，正如化学源自炼金术和炼丹术，医学源自巫术，现代天文学也源自占星术和宗教神话。

无论是科学还是伪科学，都反映了人类对自然界的探索，而这种精神来自人类经历的各种自然考验。一个国家的天文、气象与地质研究水平越高，防灾水平也会越高，就越有希望在未来的天灾中幸存下来。同时，一个国家的天文、气象与地质研究水平越高，国民就越善于开发和利用自然资源，国家的经济就越繁荣。

通过对历史和现实的观察，中国人概括出"多难兴邦"的经验型认识。不过，"多难兴邦"是有限定条件的：灾难的密度和强度不能超过某一极限值，否则人类会被灾难击垮，像恐龙一样灭绝。通过提升自身的组织能力和科学技术水平，人类可以提高这种极限值，但不应期待把它提高到无穷大，更不能在任何情况下都相信"人定胜天"。

保持对大自然的敬畏固然是明智之举，但如果走向宿命的"环境决定论"，就不免过于机械，因为现代人类能够通过科学研究，提前预知自然环境改变，并且有计划地改造环境以改善自身的生活条件，甚至可以在海底和外太空生存。科学技术的发展使人类的生活空间前所未有地广阔，生活方式也前所未有地灵活。然而，在漫长的史前时期，古人类尚不具备这类能力。那时的他们和其他生物一样，几乎所有的命运都是由环境决定的。

环境决定论和人定胜天论就像硬币的两面，各自表述了真相的一部分。如果单纯强调其中的一面，环境决定论会使人类停滞不前，人定胜天论又会使人类狂妄自大，两者都可能导致灾难性的后果，这已经无数次地被古今中外的历史所证实。

本书讲述的，是公元前 3000 年以前的中国历史，是三皇五帝之前的中国历史，是"中国"尚未出现的中国史前史。史前人类要面对现代人都难以应付，甚至难以想象的自然环境挑战。对于先民而言，目睹那些地球上最壮丽的景象时，大概都无心欣赏。然而，巨型自然环境变迁既毁灭人类，也塑造人类。

对于我们的祖先而言，这是开天辟地的时代，也是沧海桑田的时代。即将展现在读者面前的，是被遗忘的远古中国。这里有比现代中国更瑰丽的自然风光，也有比现代中国更奇特的野生动物。它们塑造了中华民族的性格与文化，带给我们的祖先们无数欢乐与痛苦，也用自己的消逝，为中华文明的兴起奠定了基石。

现在，就让我们唤醒这尘封已久的记忆吧。

罗三洋

2018 年 5 月 18 日

楔 子
沧海竟能变桑田

仙女麻姑的记忆迷宫

说起自然环境的大幅变化,人们总会用到"沧海桑田"一词。"沧海"的意思是海洋,"桑田"的意思是桑树林,这两者之间看似并没有直接的关系,但其中隐含着对于人类至为重要的自然规律和文明密码。要想完全理解这个成语的奥义,我们需要回溯它诞生的时代——4世纪初。

4世纪初可谓中国社会局势最动荡的年代之一,当时北方游牧民族南下占据了整个华北平原,摧毁了刚刚结束三国分裂局面、物阜民丰、号称"天下无穷人"的西晋帝国,导致中原鼎沸,白骨蔽野。幸存者之一的桓温哀叹为"神州陆沉,百年丘墟"。

4世纪初偏偏又是中国历史上最光辉的年代之一,华东地区出现了三位罕见的学术奇才——丞相掾葛洪、尚书郎郭璞、著作郎干宝。这三人都任职于偏安东南一隅的东晋朝廷,而且关系很好,经常聚在一起交流学术思想。他们本来应当专心研究儒家经典,但偏偏都视野广阔,热衷于搜集各个学术派别的著作,而且对神话传说和自然现象怀有浓厚兴趣,在中国史上显得相当独特。

323年晋元帝驾崩,不久郭璞的母亲也去世了。他按照儒家礼制,辞官回家为母亲办丧事。郭璞是有名的占卜大师,人们都以为他会给母亲的坟墓找一块风水宝地,不料郭璞却将墓地选在长江南岸的暨阳县(今江苏张家港),离长江不足200米,地势低洼。不仅如此,暨阳当时迷信盛行,在晋朝以经常出怪事而闻名。亲友感到暨阳不适合,纷纷劝阻郭璞,说此地离长江太近,一旦发生洪水,郭母的墓地就有被淹没的危险。郭璞却平静地答复:"那一段长江马上就要变成陆地了!"不久,长江三角洲的水位果然大幅下降,从郭母墓地向北绵延数十里的长江河道都变成了沙丘,还长出了茂盛的桑树林!

若干年后,郭璞的好友葛洪在他的名著《神仙传》中叙述了这样一个故事:东汉末年有一位法术高深、广受社会各界尊敬的方士,名叫王远。一次,王远来到吴郡(今江苏苏州),当地一位崇尚道术的富人蔡经隆重地接待他。宾主坐定,王远又派手下去请一位叫"麻姑"的仙女来一同进餐。麻姑差人送口信说,已经500多年没有与王远相见了,十分想念。过了两个时辰,麻姑飘然而至,仿佛十八九岁的漂亮姑娘,装束举止优雅。麻姑说:"自从上次会面以来,我已三度看见东海化为桑田。刚才路经蓬莱,看到海水比往年浅,水位大约只有上次会面的一半,难道又要变成陆地了吗?"王远笑着回答:"圣人讲,东海就要再度扬起尘土了。"

由《神仙传》的这个故事产生了两个成语:沧海桑田、东海扬尘。它们都是环境剧变的意思。沧海桑田的故事激发起中国历代学者的持久兴趣和想象力,唐代名士颜真卿参观了据说是麻姑曾经修道的遗迹之后,在《抚州南城县麻姑山仙坛记》中这样记录:"(麻姑山)高石中犹有螺蚌壳,或以为桑田所变。"

《神仙传》里的麻姑是一位仙女,而《列仙全传》《登州府志》等古籍则记载了一位更真实的麻姑。她也恰恰生活在4世纪初,与葛洪是同时代人,是后赵皇帝石虎部将麻秋的女儿。石虎和麻秋都是羯人,羯是个源自中亚的民族,信仰波斯拜火教。

葛洪和麻秋生活的4世纪初正是拜火教的全盛时代,以拜火教为国教的萨珊波斯帝国在此期间多次击败罗马帝国及各个西亚和中亚政权,成为中东霸主,拜火教由此在整个亚欧大陆传播开来。而说起"麻姑"这个名字,每个拜火教徒都耳熟能详:古波斯语称为"Mog",拉丁语和英语则称为"Magus"——拜火教祭司麻葛(亦译"穆护")。

麻葛是伊斯兰教兴起之前波斯主要的知识分子阶层，因为具备丰富的社会与自然知识，所以在波斯帝国享有崇高的地位，掌握宗教和政治大权。亚历山大大帝征服波斯时，将皇家图书馆和神庙中的诸多图书送给他的老师亚里士多德，而将其余图书付之一炬，古希腊学者由此得以将麻葛和其他古代中东学者的研究成果据为己有。现代西方语言中的"magic"和汉语中的"魔术"一词均来源于"Magus"，因为自从汉朝以来，越来越多的麻葛进入中国，而且大都擅长利用自然科学知识表演戏法。"走火入魔"这个源自佛教的成语，同样本指这些经常与火苗打交道、擅长表演戏法的拜火教祭司。麻葛钻研自然科学有深刻历史原因，因为拜火教的起源与中亚常见的石油、天然气自燃现象密切相关。约公元前11世纪创立拜火教的波斯圣人琐罗亚斯德（亦译"查拉图斯特拉"）毕生的大部分时间都在里海沿岸度过，当地的石油、天然气储量在世界名列前茅，而且最早得到开发。

这样看来，麻姑的身份应当是后赵政权的拜火教祭司麻葛。[①] 就在葛洪编写《神仙传》的时候，麻姑的父亲麻秋正在率领羯人骑兵威胁东晋的北部边疆。据史书记载，麻秋的性情阴险狠毒，曾经设计毒死前秦的开国之君苻洪，东晋人非常害怕他，百姓只要说"麻胡来！"，婴孩就不敢再哭泣。一旦当时发生郭璞预言的长江水位大幅下降、"长江变桑田"等现象，北方战马就有可能直接涉越长江南下。

《晋书》和《神仙传》中记载的水域变桑田的奇闻，在古代曾经引起巨大的反响，而这个故事甚至还有更为古老的源头。西方人习惯于手按宗教典籍或宪法发誓，而在远古中国，人们则习惯于以另一种方式发下最隆重的誓言。据《史记·高祖功臣侯者年表》记载，西汉皇帝册封侯爵时，会立下白马之盟誓词："使河如带，泰山若厉，国以永宁，爰及苗裔。"意思是说，直到黄河变得像衣带那么狭窄，泰山变得像磨刀石那样平坦，你的封国都会永远安宁，恩泽一直传到子孙后代。在民间，人们也习惯

---

① 麻姑可能本来是男性，因为麻葛一般都是男性。后来与佛教中的观世音菩萨、大势至菩萨等神祇一样，从男性被改成了女性。

于以类似的内容发誓，例如汉乐府民歌《上邪》就以"山无陵，江水为竭，冬雷震震，夏雨雪，天地合，乃敢与君绝"来展现相爱的男女永不分离的决心。这些以长河断流和大山消失等环境剧变为内容的汉朝誓词被后人统称为"海誓山盟"，还衍生出"海枯石烂"等成语。可见，早在汉代人们就知道，这类环境剧变通常不会发生，如果它们真的发生了，那么一切社会秩序和文化习俗都会被颠覆。

古人对于山河剧变的描述值得现代人认真思考：它们究竟是天马行空的幻想，还是真实的历史事件？如今，黄河断流已经不罕见，长江变桑田也可以用旱季常见的枯水现象来解释，但东海的水位是否真的可能在短期内发生这么大的变化呢？为什么长江、东海这些巨大的水体在干涸之后，会变成桑田，而不是被其他植被覆盖呢？

太行山上有海螺

在所有科学门类之中，地质学虽然不是最古老的，但也堪称前辈。早在石器时代，人类就开始对岩石矿物分类，但真正的系统性研究始于公元前6世纪。当时，在麻葛的睿智指导下，波斯人建立了史上第一个世界性帝国，其国民可以安全地从尼罗河走到印度河，从爱琴海走到阿拉伯海。爱琴海沿岸的希腊人利用这个史无前例的机会，在波斯帝国境内进行远距离贸易，迅速发家致富。同时，通过与麻葛的接触，希腊人也发展出精妙的哲学，涌现出众多学者。例如赫卡泰奥斯在周游了波斯属下的西亚和埃及等地后，写了几部地理学专著，从而被西方学者誉为"地理学之父"。

公元前5世纪中叶，古希腊的"历史之父"希罗多德追随赫卡泰奥斯的足迹，来到埃及考察当地古迹。参观了金字塔群和狮身人面像以后，他逆尼罗河而上，试图寻找这条埃及母亲河的源头。在埃及南部，希罗多德意外地在山上发现了大量的海贝化石，还看见"地面上到处都有渗出的盐"，百思不得其解，于是向博学的埃及祭司请教，得知"在孟菲斯以上，两条山脉之间的全部土地，看起来显然曾经是一个海湾……现在的埃及从前就是一个由北向南伸展的海湾，在北面冲刷着埃及，一直到埃塞俄比亚"。经过思考，希罗多德推论："如果尼罗河选择从现在的河道流入阿拉伯湾（今苏伊士湾）的话，那么难道有什么因素能够阻止这条河在至多两万年间用冲积土把整个海湾填塞起来呢？我认为，一万年就足够了。在我出生之前的年代，一个更大的海湾又如何不能被这样一条奔腾不息的大河逐渐淤积，填塞成陆地呢？"于是他总结："正如埃及人自己所确认，而我也深信不疑的，就是尼罗河三角洲系由河流冲刷而成，而且只是在不久之前才出现的。"而在希罗多德之前约半个世纪，从波斯占领区流亡到意大利南部的古希腊唯物主义哲学家色诺芬尼，也曾经根据同样的山中海洋生物化石证据，提出陆地与海洋曾经相互转变的学说。

11世纪，宋朝的沈括走在离黄河不远的太行山上，看到了与1500多年前希罗多德在埃及山区所见相同的情景：太行山上遍布着螺蚌化石，而且不是淡水品种，而是海水品种。当地人对此早已熟视无睹，沈括却开始思考：高耸入云的太行山连人类攀爬起来都很费劲，这些行动缓慢的螺蚌是怎样从千里之外的大海里来到这里？最后，他得出了与色诺芬尼和希罗多德相似的结论："太行山是古代的海滨，如今东距大海已经将近千里。所谓大陆，都是浊泥堆积出来的罢了！尧处死鲧的羽山，古籍说在东海中，如今却在陆地上。诸如黄河、漳水、滹沱河、涿水、桑干河等大河，都是泥沙含量很高的混浊河流，关陕以西的河流经常在地上切割出百余尺深的河谷。这么多被河流冲走的泥土年复一年地向东流去，最终在浅海淤积而形成大陆。"

通过观察高山上的海贝化石，色诺芬尼、希罗多德和沈括都联想到日常的河泥淤积现象，进而总结出河泥淤积形成陆地的理论。然而，这几位古代学者的理论正确吗？

随着科学技术水平的提高，近现代科学家发现，大部分陆地的成分与河泥并无关系。色诺芬尼、希罗多德和沈括常年在农业国家生活，衣食住行都有赖于河流的馈赠，因而难免倾向于过高估量河流在地球自然系统中的地位。如今我们知道，地球有大约46亿年的历史，而在陆地形成之初，地表温度超过100℃，这样的温度下熔岩可以冷却，从而形成陆地，但液态水无法存在，只有水蒸气。所以，早期地球上一条河流都没有。直到恐龙时代，陆地上的河流仍然比较罕见，河泥沉积现象更无从谈起，但当时中国和埃及的许多山脉都已经屹立上亿年之久。

尽管如此，色诺芬尼、希罗多德和沈括对山区出现海生贝壳化石的现象，不约而同地得出了那里原本曾是海滨或海床的结论，的确经得起现代科学的检验。出土海生动物化石的地区，通常曾经是海洋，其中甚至包括地球上海拔最高的一些地区。

1972年，古生物学家董枝明迈着沉重的步伐，在海拔4800米中国与尼泊尔边境的小镇聂拉木郊外山区跋涉。与色诺芬尼、希罗多德、沈括等古代学者不同，董枝明接受过系统的现代地质学和古生物学教育。他很清楚地知道，青藏高原之所以成为世界第一高原，与河泥淤积无关，是几千万年来印度次大陆撞击亚欧大陆，造成亚欧大陆西南部地壳隆起的结果。他此行要寻找的东西，要比海贝化石大得多。

董枝明在聂拉木山区发现的是一种巨型海生爬行动物的化石。从化石大小分析，它的外形类似于海豚，但体长超过10米，是已知最大的一种鱼龙。后来，古生物学家将它命名为"喜马拉雅鱼龙"。这种海洋巨兽生活于1.8亿年前，那时喜马拉雅山区是一片水深不过200米的浅海。

与喜马拉雅山区类似，太行山地区也曾经静卧海平面之下，螺蚌生活在那里。那是一个比喜马拉雅鱼龙出没时期更加古老的年代。我们在如今陆地上的很多区域都能找到海生生物化石，说明这些陆地曾经被海水淹没。这种陆地时而被海水淹没，时而又露出海面的现象，正是葛洪笔下的"沧海桑田"。究竟在什么情况下，"沧海"比较容易变成"桑田"，导致海洋生物变成陆地上的化石；在什么情况下，"桑田"又比较容易变成"沧海"，导致陆地生物遭遇灭顶之灾呢？对于包括人类在内的许多生物来说，这是性命攸关的严肃问题。

海与陆的争夺战

"沧海桑田"并不只是属于远古时代的地质活动,它与现代人的生活也息息相关。如今,全球近一半人口都生活在沿海地区,那里地形平坦,交通便捷,还有美味的海鲜。但同时沿海的土壤容易因海水渗入而盐碱化,地下水也往往因盐度过高而无法饮用。更严重的是,由于海水上涨,包括一些岛屿在内的许多沿海地区,都可能在不远的未来被上涨的海水淹没。基里巴斯、汤加和马尔代夫等海岛国家都可能因此消亡,上海、东京、孟买、圣保罗、伊斯坦布尔、伦敦和纽约等沿海大城市也可能被放弃,从而造成恐怖的难民潮。现代地质学家称这种海水淹没陆地的现象为"海侵"。反之,当海平面下降,大片海床变成了陆地,就是所谓"海退"现象。海退将导致沿海国家的领土扩大,众多海港变成内陆城市,人类的生活方式必然因此发生改变。

由于全球各大洋相互连接,它们的海平面一涨俱涨,一降俱降。所以,海侵和海退通常都是全球性的,所有沿海国家的领土都会在海侵时减少,在海退时扩大,但变化的幅度并不相同,主要取决于沿海地区的海拔高度情况。当海平面上升时,海拔低的沿海地区被海水淹没的面积就大,而海拔高的沿海地区被海水淹没的面积就小。而在海退时期,海水较浅的区域便会露出海面,形成陆地,海水较深的区域依然是海洋。悬崖峭壁为主的海滨地区受海侵海退的影响较小,而沙滩平缓广阔的地区则相反。水深不足200米、在海退期间容易露出海面并形成陆地的浅海海床区域,被地质学家称为"大陆架"。大陆架是大陆的自然延伸,也是国家主权的自然延伸。因此,海侵时,大陆变成大陆架,领土变成领海;而在海退时,大陆架变成大陆,领海变成领土。

浅海大陆架的存在,是沧海桑田转换的前提条件,但大陆架在地球上的分布并不均匀,真正宽广的大陆架寥寥无几。除了气候寒冷的南北两极大陆架,温带和热带大陆架就更加屈指可数。

非洲几乎没有大陆架,唯独突尼斯和红海沿岸的大陆架面积稍大,尼罗河、刚果河等大河河口也有较小的大陆架。

南美洲的情况与非洲相似，除了亚马孙河与拉普拉塔河河口以及最南端靠近南极洲的寒冷地区，没有宽阔的大陆架。

北美洲的大陆架面积较大，但大多分布在靠近北极圈的阿拉斯加和哈得孙湾，此外在美国东部和墨西哥湾沿岸有较窄的大陆架。

大洋洲北部有较为广阔的大陆架存在，沟通澳大利亚与新几内亚。

欧洲的大陆架较多，主要分为两部分：从亚得里亚海、爱琴海至黑海北部的环巴尔干大陆架，以及从爱尔兰经英吉利海峡与北海、波罗的海相连的西北欧大陆架。

亚洲拥有地球上面积最广阔的温带、亚热带和热带大陆架，主要分为两部分：从波斯湾经阿拉伯海北部至印度西部的西南亚大陆架，以及西起马六甲海峡，东达日本本州岛，北至渤海，南抵爪哇岛的东亚-东南亚大陆架。

只要全球海平面下降一二百米，上述浅海大陆架就会变成陆地，在过去250万年中，此种情形出现过十几次。主要原因是当时地球气候变得非常寒冷，大量的水被冻结成冰，集中于南北极和高原地区，海水总量减少，这就是环境史上经常提到的"冰期"，又称为"冰河时代"。反之，地球气候变得炎热，两极和高原冰川大量消融，海水总量增加，海平面上升的时代，被称为"暖期"。总之，冰期发生海退，陆地面积增加；暖期发生海侵，陆地面积减少。

几乎所有的人类古文明都出现在温带和亚热带大陆架附近，这不是偶然的。河流被称为"文明之母"，因为尼罗河、幼发拉底河和底格里斯河、印度河、黄河和长江分别孕育了四大文明古国。但是，世界上的多数大河并没有在四五千年前孕育出早期文明。可见仅仅河流的存在，不足以促成文明的诞生。打开地图会发现，四五千年前诞生古文明的地区，不仅全都地处气候宜人的温带和亚热带，有大河为人类社会供应充足的淡水，而且都毗邻浅海大陆架。文明古国的出现，与远古多次发生的沧海桑田现象有关吗？

为了理解沧海桑田现象对早期人类产生的影响，我们需要回溯到人类出现之前的远古时代，去观察这类自然环境剧变是如何操纵各种古生物兴衰的。

地图1　全球浅海大陆架分布图

第一章
中国大陆是怎样"炼"成的
（9.6亿—800万年前）

01

冷艳星球，生命热土
（9.6亿—5亿年前）

雪球地球时代

7亿多年前，一个银白色的圆球散发着凛冽的寒气，悬浮在宇宙真空之中——这就是地球。

如今，地球表面的71%是海洋，所以地球被称为"蓝色的星球"。然而，地球并不总是蓝色的。约46亿年前地球诞生之初，它是红色的，是一个炽热的熔岩球。直到约38亿年前，地表温度终于降至100℃之下，液态水出现，棕灰色的地壳上点缀了一片片蓝色的海洋和湖泊，两极地区甚至开始出现白色的冰雪。

对生物成长来说，氧气的增加和二氧化碳的减少虽然有利，但是过犹不及。约9.6亿年前，由于细菌和藻类极度繁盛，大气层中氧气含量过高，温室气体含量过低，无法有效吸收太阳能，导致全球气温剧烈下降，冰盖逐步从两极蔓延到赤道，最终整个地球都被冰雪覆盖。此时地球变成了一个银白色的星球。

距今9.6亿至5.4亿年的这段大冰期，被科学家称为"雪球地球"时代。它可以进一步被划分为三个冰期，分别是：距今9.6亿至8.9亿年的青白口冰期、8.2亿至7.3亿年前的南华冰期，以及6.4亿至5.4亿年前的震旦冰期。其中，南华冰期是地球历史上最寒冷的时代。

表1 地球大冰期年代简表

时间	国际名称	国内名称
27亿—20亿年前	赫罗连冰期	—
9.6亿—8.9亿年前	奈舍冰期	青白口冰期
8.2亿—7.3亿年前	斯特廷冰期	南华冰期
6.4亿—5.4亿年前	维兰杰冰期	震旦冰期
4.4亿—4.2亿年前	奥陶-志留纪冰期（安第斯-撒哈拉冰期）	—
3.5亿—2.7亿年前	石炭-二叠纪冰期	—
260万—1万年前	第四纪冰期	—

在大冰期，冰雪覆盖着整个地球，大部分阳光都被冰雪反射回太空，地球表面吸收的能量极少。厚达数千米的冰层意味着动物不可能存活，当时地球上只有一些细菌和藻类，它们藏身在冰层缝隙和冰盖下的海洋里，依靠太阳能、气体和海底的矿物质维持生命。

我们之所以知道当时有细菌和藻类活动，是因为它们的化石至今犹存。叠层石是一种常见的建筑和工艺品石料，人民大会堂的石柱座就是用一种名叫"灵璧石"的叠层石雕刻的。人类使用叠层石已有很长的时间，但直到1914年，瑞典地质学家安特生才发现，叠层石是由数亿年前的细菌和藻类化石组成的。安特生由此声名大振，不久便被民国政府重金聘请来华，成为中国地质学、环境史、古生物学、古人类学和考古学的重要奠基人之一。

天文学家迄今尚未在外太空找到像地球这样的蓝色星球，雪球地球倒是一大串。太阳系里就有被冰层完整包裹的木卫二（木星的第二颗卫星），别名"欧罗巴星"。天文学家已经发现，木卫二的冰层下存在海洋，因此很可能是太阳系中地球之外第二颗存在生命的星球。不少学者和科幻作家都在畅想，有朝一日带着鱼竿飞到木卫二，凿穿冰层，期盼着从底下的海水里钓出生物。雪球地球是宇宙中的常见现象，这是一种可以长久自我维持的环境体系。既然如此，地球为什么能够摆脱稳定的雪球地球状态，变成生机勃勃的蓝色星球呢？

因为地球不是一个稳定的居所。它甚至根本谈不上牢固，表面到处是裂缝，内部暗藏着杀机，还经常有过于热情的邻居登门造访。

内外交困的地球

地球内部分为三层：地壳、地幔和地核。地壳与地幔之间流淌着炽热的岩浆。从某个角度上说，养育生物的地球本身也是一只生物。地壳就像皮肤，江河湖海就像汗水，岩浆就像血液，包括人类在内的亿万地表生物就像它身上的寄生虫。

地壳看似坚实，其实相当脆弱，经常会由于各种原因患上"皮肤病"，最常见的现象就是开裂。较小的开裂会引起地震和海啸，短期内导致大批生物死亡。裂开以后形成独立部分的地壳称为"板块"。板块理论是现代地质学的核心理论，始于德国地质学家魏格纳在1912年提出的大陆漂移学说。板块运动理论指出，地壳由众多板块构成，它们相互撞击的边缘地区会形成地震带和火山带，地球上绝大多数的地震和火山都集中于这些条带区域，例如环太平洋火山地震带和地中海火山地震带等。

地壳中最丰富的金属元素之一是铁，地幔中铁的含量更高，地核甚至可能是由纯铁组成的。铁是典型的磁性金属，因此富含铁的地球拥有远比金星等行星更强大的磁场。目前地球的南北磁极距离地理上的南极和北极不远，但在历史上并非如此。地球的磁极位置不断变化，而且变化速度相当快，有时1000年就能移动45°以上，地球物理学家称这种现象为"极性漂移"。[①] 地球甚至每几十万年就会有一次180°的正负磁极倒转，这时地球磁性可能会短暂消失，上一次磁极倒转事件发生在70万年前。如此快速和剧烈的磁极变化对气候的影响非常剧烈，对生物的影响更大，特别是那些依赖磁场定位迁徙方向的动物。快速磁极漂移和磁极倒转可

---

① 举例来说，1570年伦敦的磁场倾角是偏东11°，1820年却变成了偏西24°。一个半世纪内，地球北磁极的位置就移动了超过8°，而南磁极的位置更是移动了超过9°，相当于地球一周的1/40。

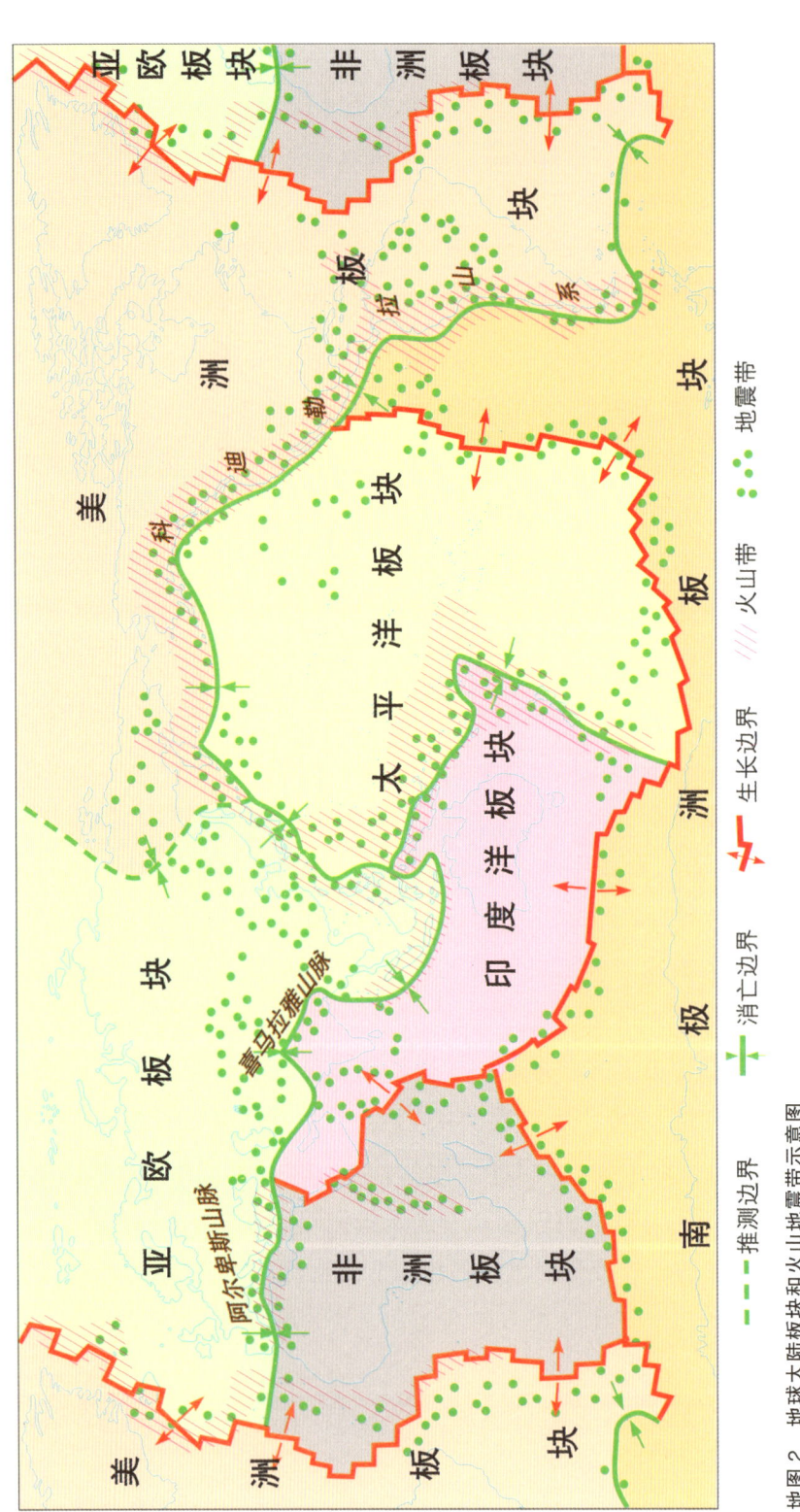

地图 2 地球大陆板块和火山地震带示意图

能造成动物精神错乱，无法觅食，或是因为迁移路线错误而陷入绝境，大量死亡直至灭绝，也可能导致基因突变而诱发新物种的产生。

当地壳完全裂开时，地壳与地幔之间的岩浆就会从缝隙中喷发出来，在陆地上形成火山。地球有火山并不奇怪，大部分已知星体都有火山，金星等固态行星和月球等固态卫星上遍布肉眼可见的火山口。此外，太阳等恒星有日冕，木星等气态行星也有气体喷发，这都是火山的表现形式，因为星体需要不定期地释放内部压力。

火山爆发不仅会喷射岩浆，还会向大气层中释放火山灰、碎石和多种气体，导致空气中颗粒物急剧增加，气温下降，酸雨绵延，而且常常引发伴生性的地震与海啸，瞬间将周边区域夷为平地。如果火山爆发达到一定规模，就将成为全球性气候事件，对生物造成的影响短则持续数月，长则持续百万年。另一方面，毁灭生命的地质因素，往往也能够创造生命。大约35亿年前，受益于一种名叫"黑烟囱"的海底火山释放的热量和矿物质，微生物在海洋中出现了，并在此后近30亿年间主宰了生物界。在陆地上，火山运动制造了大量的温泉，这些温泉为部分生物提供了生存必需的能量。某些以火山口为家的细菌的最佳生长温度超过了100℃，它们在酷热的地球早期顽强地延续着生命的火种。

生命出现之后的近30亿年内，地球表面一直是细菌和藻类等单细胞生物的世界。恶劣的气候，特别是缺乏能够反射紫外线的臭氧层，阻止了高等生命的出现。

频繁的外来环境剧变，迫使生物探索不同的演化之路。最激烈、对生物演化影响也最显著的外来环境剧变当数陨星撞击。如果我们用高倍望远镜观察火星、金星和月球，不难发现它们的表面布满了圆形的大坑，这些大坑是亿万年来"不速之客"多次强烈撞击这些天体之后留下的疤痕。

可能撞击地球的陨星分两类，即小行星和彗星。小行星大部分来自火星和木星之间的小行星带，总数多达几十亿颗，可能是某颗太阳系早期行星碎裂的残骸。由于木星体积庞大，并具有比太阳还大的磁场，阻止了这些行星残骸重新聚合为完整的行星。于是，它们只好在火星附近漫无目的地游荡，经常相互撞击，有时也会撞上别的天体，距离火星不远的地球经常难逃厄运。

彗星由彗核与彗尾两部分组成，彗核是由碎石和冰块组成的固体，彗尾则全是气体。彗核和小行星一样，含有大量的冰块，还包括极冷的液态气体，通常富含剧毒的氰化物。在飞近太阳这样的高温恒星时，寒冷的彗核会逐渐蒸发，损失相当一部分质量，并由此获得巨大的推动力而改变飞行方向。在人类已知的300多颗彗星中，大部分彗星围绕着太阳进行椭圆形飞行。由于彗核在飞行的过程中不断破碎损耗，彗星的质量迅速变化（例如哈雷彗星每公转一周，质量减少约20亿吨），而且经常与其他天体相撞，所以其椭圆形飞行轨道和公转周期并不固定。对于地球来说，最重要的两颗彗星是哈雷彗星和恩克彗星。哈雷彗星2000多年来的公转周期在75—79年摇摆，恩克彗星的公转周期变化则大得多，目前约为3.3年，而且每次回归，公转周期平均减少3小时，轨道也会相应缩短。

之所以哈雷彗星的公转周期更长且稳定，是因为它尚处于壮年，质量较大。恩克彗星则垂垂老矣，质量较小（目前其彗核体积不及哈雷彗星的20%），甚至连彗尾都消失了，被天文学家戏称为"谢顶"，因此公转周期更短且不稳定。在宇宙天体之中，彗星的寿命并不算长，按照平均76年公转一周，每公转一周质量减少约20亿吨推算，哈雷彗星的寿命不过几十万年。至于恩克彗星，按照它目前的质量和运动衰减情况估计，可能用不了几百年就会飞入太阳而毁灭，也有可能在某个太阳系行星上（例如地球）找到自己最后的归宿。近200年以来，人类业已经历至少6颗彗星的死亡。人类非常幸运，这6颗彗星都不是死于同地球的相撞，但在远古时期，这种事屡见不鲜。

较大的小行星和彗星撞击地球的后果截然不同。在高速穿越大气层时，两者都会因与空气摩擦产生的热量而燃烧。小行星由于结构比较紧密，表面虽然会熔化，但内核在撞击地壳之前通常较少碎裂；彗星由于结构比较松散，彗核还含有大量冰块，所以进入大气层后，这些冰块会因高温而融化、蒸发，整个彗核也会分解成大量碎石和尘埃，这个分解过程快速激烈，往往表现为在大气层中爆炸的形式。所以，小行星撞击地球时，通常是一块或几块陨石坠落在很小的区域，撞击地壳前极少爆炸；彗星撞击地球时，则会带来成千上万块陨石，坠落在广阔的地区，撞击地壳前经常发生爆炸。不少学者都怀疑，1908年西伯利亚森林上空的"通古斯事件"，其实就是一颗小型彗星在大气层中发生的爆炸。

处于大冰期的地球频繁经历地震、火山喷发和陨星撞击等环境剧变，冰盖多次遭到破坏，海洋得以重见天日。终于，火山喷发的温室气体积累到足够的浓度，导致大气层温度回升，全球冰盖逐渐解体，随之出现了广阔的低盐度浅海，银白色的地球开始慢慢变蓝，"雪球地球"时代宣告结束。

如今，地震、海啸、火山喷发和陨星撞击都被视为毁灭生命的可怕力量。但如果没有它们在几亿年前撕裂全球冰盖，地球现在依然会像冰封的木卫二那样生机匮乏。环境因素与生物界之间的这种相互抑制又相互促进的关系，有力地证明了：赐予生命的，也会剥夺生命；剥夺生命的，也会赐予生命。

大冰期的多次自然环境剧变，使地球逐步具备了孕育高等生命的条件。之前的地球是单细胞生命的世界，这些小生灵以其无与伦比的环境适应能力，在严酷的环境下延续了宝贵的生命火种。此后，全新的高级生命形态将把地球带入一个五彩缤纷的世界。

寒武纪生命大爆发

约5.4亿年前，了无生机的大冰期终于结束了，银白色的全球冰盖逐渐被两片湛蓝色的海洋取代，地质学家称之为"泛大洋"（古太平洋）和"泛非洋"。

地球现在的海水是咸的，但在泛大洋和泛非洋形成时，情况并非如此。这些原始海水主要来自融化的冰盖，而冰盖的冰主要是由降雪层层堆积、挤压形成的，降雪又来自大气中的水蒸气，因此都是淡水。所以，当全球大冰盖融化时，形成的海水含盐度很低，是淡水海洋。那么，5亿年前的淡水海洋是如何变成现代的咸水海洋的呢？

全球冰盖融化时，在温暖的环境下，藻类和细菌在淡水海洋中迅速繁殖，为新型生物提供氧气和食物。短短几百万年内，包括节肢动物、软体动物、腕足动物和环节动物在内的大多数无脊椎动物和脊索动物突然全部出现，以不到地球生命发展史1%的瞬间创造出99%的动物门类，地质学家和古生物学家称之为"寒武纪生命大爆发"。从此，地球进入了生机勃勃的显生宙时代。从生态环境角度来看，动物存在的主要意义是抑制植物的过度生长，同时将氧气转化为二氧化碳等温室气体，从而控制大气中氧气的比例，使地球不至于再度变得酷寒。因此5亿年来，宇宙中常见的雪球地球现象没有再降临地球。博物学家阿加西斯由于提出雪球地球和寒武纪生命大爆发理论，被视为灾变论的吹鼓手，受到莱伊尔、达尔文等倾向于渐变论的科学家的批判。如今我们知道，在很多情况下，阿加西斯的意见也有可取之处。

几亿年来，动物的尸体和排泄物大量沉积在海底，其中富含氯化钠，久而久之，深海形成了盐卤层，逐渐释放盐分与上层淡水混合，导致海水变得越来越咸。海水变咸的另一个原因是陆地上的河流冲刷岩石，溶解其中的盐分，将其带入大海。按照目前的全球河流流量计算，1亿年就足以使全球海洋达到目前3.5%的含盐量，可见，远古时代地球上的河流比现代要少得多。此外，动物的内骨骼和外骨骼（甲壳）主要由碳酸钙构成，它们在动物死后沉积下来，与海水中析出的矿物质共同在海床上形成了碳酸钙层，最终通过地质作用转变为石灰岩。所以，含有石灰岩的陆地在远古时很有可能是海洋，很容易发现海洋生物化石。

寒武纪生命大爆发的代表化石是澳大利亚的埃迪卡拉生物群、加拿大的布尔吉斯页岩生物群和中国云南的澄江生物群，它们无一例外都是浅海生物，如八臂仙母虫、奇虾和三叶虫等。这说明，当时的陆地上还是

表2 显生宙地质年代表

年	代	纪	环境	代表生物
5.4亿—5.1亿年前	古生代	寒武纪	气温上升，氧气增加，浅海泛滥，劳伦古陆与冈瓦纳古陆形成，石灰岩沉积	藻类、腔肠类、三叶虫、棘皮动物、奇虾、笔石、鹦鹉螺
5.1亿—4.4亿年前	古生代	奥陶纪	气候温暖，海平面继续上升，海侵广泛，碳酸盐岩发育，每昼夜21小时	腔肠类、三叶虫、笔石、鹦鹉螺、星甲鱼、鲨、珊瑚、海百合
4.4亿—4.1亿年前	古生代	志留纪	气温下降，海退出现，页岩和红砂岩沉积	裸蕨植物、珊瑚、海百合、蛛形目、盾皮鱼类、棘鱼类、腕足类、笔石
4.1亿—3.6亿年前	古生代	泥盆纪	气温波动，海平面反复升降，碳酸盐岩、页岩和红砂岩沉积，每年约400天，每昼夜21—22小时	蕨类、裸子植物、菊石、石燕贝、腕足类、昆虫、软骨鱼、两栖类
3.6亿—2.9亿年前	古生代	石炭纪	气温下降，大面积海退，冰川发育，煤炭形成	蕨类、裸子植物、菊石、腕足类、两栖类、爬行类
2.9亿—2.5亿年前	古生代	二叠纪	气温上升，古地中海形成，阿拉巴契亚造山运动，沙漠扩张，火山活动频繁，红砂岩与镁质灰岩层叠，石油、天然气与煤炭形成	蕨类、裸子植物、菊石、腕足类、介形类、昆虫、两栖类、爬行类
2.5亿—2.05亿年前	中生代	三叠纪	气温上升，湿度增加，盘古大陆形成，火山活动加剧，两极冰川消失，红色砂岩发育	蕨类、裸子植物、软体动物、菊石、两栖类、合弓类、恐龙、翼龙、鱼龙、蛇颈龙、哺乳类
2.05亿—1.35亿年前	中生代	侏罗纪	气候温暖，湿度增加，盘古大陆分裂，泥灰岩发育	蕨类、裸子植物、被子植物、昆虫、菊石、全骨鱼类、恐龙、鱼龙、蛇颈龙、翼龙、哺乳类
1.35亿—6500万年前	中生代	白垩纪	气候温暖，海平面上升，海侵广泛，燕山造山运动，火山活动频繁，白垩石灰岩发育	蕨类、裸子植物、被子植物、昆虫、菊石、全骨鱼类、两栖类、恐龙、鱼龙、蛇颈龙、翼龙、鸟类、哺乳类
6500万—2300万年前	新生代	古近纪（古新世、始新世、渐新世）	气温下降，海退出现，阿尔卑斯-喜马拉雅造山运动，科迪勒拉造山运动，火山活动频繁，玄武岩与砂岩发育	裸子植物、被子植物、有孔虫、昆虫、鱼类、两栖类、爬行类、鸟类、哺乳类
2300万—260万年前	新生代	新近纪（中新世、上新世）	气温大幅波动，海退与海侵交替，阿尔卑斯-喜马拉雅造山运动，科迪勒拉造山运动	裸子植物、被子植物、有孔虫、珊瑚、昆虫、鱼类、两栖类、爬行类、鸟类、哺乳类、猿人
260万年前至今	新生代	第四纪（更新世、全新世）	气温大幅波动，海退与海侵交替，冰川活动和火山活动频繁，青藏高原、科迪勒拉与阿尔卑斯山脉隆起，季风带和黄土形成，白头山期地质活动	裸子植物、被子植物、有孔虫、珊瑚、昆虫、鱼类、两栖类、爬行类、鸟类、哺乳类、人类

死气沉沉。究其原因，当时地球大气层中缺乏臭氧层，所以地表紫外线照射量远比现代高。大家都知道紫外线可以杀菌，其实紫外线的强度达到一定程度以后，可以杀死所有生物。在高强度的紫外线照射下，陆地依然是高等生命的禁地，只有少数细菌存活，能够反射紫外线的海水则成为生命乐园。

无论是埃迪卡拉、布尔吉斯页岩，还是云南澄江，如今都是陆地，而且大多还是海拔千米以上的高原山地。这说明5.4亿年来，这些区域的地壳都有过剧烈的抬升，海床变成了陆地。

大冰期之后，全球地质活动变得剧烈。正如科学家如今在南北两极和雪域高原观察到的，厚实的冰川重量巨大。冰川在形成时，对其下的岩石会造成相当大的压力，如果冰川达到数千米厚，甚至会使岩层完全变形并大量破裂；当冰川消融时，岩层会失去巨大的压力，逐渐向上反弹，进一步引发岩石碎裂；冰川移动时，可以将所到之处的岩石全部压碎。将这一现象扩大到全球的规模，我们不难想象大冰期之后会发生什么：不仅是洪水肆虐，而且地震不断发生。

大冰期之前，各大陆都比较平坦，没有大型江河。但由于全球冰盖消融，而且消融的速度不同，释放的压力也不同，导致大量地壳破裂，许多岩层在碎裂后翘起，形成山脉和高原，另一些地方则塌陷形成盆地。大陆因为地质活动变得不再平坦，板块运动加剧。所以，5亿年来，大陆数量越来越多，山脉和高原越来越高，盆地和海沟越来越深，地球变得越来越崎岖不平。原本平坦的陆地变得歪斜，导致陆地上的淡水流向低处，形成河流，于是河流越来越多，海洋越来越咸。海洋生物纷纷调整自身的呼吸和循环系统，以适应新环境。不过，由于海水盐度的上升是非常缓慢的过程，海洋生物有足够的时间来自我调节，很少有物种因此绝灭。

全球冰盖消融以后，在泛大洋中出现了两片大陆，即包括今澳大利亚、南极洲、印度次大陆、非洲和南美洲大部分地区的冈瓦纳古陆，以及包括现代北美洲大部分地区的劳伦古陆。也就是说，埃迪卡拉生物群生活在冈瓦纳大陆四周的浅海大陆架上，而布尔吉斯页岩生物群生活在劳伦古陆四周的浅海大陆架上。

等等。中国在哪里？当今地球上面积广袤、人口众多的亚欧大陆又在哪里？5.4亿年前寒武纪生命大爆发时，它们全都不存在吗？

02

从中华群岛到中华半岛

（5亿—2亿年前）

中华大陆的童年

打开任何一幅世界地图，亚欧大陆都很难被忽视。它不仅是地球上面积最辽阔的大陆，也是人类历史上许多关键事件的发生地，以至于地缘战略学家称它为"中央岛"，认为谁支配了亚欧大陆，谁就支配了整个地球。这种理论适用的时间并不长，亚欧大陆完全成形，荣登全球第一大陆的宝座，只是最近3000万年的事情。当恐龙出现时，地球上还没有亚欧大陆，而北美洲、南美洲、非洲、南极洲等大陆倒是已经存在好几亿年了。

现代地球上最辽阔的亚欧大陆，居然是各大陆中年纪最轻的一员，而我们脚下的中国，又是亚欧大陆上环境变化最频繁、最激烈的区域。中国境内最古老的物质，是1976年3月8日坠落在吉林省的一批陨石，这些外星来客大约形成于46亿年前，与地球基本同龄。当时，地球还是宇宙中的一滴熔岩，过了大约10亿年，河北、辽宁一带的地表岩浆才开始冷却硬化，形成了中国最早的岩层。随着地球的进一步冷却，这些岩石逐步增大，构成了未来大陆的核心区域，地质学家称之为"陆核"或"地盾"。中国最早的陆核有三块，即包括今河北省北部、辽宁省大部和吉林省南部的"冀辽陆核"，包括今河北省南部、山东省西部、河南省北部和安徽省北部的"河淮陆核"，以及包括今内蒙古南部、山西省北部和陕西省北部的"鄂尔多斯陆核"。换言之，华北是中国最早的陆地，而中国的其他地区，包括东北大部、华东、华南、西北、西南，原先都在海底，当时地球上80%以上的面积都是海洋。

这些华北陆核原本只是一些小岛，大约26亿年前，它们开始相互撞击，引发了中国最早的几次地质运动，形成了地质学家称为"华北板块"的一个大岛，而扬子板块（今四川、重庆、湖北、云南一带）、华夏板块（今浙江、福建、广东一带）、哈尔滨板块（今黑龙江、吉林一带）、准噶尔板块（今新疆北部）、塔里木板块（今新疆南部）、柴达木板块（今青海北部）和羌塘板块（今西藏中部）其他七个板块也开始在华北板块附近形成，但是大多仍然没有露出海面。

表3　中国主要地质运动年代简表

年	运动	地质影响
26亿—25亿年前	阜平运动	冀辽陆核与河淮陆核在今河北中部相撞，导致今河北省北部至山东省西部的许多地区隆起成为山脉
23亿—22亿年前	五台运动	鄂尔多斯陆核从西方与冀辽陆核相撞，导致山西省北部、东部和河北省西部的一些地区隆起成为山脉
20亿—18亿年前	吕梁运动	鄂尔多斯陆核进一步向东南方撞击，导致河南省西部和山西省南部的一些地区隆起成为山脉
10亿—8亿年前	晋宁运动	山西、陕西等地的一些山脉形成，扬子板块扩大到湖南、贵州等地
2.2亿—2亿年前	印支运动（阿尔卑斯造山运动Ⅰ）	华北岛与盘古大陆相撞，华北岛与华南岛和塔里木岛相撞，华南岛又与马来半岛相撞，形成中华半岛
2亿—6500万年前	燕山运动（阿尔卑斯造山运动Ⅱ）	燕山隆起；冈底斯岛撞击亚欧大陆，使昆仑山火山爆发；松辽盆地、华北平原、华东平原和江汉盆地形成
340万—170万年前	青藏运动	青藏高原边缘地区剧烈抬升；华北古湖、苏北古湖、三门古湖等巨湖出现

5.4亿年前全球冰盖解体，寒武纪生命大爆发时，中国的八大板块中，地势较低的淹没于海平面之下，地势较高的则成为泛大洋中的岛屿，主要有：包括今山西、河北与辽宁部分地区的"华北岛"，包括今四川、云南部分地区的"华南岛"，以及新疆、宁夏、安徽、山东、福建等地的一些小岛。上述岛屿合称"中华群岛"。

5.4亿年前的地球

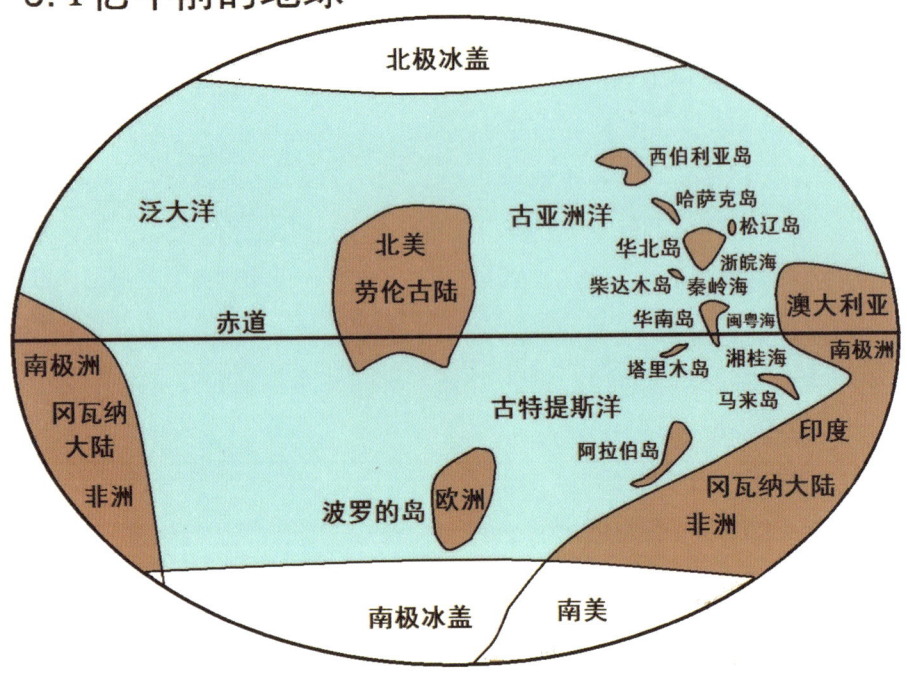

地图3　5.4亿年前的地球（罗三洋制作）

通过地磁、岩层等地质分析研究，我们如今对中华群岛的面貌有比较清晰的了解。

寒武纪的华北岛是一座南高北低的三角形岛屿，正南方为秦岭海，西南方为古祁连海，西北方是古亚洲洋，东方是浙皖海。秦岭海以南为华南岛，华南岛东北方为浙皖海，东南方为闽粤海和赣粤海，正南方为湘桂海，西方是古特提斯洋，北方是泛大洋。古亚洲洋上有五座主要岛屿，即与华北岛较近的松辽岛和柴达木岛、与华南岛较近的塔里木岛、包括准噶尔地区在内的哈萨克岛，以及位于哈萨克岛西北方的西伯利亚岛。华北岛与冈瓦纳古陆的澳大利亚部分隔秦岭海相望，华南岛与冈瓦纳古陆的南极洲部分隔湘桂海相望，华南岛以南还有构成现代亚欧大陆的其他岛屿，如马来岛、阿拉伯岛和波罗的岛（今东北欧）等，西伯利亚岛的西南方则是劳伦古陆。当时,大冰期刚刚结束,全球气候远比现代寒冷,南北两极仍然覆盖着厚厚的冰盖。从寒武纪的生物化石情况来看,中华群岛和这些邻近岛屿当时气候温润,很可能位于赤道附近,情形与现代的印度尼西亚比较接近。中国最重要的寒武纪生命大爆发证据——澄江生物群,就生活在华南岛周围的浅海区。

当时地球表面比现代平坦很多,陆地上没有多少高山,海洋也比现代浅,所以海水占据了较大的地表面积。当时能被阳光射穿的浅海大陆架的面积比现代广阔,才孕育出浅海大陆架上的寒武纪生命大爆发,现代海洋则不具备这些条件。后来,随着板块相互撞击,隆起抬升和俯冲沉陷运动日益频繁,山越来越高,海越来越深,这才形成了今天的地球景观。

因为还没有高山峻岭,寒武纪的陆地景观很单调,连河流都很少,因为河流需要地势起伏才能形成。当时,陆地上主要的水体不是河流,而是湖泊,并且在此后几亿年都是如此。直到几十万年前,随着地球上一些最高的山脉和高原最终形成,河流才开始取代湖泊,成为陆地上主要的水体,而我们的祖先将躬逢其盛。但在此之前,地球还有很长的演变之路要走。

地球演变之所以需要这么长的时间,主要原因是经常遭遇环境剧变,被迫重走回头路。寒武纪生命大爆发之后,地球迎来了两次生命大灭绝,原因都是环境剧变。约4.4亿年前的奥陶纪末期,大冰期卷土重来,现代的撒哈拉沙漠都结了冰盖,因此"奥陶-志留纪冰期"又被称为"安第斯-撒哈拉冰期"。由于气温变冷,海平面下降,大片浅海大陆架露出水面,变成了荒漠,众多浅海生物被困在陆地上,干渴而死。由于当时的陆地上没有食腐动物(其实什么动植物都没有),它们的尸体大多都被很完整地保存下来,形成了化石。

4亿年前的泥盆纪,随着气温进一步变冷,海平面继续下降,中华群岛的面积越来越大,相互间的距离也越来越近。于是,华北岛与柴达木岛相撞合并,中国北部多条山脉形成了,太行山就是其中之一。沈括在

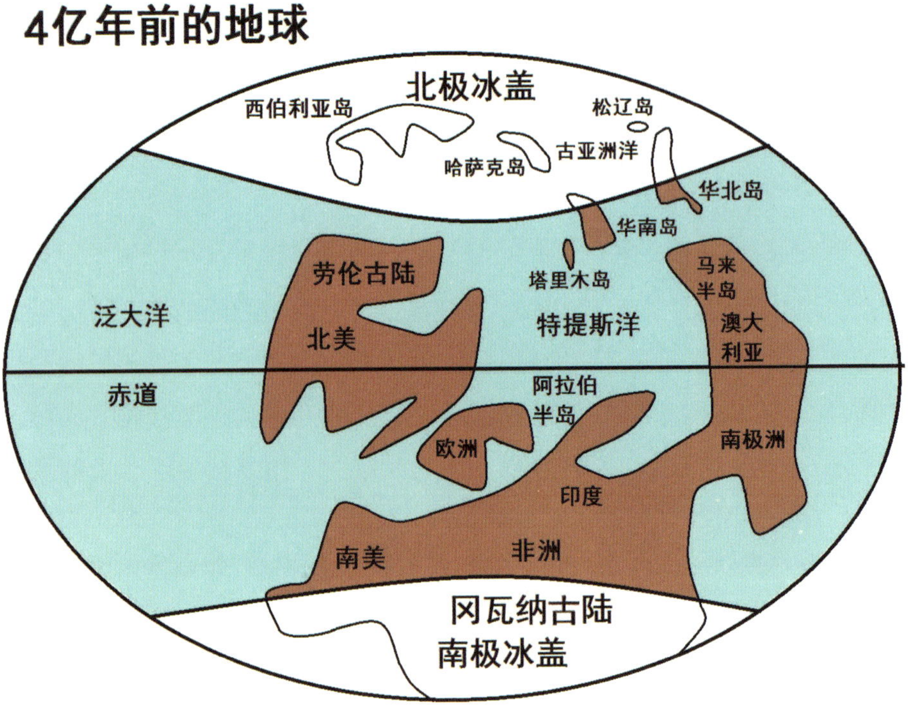

4亿年前的地球

地图4 4亿年前的地球（罗三洋制作）

太行山上看到的海生贝壳化石，最早就属于这一时期。同时，原先长期是浅海的华夏板块从海水中升起，并与华南岛碰撞，两个板块相互挤压，形成了井冈山、罗霄山和南岭等华南山脉。

最早的征服陆地者

宋朝是世界上第一个开始用煤取代木材作为主要燃料的时代。从那时算起，人类大规模使用煤的时间不过一千年，消耗量却以惊人的速度上升。照现在的速度持续下去，地球上的煤将在21世纪末被开采殆尽。

人类对煤的热衷是有理由的：这种貌不惊人的黑石头是比木材更为优质的燃料，而且大多分布在地表浅层，便于开采。究其原因，煤炭原本就是树木，而且是地球上最古老的树木。它们生长的时代，以树木为食的动物和微生物尚未演化出来。所以，这些树木在死亡倒伏后层层叠叠地积累起来。当时地球大气层的含氧量极高，地表很容易发生火灾，火苗不时窜入新生森林之下，大量枯木在低氧环境下长期闷烧，形成巨型天然烧炭窑，最终将枯木变成木炭，再经过漫长的地质活动，被埋入地下并保存至今，直到被急于获取燃料的人类发现。在点燃煤炭之前，我们理应向这些最早的陆地征服者致以最崇高的敬意。

地球上的煤主要形成于4亿—2亿年前，3.6亿—2.9亿年前的时代被叫作"石炭纪"，即煤炭形成时期。当时，寒流再度席卷全球，海洋面积缩减，陆地面积扩张，太行山和井冈山等山脉逐渐从海中升起，形成岛屿。这场持久而剧烈的海退使大批浅海生物困在陆地上，其中多数都缺水而死。它们的死亡并不是突然的：海退往往会在岸边形成许多潟湖（与海洋有水道相通的湖泊），潟湖中的生物很难察觉自己已经身处险境。一旦海平面继续下降，潟湖就会变成真正的封闭性湖泊。冰期的地表降水量较少，干旱是普遍的气候现象，所以这些封闭性湖泊时常要面临完全干涸的窘境。

对于绝大多数水生生物而言，一旦所在的水体干涸，死亡便是不可避免的宿命。不过，当时月球离地球较近，这使得月亮的盈亏周期比现代短，日食和月食发生的频率更高，月亮对海洋潮汐的影响也更大。因此，潮汐活动会时常给近岸湖泊带去新鲜的海水，使一些濒死的生物偶尔会重新获得水分，得以新生。不断重复之下，一部分生物便演化出可以适应海滨水旱交替环境的特性。裸蕨是能够完全脱离海水的陆生植物，它的后裔蕨类和裸子植物都是形成煤的主要早期陆生植物。

蕨类植物和裸子植物在陆地上立足时，那里没有任何动物，连微生物都很少。没有天敌的植物大肆繁殖，此前一片死寂的内陆很快便形成壮观的森林。由于没有动物和微生物取食，这些蕨类和裸子植物森林经常近乎完整地变成化石，也就是煤。石炭纪时最广阔的一片森林位于华北岛，它们的化石就是如今华北的煤田，我们每天用的电很大一部分便得益于这些 3 亿多年前的陆生植物。在此之后,由于陆生植食动物和微生物的出现,煤就很难形成了。

比植物结构更复杂,也更脆弱的动物要想在陆地上立足,需要解决呼吸空气和避免过量紫外线两大问题。由于蕨类和裸子植物森林的繁盛,空气中的二氧化碳大量转变为氧气,这两个问题都解决了。3 亿多年前,地球大气层中的氧含量首度突破了 10%,过量的氧分子经过紫外线的照射,在距离地表 20—35 千米的空中形成臭氧层。臭氧层吸收了大部分紫外线,能够穿过臭氧层到达地表的紫外线不足 1%。陆地的生存环境终于变得友好,而此时海洋的情况也发生了变化。

安第斯-撒哈拉冰期结束之后,全球气温渐渐变暖,冰川消融使海退现象完全停止,反而出现了小规模海侵,深海中的生物到了浅海大陆架上。可是,地球环境并不稳定,3.7 亿年前,两颗巨大的小行星先后撞击地球,引发了导致大部分海洋生物灭绝的"凯尔瓦塞事件",随后寒潮在 3.5 亿年前重新席卷全球,地球进入石炭-二叠纪冰期,海退重新开始。此时,冈瓦纳古陆、劳伦古陆、波罗的岛、阿拉伯岛等陆块联合起来,形成了统一的盘古大陆,西伯利亚岛与哈萨克岛相连,形成了辛梅里亚大陆,并日渐向盘古大陆靠拢。只有中华群岛继续在赤道附近的海域中独自漂泊。同时,由于海平面下降,中华群岛的西南方出现了一个新岛,即相当于今西藏中部的冈底斯岛,此外今天的西亚和西欧也作为岛屿浮出海面。盘古大陆、辛梅里亚大陆和中华群岛等岛屿形成了一个巨大的陆地环,包围着广阔的古特提斯洋,它后来发展为地中海和印度洋。

3 亿多年前,海平面的下降使一批生活在浅海里的动物被迫登陆。由于环境已经改变,它们不再像以往搁浅的动物一样死去,而是在近海的湖泊河流中生存繁衍开来。这就是以蝎子和鱼石螈为代表的首批陆生生物。

在 3 亿多年前的石炭纪,陆地有史以来第一次与海洋一样欣欣向荣。但并不是所有陆地都生气勃勃,无论是蕨类和裸子植物等早期陆生植物,还是鱼石螈等早期陆生动物,对水的需求都非常大,其繁殖过程更是高

3亿年前的地球

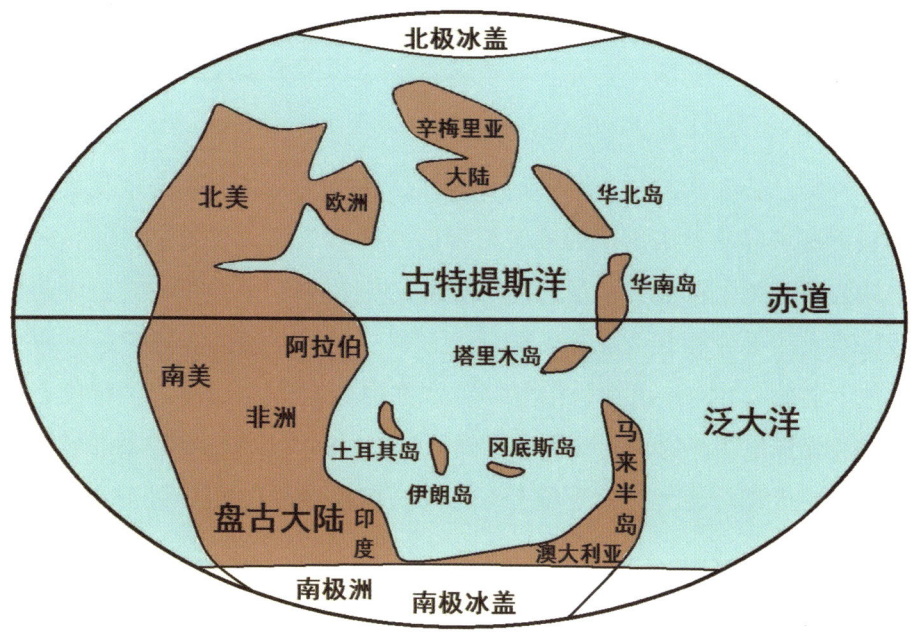

地图5　3亿年前的地球（罗三洋制作）

度依赖水。盘古大陆的内部离海洋太远，无法获得足够的降水，因此气候极为干旱，而且大部分地区过于寒冷，不适合早期动植物生存。反倒是以中华群岛为代表的热带岛屿，由于四面环海，而且面积较小、气候湿润，成为早期陆地生物的天堂，也是蕨类和裸子植物扩张的极限。覆盖了几乎整个华北岛的华北森林，大概是当时地球上最大的森林，地球上的煤田分布格局强烈暗示着这个结论。

世界七大洲的煤田分布并不平均，主要煤田集中在亚欧大陆上，主要包括中国的华北煤田、俄罗斯的通古斯煤田、乌克兰的顿巴斯煤田、德国的鲁尔煤田、法国的萨尔煤田、英国的曼彻斯特煤田等等。除了亚欧大陆，北美洲的煤田稍多（例如美国东北部的阿巴拉契亚煤田），非洲、南极洲、南美洲和大洋洲的煤田很少。对照3亿年前的地球地图，很明显，地球上的主要煤田都位于石炭纪的热带和亚热带海岛上，以及盘古大陆和辛梅里亚大陆的北半部沿海地区，大陆腹地则基本没有煤田。今天的西亚、北非等地在石炭纪虽然也位于海滨，分布有茂盛的森林，但由于特殊的地质条件，这些森林最终没有变成固态的煤，而形成了石油和天然气。

当我们现在燃烧的煤炭还是活生生的树木时，陆地环境与现代有很大区别，这可以从形成煤炭的蕨类树木的结构看出来。石炭纪的蕨类树木包括鳞木、芦木和封印木等，它们高达30—50米，多数都长着庞大的树冠，看上去非常壮观。松树、柏树、杨树、橡树、柳树等现代常见树木的地下部分大都与地上部分相当，20米高的树就有约20米深的根须，这样才能保证根基稳固，不易被风吹倒。与它们不同，3亿多年前的巨型蕨类尽管地上部分庞大，地下部分却很小，树根极浅（通常不足1米），而且水平向四周延伸，没有主根，结构与海藻类似，5级阵风就足以将其吹倒。这样的巨树能够在地球上繁盛1亿年之久，无可置疑地说明，当时地球上没有台风、飓风和龙卷风，可能稍具破坏力的强风都不多见。此外，石炭纪的巨型蕨类没有年轮，说明当时地球上湿度很稳定，没有雨季和旱季之分。

同样是在3亿年前，由于排放氧气的植物过多，而吸入氧气的动物过少，地球大气中的氧含量达到了历史最高水平35%。这么高的氧含量不仅促进了臭氧层的形成，也有利于节肢动物的发展。节肢动物没有鼻子，用体表气管呼吸空气，所以对大气氧含量极为敏感，其体形也与氧含量成正比。因此，当时的地球上生活着一些空前绝后的庞大节肢动物，例如1米长的蜻蜓、3米长的蝎子、4米长的千足虫等，它们是当时陆上和空中真正的主宰者。随着自然环境的变化，尤其是大气氧含量的下降，此后的地球上再也没有这样壮观的节肢动物群了。

生活在氧含量过高的大气中是危险的。早期登陆的动物基本独来独往，尽可能避免身体接触，以防摩擦产生火苗，将自己烧死。动物个体之间的身体接触主要发生在交配和捕食环节，所以早期登陆的动物大多采取体外授精的交配方式，即雌性先排出卵子，雄性再授精；或雄性把一个精囊安放在雌性身上授精。这样的交配方式，导致雄性与雌性形同陌路。父母与子女之间也得尽量避免身体接触，养育后代和照顾老者均可能引发自焚，所以幼虫一出生就要各奔东西，自求多福。基于同样的理由，捕食者需要在尽可能短的接触时间内杀死猎物，而不能与之激烈肉搏，所以蝎子、蜈蚣、黄蜂等古老昆虫不约而同地选择了毒液作为攻击武器。至于其他动物门类，属于它们的时代尚未到来。在此之前，大气层的氧含量先得降下去。想让氧含量下降，燃烧是最简单的方法，既便捷，又有效。

不，爆炸见效更快。

爆发吧，火山

寒武纪生命大爆发之后 2.7 亿年间，地球上出现了许多有趣的动植物，但依然让人感觉有隔膜。那些古怪的蕨类植物恍如外星来客，我们熟悉的花花草草还不见踪影。动物也不太像地球生灵，它们头脑中的感受难以捕捉。其实，早期动物的神经系统大都不发达，每天在意的恐怕只有吃饭和睡觉，偶尔不由自主地释放出一些生殖细胞，至于能否孕育出下一代，就各安天命吧。

距今约 2.9 亿年的二叠纪开始，第一类人们熟悉的植物出现了——松树。与蕨类植物相比，松、柏等裸子植物树根较深，出现了枝叶分化，光合作用的效率更高，耐旱、耐寒、耐风。同时，两栖动物演化出羊膜卵和肺部，出现了可以长期适应干燥环境的早期爬行动物。

与此前的陆地生物相比，新兴的裸子植物与爬行动物更具优势。这说明当时陆地上的气候似乎正在恶化，根系不发达的巨型蕨类树木已经无法生存，两栖动物的处境也日益不妙。随着地质活动加剧，2.9 亿年前的气候比 3 亿多年前更冷，冰原更广，风速更快，降水更少，海平面更低。以中华群岛为例，各岛屿的面积都有所扩张，还出现了台湾岛和海南岛。

直到约 2.7 亿年前，持续了 8000 万年的冰期终于结束，全球气温开始变暖：两极冰川融化，海水上涨，降水增加，陆地面积缩小。这样的环境变化看起来能够促进生物的繁盛，但事实并非如此。

正是在距今约 2.6 亿至 2.5 亿年前的二叠纪末期，爆发了地球历史上最严重的生物灭绝事件，地球上 96% 的物种在极短的时间内消失了。原本生机勃勃的地球，突然间安静得出奇。

这次二叠纪末期的浩劫实在太彻底、太残酷，众多学者对此提出了自己的看法，但全都指向环境变迁，例如超新星爆发释放的伽马射线轰击地球、巨型陨星撞击地球、气温上升导致细菌和病毒等微生物泛滥而引发大瘟疫等等。不过，目前具备实际证据的只有现代常见的一种自然现象——火山爆发。

打开云南省地图，不难注意到，东北角的昭通市是一块奇怪的地区，像龙头那样从云南伸出来，似乎更应该属于临近的四川或贵州。事实上，昭通市与其南面的昆明市、曲靖市等云南核心区域紧密相连，昭通及其周围北至四川省峨眉山市、南至云南省红河州约 50 万平方千米的地区，都属于一大片暗色岩覆盖区。

暗色岩是玄武岩和辉绿岩在熔化状态下结合的产物，玄武岩主要由火山喷发出的岩浆冷却后形成，像昭通市及其周边这样庞大的暗色岩覆盖区举世罕见，可见火山爆发规模之浩大。直到 1929 年，地质学家根据首先在峨眉山发现的暗色岩标本，将这次火山大爆发命名为"峨眉山暗色岩事件"。后来的研究证明，峨眉山暗色岩事件发生于距今 2.6 亿年前，很可能引发了地球历史上最惨烈的一次生物大灭绝——二叠纪末期生物大灭绝。

峨眉山暗色岩事件消灭了地球上近一半生物，1000 多万年后，地球生物圈尚未恢复元气，更可怕的灾难又突然降临。在北极圈附近的俄罗斯苔原上，横亘着地球上面积最大的暗色岩分布区——广达 300 万平方千米的西伯利亚暗色岩带。对暗色岩的分析结果显示，在距今 2.5 亿年的 100 万年内，这里出现了 46 亿年地球历史上规模最大的一次火山群喷发。

表4　火山喷发分级表

级别	喷发类型	喷发物质总量	火山云柱高度	全球爆发频率
0	冰岛喷发/夏威夷喷发	< 10 000 m³	< 100 m	日常
1	夏威夷喷发/斯特龙博利喷发	> 10 000 m³	100—1000 m	每日一遇
2	斯特龙博利喷发/武尔卡诺喷发	> 1 000 000 m³	1—5 km	每周一遇
3	武尔卡诺喷发/培雷喷发	> 10 000 000 m³	3—15 km	每年一遇
4	培雷喷发/普林尼喷发	> 0.1 km³	10—25 km	十年一遇
5	普林尼喷发	> 1 km³	> 25 km	百年一遇
6	普林尼喷发/超级普林尼喷发	>10 km³	> 25 km	千年一遇
7	普林尼喷发/超级普林尼喷发	> 100 km³	> 25 km	万年一遇
8	超级普林尼喷发	> 1000 km³	> 25 km	十万年一遇

　　与地震类似，火山喷发被分为0—8级。大体而言，0—1级喷发只对火山口周围很小范围的环境产生影响；2—4级喷发会波及较为广阔的地区；5—6级喷发能够改变整个大洲的气候状况，导致众多生物死亡；7—8级喷发则必然酿成全球性气候变化，甚至导致生物大灭绝。这其中的一个主要原因，是4级以上的喷发会将火山云柱顶端推上距地表18—55千米的平流层，大量火山灰进入平流层，居于云雾之上，不受风雨影响，因而随着地球自转散布到全球各地，造成空气污染和阳光照射不足。5级以上的火山喷发还可能破坏臭氧层，导致火山灰散去之后，地表紫外线照射强度激增，大量动物患上皮肤病，物种的遗传基因发生变异。

　　2.6亿年前峨眉火山群大爆发远远超出上文的火山喷发分级表所能够覆盖的范畴。当时中华大地还是群岛，峨眉火山群位于赤道附近的华南岛西部沿海地区。这次大爆发造成三个最直接的后果：一是华南岛上几乎所有森林和可燃物都被岩浆彻底摧毁，所以华南地区煤矿较少；二是灾后华南岛的面积增加了近一倍，台湾和海南等岛屿也开始露出海面，但都没有生命迹象；三是峨眉火山群喷发出的火山灰和甲烷等有毒气体从赤道随风扩散到世界各地，同时还引发规模空前的全球性海啸，对全球生物造成快速的致命打击，大约60%的物种因此在短期内灭绝。有些科学家因此建议，将峨眉火山群大爆发单独列为一次全球生物大灭绝事件，即"瓜德鲁普世末期灭绝事件"。

峨眉火山群大爆发的规模如此恐怖，是因为它不是普通的火山爆发，而是一场罕见的超级地幔柱喷发。普通的火山喷发源于 70 千米厚的地壳内或地壳与地幔的交界处，而超级地幔柱喷发则源于超过 700 千米深的地幔深处，甚至接近地核。海量岩浆穿过小半个地球才冲出地表，必然对整个地球的环境造成深远的影响。更糟的是，仅仅在峨眉火山群大爆发结束后 1000 万年，地球上就又发生了一次规模更大的超级地幔柱喷发——西伯利亚暗色岩事件。

西伯利亚火山群在距今 2.51 亿至 2.5 亿年的爆发时释放出多达 500 万立方千米的岩浆和火山灰，总规模相当于 5000 次 8 级火山爆发，喷发出的海量岩浆导致西伯利亚火山群所在的辛梅里亚大陆迅速扩张，很快就同距离它最近的陆地中华群岛连成一片。地壳深处的岩浆其实是循环的，邻居家中如此热闹，中华群岛也不甘寂寞，大兴安岭、小兴安岭、长白山、雁荡山、武夷山等火山几乎同时起爆。当时的恐怖情景史无前例，暗无天日的景象近乎不间断地持续了 100 万年，陆地植物和海洋植物都无法光合作用，约 96% 的二叠纪地球物种由此彻底退出历史舞台。所幸西伯利亚火山群当时所在的辛梅里亚大陆位于北极圈附近，对南半球影响有限，因此给地球留下了一些生命的种子。至于中华群岛上的生物，要么被岩浆和热气流烧成灰烬，要么被海啸卷入大海，要么被火山石、碎屑和火山灰掩埋，基本没有幸存的可能。

由峨眉火山群和西伯利亚火山群两次超级地幔柱喷发造成的二叠纪末期大灭绝宣判了绝大多数地球物种的死刑，也标志着古生代的结束与中生代的开端。亚欧大陆和恐龙，即将登场。

疾风知劲草，劫后现英豪

约 2.4 亿年前，当西伯利亚火山群与中华群岛火山群平息下来，遮天蔽日的火山灰散尽之后，地球已经面目全非。经过上百万年的连续爆炸，大气的氧含量下降了将近一半，火山喷出的岩浆堆积在浅海大陆架上，被海水冷却固化，辛梅里亚大陆的东侧与中华群岛连成一条狭长的陆块。辛梅里亚大陆的西侧又与其他岛屿合并，一直扩展到盘古大陆附近。至此，亚欧大陆初具雏形。它的大部分已经远离热带，漂移到温带和寒带，严酷的气候使新兴的生物望而却步。只有华北以南的半岛地区，依然是温暖湿润的生命乐园。

如今山峦起伏的贵州省关岭县在2.4亿至2.2亿年前是一个海湾，即盘江湾。奇虾、三叶虫、海蝎等古生代常见的动物那时已经不复存在，但盘江湾里还生活着许多菊石和鱼类，它们是二叠纪末期大灭绝事件的幸存者。不过，更加引人注目的是几种新兴的大型动物，有的像海豚，有的像尼斯湖怪。

以鱼龙和蛇颈龙等海生爬行动物为代表的关岭生物群，体现了三叠纪动物界的繁荣。作为它们的近亲，恐龙也在陆地上崭露头角，但仍被更古老的以丽齿兽和异齿龙为首的合弓纲爬行动物压制。恐龙因二叠纪末期大灭绝事件而获益，但要想成为陆地的主宰，它们还要经历多场环境剧变的严峻考验。

第一次考验发生在2.42亿年前，一次规模较小的冰期引发了拉丁期大海退。盘江湾完全干涸，鱼龙和蛇颈龙等盘江湾动物只好撤退到西南方较深的喜马拉雅海里。这次环境剧变对陆地动物影响不大，但是接下来它们就将面对严峻的考验。2.33亿年前，一颗陨星撞击了盘古大陆北端今格陵兰岛附近，引起了一系列地球环境的连锁反应：先是北美西部火山不断爆发，释放出大量温室气体，导致全球变暖。由于海水蒸发量急剧增长，地球进入了一个罕见的气候极度湿润期。有些学者估计，连绵不绝的暴雨持续了近200万年，大量陆上动植物被洪水淹死，刚刚复兴的合弓纲爬行动物遭遇重创，即"卡尼期洪积事件"。在此之前，由于地形起伏较小，陆地上还没有多少河流，卡尼期洪积事件在以岩石为主的陆地上冲刷出第一批河道，导致陆生动物要面对河流隔离的挑战。同时，河流还将岩石中的盐分冲刷进海洋，地球上的海水至此真正变咸，给海洋生物带来了前所未有的考验。面对这场全新的环境挑战，许多成功度过二叠纪末期大灭绝的物种都消亡了。在这一千多万年内,随着气温的大幅变化,地球的海平面以惊人的速度升降,各大陆的面积和海岸线的形状也都随之戏剧化地变迁。中华群岛的面积一度增长了近三倍,岛上甚至出现了冰雪,随后大部分岛屿都在卡尼期洪积事件中被洪水完全淹没。不久后,地质史上著名的印支运动(阿尔卑斯造山运动Ⅰ)爆发,全球各个大陆的面积迅速扩张,彼此的距离越来越近,最后撞在一起。盘古大陆、辛梅里亚大陆与中华群岛等岛屿相连,不仅导致了欧洲、中国和东南亚的一系列山脉隆起,也使地球上所有主要陆块有史以来首次合为整体。自大冰期以来持续存在了3亿多年的中华群岛从此消失,它现在变成了盘古大陆的一座半岛——中华半岛。这次撞击对恐龙家族意义深远,从现有的出土化石来看,许多恐龙都发源于中华群岛,之后因

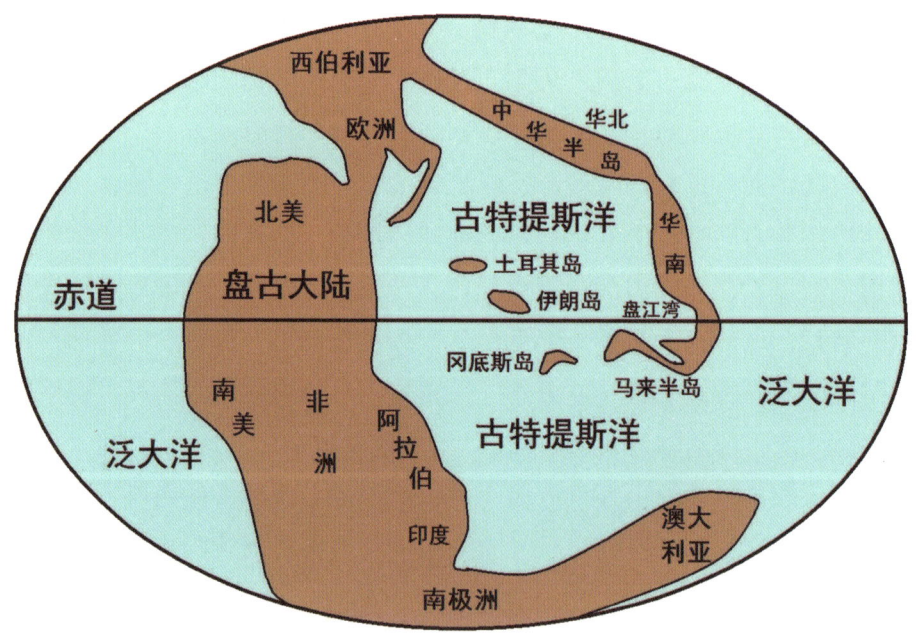

地图6　2亿年前的地球(罗三洋制作)

中华半岛形成而扩散到世界各大陆上，例如最著名的霸王龙、伶盗龙、梁龙。

拉丁期大海退与印支运动造就了一统全球的盘古大陆，但这表面上的辉煌并不是无代价的。原始的亚欧大陆与盘古大陆的相撞，在盘古大陆的北部制造出一条既深又长的裂谷，海量熔岩从中喷涌而出，形同一连串火山集体起爆，造成地质史上仅次于西伯利亚火山群大爆发的火山事件——北大西洋玄武岩喷发。火山灰遮天蔽日，酸雨连绵不绝，大部分植物被摧毁，水土流失严重，以致陆地上几乎没有土壤，只剩下暴露在外的岩石，海洋中充满了各种毒素，海水盐度也大大提高。结果，在约2.05亿年前的三叠纪末期又发生了一次大灭绝，地球上76%的物种消失，其中包括水龙兽、麝足兽、犬颌兽、楔齿龙等合弓纲爬行动物，以及形形色色的陆生鳄类。原先被它们压制的恐龙等初龙类动物依靠强大的运动能力和广泛的适应能力熬过这一次次浩劫，最终成为大陆的主人。不过，仍有一些小型合弓纲爬行动物生活在边缘地区，其中的兽孔目最终会演化为哺乳动物，在恐龙灭绝之后重整山河，再度称霸地球。

03
逆袭之路
（2亿—6500万年前）

分久必合的亚洲大陆

在生物演化史上，大多数物种都牺牲在环境剧变之下，但也有一些物种成功经受了多次考验。成功度过拉丁期大海退的关岭生物群，多数也在三叠纪末期的大灭绝事件中幸免于难，而且变得更加繁盛。其中最著名的，要数1972年董枝明在聂拉木发现的喜马拉雅鱼龙。

前文说过，在二叠纪后期，这里位于中华群岛的华南岛西部，是峨眉火山群大爆发的主要灾区，随即与因西伯利亚火山群大爆发而扩张的辛梅里亚大陆及华北岛等岛屿相连，形成了亚洲大陆的雏形，三叠纪时又同盘古大陆合为一体。因此，三叠纪时中国境内的几乎所有生物，都是从盘古大陆，特别是因为在二叠纪离中华群岛最远而受二叠纪末期大灭绝事件影响最小的盘古大陆西南部（今南美洲和南极洲）迁徙过来的。

作为起源于南美洲的初龙类动物，恐龙非常幸运地逃过了二叠纪末期大灭绝，随即利用自己运动灵活的特点，先于合弓纲和古鳄等竞争者，扩展到北美、欧洲等盘古大陆北部沿海地区。2亿年前，欧洲和亚洲撞在一起。历经浩劫的亚洲除了昆虫等节肢动物，几乎没有任何陆生动物。于是恐龙轻而易举地占据了整个亚洲，并且繁衍出众多种类。等到合弓纲和古鳄等竞争者在几十万年后迈着小短腿抵达亚洲时，已经完全无法撼动巍然屹立的恐龙帝国了。对亚洲恐龙来说更加幸运的是，1.9亿前的北大西洋玄武岩喷发重创了今北美、欧洲西部和非洲北部的生物群，1.8亿年前，今南非和南极所在的冈瓦纳古陆南部又发生剧烈的火山爆发，留在南美老家附近的恐龙接连受到重挫，种群严重萎缩。于是，到了侏罗纪中后期，亚洲和欧洲的恐龙反而变成了主流种群。

在距今2.05亿—1.35亿年的侏罗纪，如今的世界屋脊喜马拉雅山区是一片深度不足200米、附属于古特提斯洋的喜马拉雅海，阳光可以直射海底，促进了大量海生植物和浮游生物的茁壮成长。以菊石、鱿鱼等头足纲动物为主食的喜马拉雅鱼龙能够长出超过10米的魁梧身材，说明喜马拉雅海的生物群是相当繁荣的。

距离喜马拉雅山不远的云南禄丰和四川自贡，是中国最主要的侏罗纪恐龙化石的集中出土地。在侏罗纪，这两块土地都是湖泊密集的沿海盆地，气候湿润，水源充足，有利于生物的繁衍。禄丰龙、川街龙、大洼龙和双脊龙主要生活在禄丰盆地，华阳龙、蜀龙、盐都龙、永川龙、峨眉龙、气龙、沱江龙和马门溪龙主要生活在自贡盆地。自贡古生物群的规模更大，因为当时附近存在一个巨大的淡水湖泊，即覆盖了现今几乎整个四川盆地的古巴蜀湖，辽阔的生存空间令恐龙等古生物争相前往。

在喜马拉雅鱼龙、禄丰龙和马门溪龙生活的侏罗纪时代，中国不仅出现了大量恐龙种类，约1.4亿年前还出现了早期的鸟类。这样的动物群与德国等欧洲国家相似，但与盘古大陆上的大部分地区都迥然不同。这是为什么呢？

回到距今约2.05亿年的侏罗纪初期，当时亚洲大陆首度与盘古大陆对接，由此告别了几十亿年来孤悬海外的流浪生涯。然而，它融入大陆的历程却并不顺利。盘古大陆拥有悠久的传统。几亿年来，非洲、南极洲、南美洲、澳大利亚和印度始终紧密结合，北美和欧洲则与它们分分合合，形成复杂的关系与微妙的平衡。亚洲想要加入，但像可疑的外来者，难以融入。欧洲和北美倾向于容纳亚洲，却同样受到排斥。于是，在与盘古大陆对接不足1000万年，甚至可能更短的时间之后，不幸的亚洲便又被一脚踢开。与此同时，受北大西洋玄武岩喷发的影响，北美和欧洲也在距今约1.9亿年时从盘古大陆分离出来，各自漂流。

几百万年间同盘古大陆的结合与分离，使亚洲许多地区都发生了剧烈的地质活动。东亚沿海地区的一连串火山喷发，导致从黑龙江到台湾、海南，以及朝鲜、日本的陆地面积进一步增加。而中国西部和北部由于地处亚洲大陆腹地，地质状况比较稳定，但气候相对干旱。中国西南部地区作为中国当时唯一没有大规模火山爆发的沿海稳定区，顺理成章地受到众多古生物的青睐。

恐龙和鱼龙在中国西南部繁盛，与此同时，在亚洲大陆另一端隔海相望的土地上也出现了古生物欣欣向荣的景象。那里，是现代德国。

自从亚洲离开盘古大陆以后，欧洲与北美很快也与盘古大陆分道扬镳，重新形成劳伦古陆，不久又分裂为欧洲和北美两部分。北美大陆向西北方移动，而德国所在的欧洲大陆则向东北方移动，与亚洲越靠越近。侏罗纪中晚期的德国自然环境与中国西南部相似，两者都属于古特提斯洋北岸的亚热带沿海地区，周边地质环境稳定，陆上分布着许多湖泊，是标准的生物天堂。震惊世界的始祖鸟化石就发现于德国南部巴伐利亚州的索伦霍芬。德国西南部巴登-符腾堡州的霍斯马登则是海生爬行动物化石的圣地，迄今地球上几乎所有的怀孕鱼龙化石都出土于此。在侏罗纪，霍斯马登周边是一片与喜马拉雅海同属古特提斯洋的浅海侏罗海（侏罗纪就由此得名），估计当时许多鱼龙种群都习惯于集中在这片浅海产崽。

侏罗纪中期气候温暖湿润，地质环境也较为稳定，很自然地成为恐龙和鱼龙等远古爬行动物极为繁盛的时期。当时，出现了一些史上最大的陆生动物，有些蜥脚类恐龙可以长到100吨以上，而之后出现在渐新世的陆地上最大的哺乳动物巨犀不超过20吨，两个数据相差之大令人迷惑。哺乳动物并非长不到100吨，海中的蓝鲸体重甚至超过恐龙，陆生哺乳动物的身材受限显然另有原因。某些理论将其归因于食物资源的不足，或陆生哺乳动物对能量的需求过大。这成立吗？

哺乳动物作为恒温动物，代谢率较高，需要频繁进食，同等体重消耗的能量比爬行动物多得多，因此同样数量的食物可以供养体重更大的爬行动物。但近年的研究显示，很多种类的恐龙也能维持恒温，因此同样需要大量食物。更何况，恐龙采食的是蕨类植物和裸子植物，这两类植物的生长速度大多不及草和竹子等被子植物，因此以被子植物为主的新生代植物界理应供养得起比中生代的恐龙更大的陆生动物。

限制陆生哺乳动物身材发展的主要原因，在于新生代陆地表面大多是沙地和土壤，土壤又主要由沙子和腐殖质组成。沙子和腐殖质两者的结构都比较松散，与恐龙体重相仿的四轮重型卡车在上面行驶很容易陷下去，就连水泥路和柏油路也经常被它们压塌。如果恐龙穿越时空，来到土壤和沙子很厚的现代地球，很可能会遇上麻烦。以白垩纪华北常见的特暴龙为例，这种大型肉食恐龙的体重超过亚洲象，完全依赖两只狭长的后脚站立，奔跑时全部体重都压在一只后脚掌的前半部上。这会对地面产生接近100万帕斯卡的压强，数倍于四足行走的大象，如同满载重型卡车的轮胎，很难在现代黄土高原上自由活动，甚至可能会压坏许多公路和桥梁（普通公路和桥梁的路面设计可承受最大压强在50万—120万帕斯卡）。换言之，在现代地球的陆地环境上，巨型恐龙大概会有陷入沼泽地的感觉，成为举步维艰的"泥足巨人"，因为脚深陷在地里难以自拔，活活饥渴而死。正是出于这个原因，生活在厚土层上的陆生哺乳动物始终无法长出与恐龙媲美的巨型身材。

可想而知，在巨型恐龙生活的时代，地球陆地表面一定没有很厚的土壤和沙子。恐龙脚印化石证明，恐龙主要生活在以砂岩和玄武岩为主的陆地上，岩石表面覆盖的土壤和沙子很薄。这种坚硬的地面使体重极大的恐龙可以四处奔走，不必担心地面无法承受自己的体重。

侏罗纪终结者

盛产巨型恐龙的侏罗纪持续了约7000万年便戛然而止，因为地球迎来了又一次环境剧变。欧洲与亚洲的相遇导致了乌拉尔山脉的隆起，并

1.6亿年前的地球

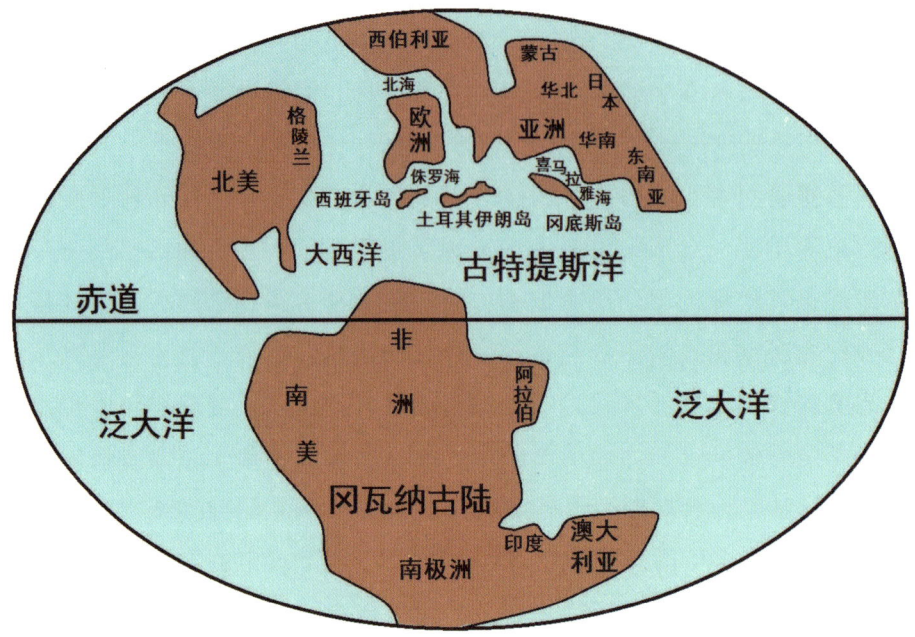

地图7　1.6亿年前的地球（罗三洋制作）

推动亚洲板块东移，与太平洋板块撞击，引发东亚和东南亚沿海火山群的猛烈喷发。其中规模最大的一次火山爆发出现在香港。粮船湾超级火山在1.4亿年前的爆发喷出1300立方千米的火山灰，火山口塌陷以后便造就了今日的香港岛、九龙半岛、西贡和果洲群岛等地区的玄武岩地貌，形成了厚达1300米的火山灰沉积层及许多独特的六角形凝灰岩石柱，香港特区政府也因此在当地设立地质公园。

与粮船湾超级火山爆发同时，在北美和冈瓦纳古陆上，地质活动也很频繁，造成了众多的火山和裂谷，但这些只是全球环境进一步剧变的前奏。

侏罗纪晚期对动物造成重大影响的，除了火山爆发（可能还有一些位置不详的陨星撞击）等空气污染事件，主要是被子植物的出现。此前，陆生植物仅有裸子植物和蕨类植物，它们是植食动物的主食。被子植物吃到嘴里的味道与裸子植物和蕨类植物大相径庭。裸子植物的叶茎含有大量单宁酸，吃起来是酸味的；被子植物的叶茎含有大量生物碱，吃起来是苦味的。生物碱有两大医学特点：一是治病，二是上瘾。大部分中草药的药用成分都是生物碱，这是中药往往味道发苦的主要原因。但赐予生命的，也会剥夺生命。很多生物碱都有毒，所以中医有"是药三分毒"之说。摄食过多生物碱之后，神经系统就会对此上瘾，最极端的例子是罂粟含有的吗啡和可待因，它们是瘾君子对鸦片、吗啡和海洛因等毒品欲罢不能的主要元凶。实验证明，植食爬行动物对上瘾性生物碱的抵抗能力比哺乳动物差，常因进食过多被子植物而中毒身亡。许多巨型植食类恐龙，如梁龙、腕龙、剑龙和马门溪龙，都在侏罗纪晚期随着被子植物横扫全球而相继衰亡，它们的生态位被禽龙、甲龙、三角龙和鸭嘴龙取代，这些新兴植食恐龙种类的消化系统显然更加适应被子植物。

1.35亿年前，侏罗纪盛世在漫天的火山灰和遍地被子植物的见证下终结。被子植物摧毁了梁龙等巨型植食类恐龙，而原本已大大衰落的昆虫却抓住这一时机，迅速改造自己的食谱，发展出许多采食被子植物花蜜的新品种，由此重振雄风。因此，取代侏罗纪的，是昆虫、新式恐龙和鸟类大发展的白垩纪。

从边缘跻身中心岛

白垩纪之名，来自这一时期地层中广泛分布的白垩土，其成分主要是硅藻化石。硅藻是一种海洋生物，由此可知，白垩纪期间地球上发生了广泛的海侵。当时，欧洲大部分土地都被海水淹没，日本和菲律宾也被海水从亚洲大陆中分离出来，非洲北部大部分沉入海底，希罗多德在埃及南部山区看到的海生贝壳化石，大概就属于白垩纪。最严重的情况出现在北美洲。由于亚洲板块与北美洲板块的撞击，北美中部大面积塌陷，海水涌入，形成的浅海大陆架被称为西部内陆海道，生活着众多海洋生物。北美大陆被海水一分为二，即东部的阿巴拉契亚大陆（劳伦太德大

6500万年前的地球

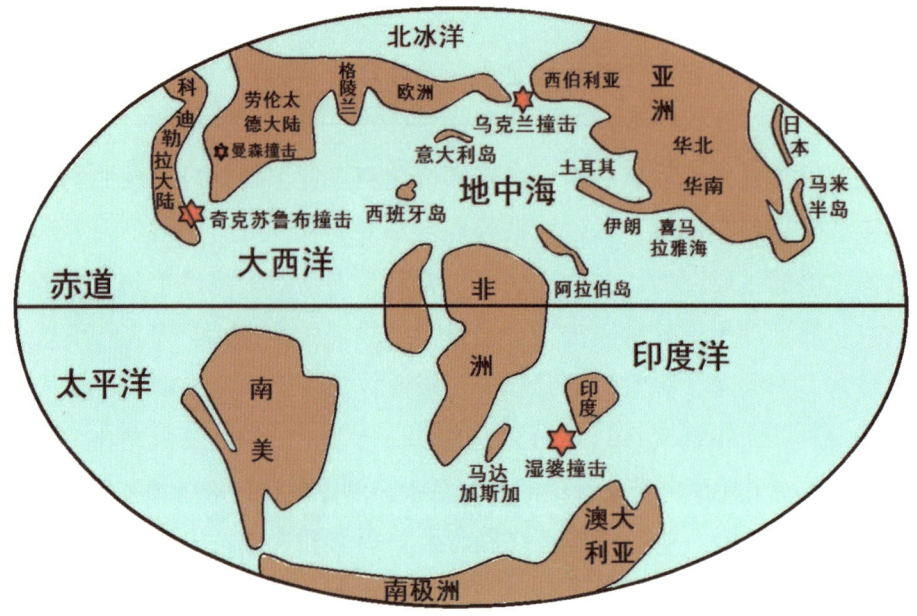

地图8 6500万年前的地球(罗三洋制作)

陆)和西部的拉腊米迪亚大陆(科迪勒拉大陆)。后者更与西伯利亚连为一体,形成了阿拉斯加和白令陆桥。在白垩纪的大部分时间内,由于白令陆桥的存在,亚洲与北美西部变成了同一块大陆。

白垩纪既是海平面上升的时代,也是山脉隆起的时代。受侏罗纪晚期的火山爆发和板块漂移等地质活动的影响,著名的燕山运动(阿尔卑斯造山运动Ⅱ)贯穿了整个白垩纪。它导致欧洲撞击亚洲,形成了乌拉尔山脉。同时,冈底斯岛也撞击亚洲板块,使昆仑山火山爆发,青藏高原的北部开始初现雏形。地质学家估计,白垩纪全球火山爆发的平均规模为现代的10倍,导致1亿年前空气中的二氧化碳浓度达到现代的4倍之多,如此高浓度的温室气体使1亿年前的全球平均气温比现代高5℃左右。如果现代人穿越时空到白垩纪去观察恐龙,身体会感觉非常不适。所幸新出现的被子植物光合作用能力超强，可达现代被子植物光合作用能力的 5 倍，恐龙才能获得充足的氧气，而不至于因火山喷发的温室气体窒息。

伴随着燕山等山脉的隆起，今华北与东北区域的地壳不断沉降，导致大量盆地和平原出现，如松辽盆地、华北平原、华东平原和江汉盆地等。在气候湿润的白垩纪，这些盆地上出现了许多湖泊，为石油和天然气的形成提供了良好的地质条件，中国大部分陆上油田都是白垩纪孕育的成果。但在中国西南部，受冈底斯岛撞击的影响，许多盆地却因地壳隆起而普遍缩小，甚至完全消失了。

海侵与燕山运动虽然声势浩大，却不是白垩纪最主要的环境剧变，因为在南半球，自大冰期之后最激烈的地质活动已经开始。

5 亿多年以来，冈瓦纳古陆一直代表着地球陆地的主体，甚至曾一度兼并劳伦古陆、辛梅里亚大陆与中华群岛，组成大一统的盘古大陆。作为这个星球上最古老、最稳定的陆块，它看上去似乎是永恒的存在，有望与地球本身齐寿。然而，2 亿年前的北大西洋玄武岩喷发，却在冈瓦纳古陆内部造成了巨大的裂痕，而且这道裂痕不因亚洲、欧洲和北美洲的出走而终结，反倒越拉越长。当亚洲与欧洲融为一体之际，冈瓦纳古陆却日益分裂，5 亿多年金瓯无缺的一统山河，如今无可挽回地各奔东西。整个白垩纪，就是冈瓦纳古陆分崩离析的时代，最终形成了非洲、南美洲、南极洲与澳大利亚四个大洲，印度和阿拉伯两个次大陆，以及一系列岛屿。其中，南美洲向西北移动，靠近拉腊米迪亚大陆和阿巴拉契亚大陆；澳大利亚向东北移动，非洲、印度和阿拉伯都北移，接近亚欧大陆。曾经孤悬海外的亚细亚孤儿，逐渐成为地缘政治学者所谓的"中心岛"，原先构成盘古大陆的诸多板块众星拱月般地围绕在它的身边。

霸王龙的远征

尽管白垩纪发生了盘古大陆分裂这样天翻地覆的环境剧变，但恐龙在陆地上的统治地位丝毫没有动摇，反倒欣欣向荣，种类的数目远远超过了侏罗纪时代，恐龙的几类近亲也逐渐兴起。

燕山运动塑造了燕山山脉，而板块运动理论指出，有山脉的地区，附近往往会因地壳塌陷而形成盆地。在燕山山脉东北侧，就在白垩纪初期形成了这样一个盆地——今辽宁省西北部的朝阳盆地。侏罗纪晚期，附近频繁的火山喷发将大量矿物质输送到地表，形成了一片沃土，燕山运动又将周边的大批古生物种群驱逐而来。因此，在白垩纪中前期，朝阳盆地云集了大批新物种，其中最特别的当数多种身上长毛的恐龙，例如北票龙、帝龙、寐龙、尾羽龙、小盗龙、中华龙鸟等。它们不是身披鳞甲的冷血动物，而是热血沸腾、新陈代谢极快的地球上最先进物种。

与鳞甲相比，毛发有一些优势，例如保温，但防御效果大打折扣。白垩纪恐龙浑身长毛的另一个原因，可能是为了减少皮肤与空气中的花粉接触，以减轻花粉过敏带来的痛苦。与这些长毛恐龙一起生活在朝阳盆地的，还有多种早期鸟类，如中国鸟、孔子鸟、朝阳鸟、辽宁鸟、辽西鸟、红山鸟等。它们由早期恐龙演化而来，身材结构比恐龙更加轻盈敏捷，主要以随处可见的昆虫和小型爬行动物为食。鸟类化石素来罕见，因为它们的骨骼是中空的，可以减轻重量以利于飞翔，但代价是鸟类骨骼易于破碎，很难历经亿万年的时光而形成化石。朝阳盆地之所以能够保留大量鸟类化石，是由于受燕山运动影响，当地周期性地发生火山爆发，火山灰瞬间将大批动物活埋，使它们像庞贝古城一样完好地保存至今。

说起最著名的恐龙，小朋友往往会不假思索地回答："霸王龙！"这种美国出土的巨型史前食肉巨兽是古往今来最可怕的陆地掠食者，但是古生物学家在北美洲找不到它的祖先化石，因为侏罗纪的异特龙、蛮龙、食蜥王龙等北美肉食恐龙与霸王龙的身体构造都有很大区别。那么，霸王龙来自何方呢？

在地球历史上，每当两块陆地之间的陆桥开启时，生态系统都会受到严重的冲击，白令陆桥尤其如此。每当白令陆桥开启时，北美生态系统就会向亚洲的征服者敞开大门，使东北亚的一些恐龙可以轻松地步行前往拉腊米迪亚大陆。霸王龙的祖先长期令美国古生物学家费解,没想到答案的关键却在中国。甘肃嘉峪关出土的雄关龙和辽宁朝阳盆地出土的帝龙、羽王龙等白垩纪早期中小型肉食恐龙的身体结构与霸王龙颇为相似,因此这些恐龙都被古生物学家划入暴龙科。它们可能都是侏罗纪中国新疆五彩冠龙的后代。不仅如此,古生物学家还在中国和蒙古国发现了特暴龙和诸城暴龙等霸王龙的近亲,其形态与美国西部的霸王龙化石几乎完全一致。科学家们因此相信,帝龙和羽王龙的某种暴龙科近亲曾经在白垩纪初期经白令陆桥进入拉腊米迪亚大陆。

  在侏罗纪晚期,北美大陆上生活着异特龙、蛮龙、食蜥王龙等巨型肉食恐龙。当西部内陆海道将北美大陆一分为二时,西部大陆拉腊米迪亚上的居民很快就要面对经白令陆桥来袭的亚洲入侵者。同雄关龙、帝龙和羽王龙等早期暴龙科成员相比,同时代的异特龙、蛮龙、食蜥王龙等北美本地巨型肉食恐龙的体形更大。但是,亚洲是由多块陆地相互撞击形成的大陆,因此生物种类极其多样,在亚洲生存竞争中脱颖而出的暴龙科成员久经磨炼,在此之前就已经消灭了中国的异特龙。双方相遇,结果北美本地肉食恐龙的后代明显不是暴龙科成员的竞争对手,很快就被淘汰。暴龙科恐龙甚至不必亲自出手:与它们一同从东北亚迁徙到北美的还有它们最爱的猎物角龙,这些亚洲植食恐龙食谱广泛,大群生活,迫使拉腊米迪亚大陆的许多本地植食恐龙衰亡。角龙身材壮硕,头上长角,战斗力很强,北美本地肉食恐龙可能对它们无可奈何,结果因食物匮乏而纷纷饿死。北美的中小型食肉恐龙同样难逃厄运:与暴龙科恐龙一同入侵的还有恐龙家族里最聪明、最敏捷的驰龙科恐龙。作为东亚伶盗龙(迅猛龙)的亲戚,这些小恶魔在新大陆肆无忌惮地开疆拓土,最终发展成白垩纪晚期的伤齿龙和犹他盗龙等披着羽毛的杀戮机器。

  暴龙科成员顺利地夺取了拉腊米迪亚大陆,这里充足的食物使得它们可以繁衍壮大,发展出艾伯塔龙、蛇发女怪龙、血王龙和霸王龙等顶级掠食恐龙。它们的前肢退化得特别短小,牙齿粗壮如香蕉,能够咬断大型猎物的骨头。在暴龙科恐龙去不了的南美洲和非洲,异特龙、蛮龙等几类侏罗纪肉食恐龙在白垩纪没有竞争对手，于是演化成更加庞大的鲨齿龙、马普龙和南方巨兽龙。它们长着刀片般的宽薄型牙齿，适合切肉而难以咬断大型猎物的骨头，前肢也明显更大。

霸王龙及其近亲的化石在东亚、东北亚和北美西部大量出土，而在北美中部和东部则难觅踪迹，这有力地证明了北美洲西部与亚洲曾经在白垩纪通过白令陆桥连成一体。艾伯塔龙、蛇发女怪龙、血王龙和霸王龙可能还会通过白令陆桥回老家"串亲戚"，中国也发现了特暴龙和诸城暴龙等与它们极为相似的恐龙，伶盗龙、伤齿龙和犹他盗龙等驰龙可能也是如此。北美东部的伤龙和阿巴拉契亚龙等中型肉食恐龙在形态特征上接近东北亚的羽王龙，被认为与霸王龙也有亲缘关系。它们可能是在侏罗纪末期至白垩纪初期白令陆桥刚刚形成、西部内陆海道尚未完全贯通之际，通过加拿大的陆上通道进入北美东部的第一批东北亚恐龙后裔。等到霸王龙出现时，这几个种群早已完全被北美中部的海洋隔离了，因此形态差距较大。霸王龙的主要食物角龙同样如此：东北亚的原角龙在北美发展为庞大的开角龙和三角龙等种类，但它们的化石仅在北美西部出土，而在北美中部和东部则难觅踪迹。

霸王龙、三角龙等巨型恐龙的化石庞大坚固，因此较为常见，而鸟类化石素来罕见。因为鸟类为了飞翔，骨骼是中空的，以减轻重量，所以鸟类骨骼易碎，很难历经亿万年的时光而形成化石。朝阳盆地之所以能够保留大量鸟类化石，是受燕山运动影响，当地火山周期性爆发，火山灰瞬间将大批动物活埋，仿佛庞贝古城。被突如其来的火山灰活埋，对恐龙来说已经十分残酷，但是，它们的命运很快就会变得更糟。

04
环境史上的头号疑案
（6500万—5300万年前）

颤抖吧，地球

距今6500万年的K-T事件（白垩纪-古近纪事件）并不是地球生物遭遇的最惨烈大灭绝，但无疑是其中最著名的一次，因为它的主要受害者是大名鼎鼎的恐龙。

在进化论普及以前，西方人相信，恐龙是被从地心涌出的大洪水毁灭的。不过，这无法解释为什么鱼龙、蛇颈龙和菊石等水生动物也在同一时期灭绝了。直到1991年，科学家才在墨西哥尤卡坦半岛上的奇克苏鲁布找到了一个直径约170千米的陨星撞击坑，据信为6500万年前一颗直径约10千米的陨星撞击地球留下的。撞击坑长期未被发现，因为它大部分位于海床上，处于陆地上的小部分被热带雨林覆盖着。6500万年前，这里正位于白垩纪拉腊米迪亚大陆的南端海滨，所以这颗陨星在当时几乎是完全撞进浅海里的。

奇克苏鲁布陨星在高速冲入大气层的过程中，会产生巨大的热量和冲击波，足以杀死撞击点附近广阔区域的所有生物。这颗陨星在地壳上撞出一个深达40千米的大洞，使大量岩石熔解甚至汽化，释放出大量的岩浆、尘埃和温室气体，炽热的物质四散飞溅。由于撞击地区大多位于海中，又引起毁灭了全球大片沿海地区的海啸，并使海水沸腾，空气中的水蒸气瞬间饱和，与空气中大量的二氧化碳结合，形成了有腐蚀作用的酸雨。此外，陨星撞击地球还会释放各种放射性尘埃，其中包括地球上很罕见而在小行星上很常见的铱元素。所有这一切，都可能对恐龙造成致命的打击。

20世纪末，多数科学家都相信，恐龙就是被奇克苏鲁布陨星毁灭的。然而，近来陆续涌现的证据表明，这一猜想未必成立，主要原因有二：第一，类似的天体撞击在恐龙生活的时代并不罕见，每次都有许多种类幸存下来；第二，绝大多数恐龙早在奇克苏鲁布陨星撞击之前就从地球上消失了。富含铱元素的K-T事件地层与恐龙化石所在的地层之间，总是存在一段2—4米厚的岩石，代表着大约30万年之久的时光。以朝阳盆地为例，迄今尚无任何化石证据能够表明，这个白垩纪恐龙天堂在距今8500万年，即奇克苏鲁布陨星撞击之前2000万年，还有恐龙生存。电影经常大肆渲染的最后一头霸王龙目瞪口呆地凝视着大块陨星从天空坠落的末日场景，几乎不可能是真的。化石证据表明，7500万年前，北美的恐龙就开始加速衰亡，早在奇克苏鲁布陨星坠落至少50万年之前，霸王龙及三分之二的北美恐龙种类就已经绝迹了，这段时间在地质史上微不足道，却相当于整个人类文明史的100倍。而且，似乎还有少数恐龙种类撑过了K-T事件，直到大约4万年后才衰亡。

主流观点的缺陷，使有关恐龙灭绝事件的其他猜想开始引人关注。白垩纪后期，全球气候变冷，白垩纪海侵被广泛的海退取代。不过，这无法说明恐龙为什么全部灭绝，何况恐龙以往经历了更加激烈的大陆分合事件，依然活得很好。受二叠纪末期大灭绝事件的启发，一些学者把注意力转向火山。自6500万年前开始，印度南部的火山群大规模喷发，其猛烈程度仅次于2.5亿年前的西伯利亚火山群爆发，制造出庞大的德干高原。长期有人主张这些火山活动导致了恐龙灭绝。但是，火山爆发或许可以灭绝陆地和天空中的恐龙和翼龙，却难以灭绝海中的蛇颈龙和鱼龙，同时又让哺乳类、鸟类、龟鳖、蜥蜴、鳄鱼、蛇、蛙、鲨鱼等动物幸存下来。

似乎还是陨星撞击理论的说服力更强一些。近年来，科学家才发现奇克苏鲁布陨星并不孤独。在美国艾奥瓦州曼森市，有一个直径35千米的撞击坑，与奇克苏鲁布撞击坑一样，也形成于6500万年前。但真正的重大发现来自印度，在孟买西南方不远的阿拉伯海，科学家找到了一个长600千米、宽400千米的撞击坑，面积8倍于奇克苏鲁布撞击坑，同样形成于6500万年前。经过推算，造成这个撞击坑的陨星直径约有40千米，远大于奇克苏鲁布陨星。科学家用印度教毁灭之神湿婆的名字来命名这颗巨大的陨星。现在看来，正如奇克苏鲁布陨星造成了墨西哥火山群爆发，湿婆陨星撞击与德干火山群的爆发之间也存在因果关系。湿婆陨星撞击与德干火山群爆发不仅促成了恐龙的衰亡，也对印度和中国的环境造成了深远的影响。

近年来，在加拿大、乌克兰和巴西等地也发现了大致同时形成的陨星坑。6500万年前的这一系列陨星撞击，在地球上释放了至少相当于130万亿吨TNT炸药或100亿颗广岛原子弹的能量，还给大气平流层带来了超过100万亿吨的灰尘。天文学研究显示，多颗陨星同时攻击一颗行星的情况并不罕见，许多小陨星结成小群活动，或是在接近行星之前裂成多个碎块，因此会同时打击行星上的许多区域。

6500万年前的K-T事件诚然是巨大的灾难，但在地质史上并非史无前例。事实上，这类物种大灭绝事件似乎有时间规律可循。

6500万年的诅咒

古生物在极短的时间内集中灭绝的事件，被地质学家和古生物学家称为"大灭绝"。物种的集体出现和集体灭绝，与岩层一同构成了地质年代单位的标志。也就是说，人们不仅可以通过分析岩石的化学成分来鉴定地质年代，也可以通过分析岩石中典型古生物化石的品种来鉴定地质年代，后一种鉴定方法甚至更加准确。

回顾大冰期以来的5亿多年历史，地球生物至少经历了七次大灭绝事件：

约 5.1 亿年前的寒武纪末期，各地相继发生生物灭绝情况，地球上 80% 以上的物种消失，而且这些消失的物种中大部分没有再演化成其他的物种，在此期间 ^{13}C 同位素出现异常，显示重大的环境变化；

约 4.4 亿年前的奥陶纪末期，由于气温变冷，海平面下降，浅海大陆架广泛露出海面，多数依赖于浅海生存的生物灭绝，地球上约 85% 的物种消失；

约 3.6 亿年前的泥盆纪末期，由于气温进一步变冷，海平面继续下降，浅海生物再遭重创，地球上约 70% 的物种消失，被困在陆地上的部分鱼类尝试四肢行走，进化成两栖类；

约 2.5 亿年前的二叠纪末期，爆发了地球历史上最严重的生物灭绝事件，包括在古生代统治地球的优势物种三叶虫在内，地球上 96% 的物种消失，爬行动物与裸子植物成为中生代的优势物种；

约 2.05 亿年前的三叠纪末期，地球上 76% 的物种消失，恐龙成为中生代的霸主；

约 6500 万年前的白垩纪末期，由于小行星撞击地球和火山爆发，恐龙、翼龙等 85% 的地球物种灭绝，被子植物、哺乳类和鸟类成为新生代的优势物种；

1 万多年来，从猛犸象到白鳍豚，各种生物纷纷消失，目前这场大灭绝还在进行中。

除了上述这七次生物大灭绝事件，中等的生物灭绝事件还有几十次。古生物学家经过统计发现，6 亿年来，生物大灭绝平均呈现约 2600 万年的短周期，以及约 6300 万年的长周期，而 6300 万年大体上也是地质史基本单位"纪"的时间长度，如侏罗纪和白垩纪长约 6500 万年。

生物灭绝长周期 6300 万年，是一个天文学家很熟悉的数字，因为这正是太阳系的摆动周期。正如地球只是太阳系很小的一部分，太阳系只是银河系很小的一部分。银河系长得既像飞碟，又像大风车，太阳系位于银河系的一根悬臂的中央位置。天文学家尚未直接观测到银河系的中心景象，因为那里漆黑一片，根本不发光。看不见并不代表什么都没有。通过对其周围行星运动轨迹的计算，天文学家得知，银河系的中心有一个超级黑洞，其质量约相当于太阳系总质量的400万倍。这个巨无霸黑洞是银河系无可争议的统治者，包括光线在内，任何距离它过近的物体都会被首先拉成面条般的长线，然后压缩成一个点，最终成为这个黑洞的组成部分。

离银河系中心黑洞太近显然不是好事，所以数十亿年来，太阳系在离心力的帮助下，一直在试图逃离控制。由于双方实力悬殊，太阳系通向自由的前途尽管是光明的，道路却是异常曲折的。为了摆脱银河系中心黑洞强大的引力，太阳系一面绕着银河系中心黑洞公转，一面围绕着银河系中央平面上下摆动。太阳系的公转周期大约2.5亿年，每围绕银河系中心黑洞公转一周，就会在银河系的平面两极之间摆动4次，这个摆动周期（又叫偏离周期）是6300万年。

有观点认为，每当太阳系运行到银河系的特定位置时，太阳系就会遭到某些来自外太空的攻击，从而造成6300万年左右的周期性生物大灭绝。还有一种理论认为，太阳存在一颗伴星"复仇星"，公转周期2600万年。每2600万年，"复仇星"就会与太阳靠近，两颗恒星之间的引力造成小行星带的动荡，众多小行星于是跳出轨道，在太阳系里四处乱撞，撞上地球就会引起生物大灭绝。因此，生物大灭绝的周期是2600万年或其倍数。不过，这种猜想目前证据不足。

回首地质史，不难发现，所有成功的生物，都设法熬过了至少一次生物大灭绝，例如海百合、三叶虫、蟑螂和鳄鱼。当6300万年灭绝周期到来的时候，有时灾难强度并不猛烈。例如泥盆纪至二叠纪之间的1.1亿年内没有爆发生物大灭绝事件，早期陆生生物因此获得了足够的时间站稳脚跟；又例如三叠纪至白垩纪之间的1.1亿年内没有爆发生物大灭绝事件，因而成就了辉煌的恐龙时代。

按照环境史规律，侏罗纪晚期本应发生一次生物大灭绝，但它的规模较小，以至于地质学家经常难以划定侏罗纪与白垩纪之间的界线。多数恐龙种类成功地经受住了这次考验，因而得以成为中生代的霸主。不能因为恐龙在白垩纪大灭绝中消亡，就认为它们是不擅长适应环境变化的物种。恐龙因为丧失进化动力而灭绝的陈旧观点，早已被事实颠覆。从三叠纪到白垩纪，恐龙家族统治了地球 1.8 亿年，其间经受了无数次环境剧变和物种竞争的考验。迄今只统治了地球几万年的人类能否在未来表现得比恐龙更好，还需要打一个问号。毕竟，我们正处于另一次生物大灭绝的过程之中。

灵长类动物崭露头角

K-T 事件摧毁了恐龙、翼龙和鱼龙等爬行动物的王国，哺乳类、鸟类、龟鳖、蜥蜴、鳄鱼、蛇、蛙等能够打洞穴居的动物幸存下来。其中，与食虫目类似的一类哺乳动物加速演化，这就是人类所属的灵长类动物。K-T 事件过后不久，约 6300 万年前，灵长类动物中出现了一类鼻孔朝前下方紧靠、两眼相距很近、长着 32 颗牙齿、四肢都长有 5 个指头、指甲扁平、左右下颚闭合、上唇与鼻子分离、能够直立、脑部增大的新种群，生物学家称之为"狭鼻猴"。现代的东半球猴类、所有类人猿和人类都属于这个家族。狭鼻猴的部分近亲因盘古大陆的分裂而滞留在南美洲，与世隔绝，保留了一些恐龙时代的原始特征，生物学家称之为"阔鼻猴"。

20 世纪主流科学界认为，当白垩纪在约 6500 万年前结束时，恐龙也随之绝灭，为此前一直生活在恐龙阴影下的哺乳动物和鸟类主宰地球提供了亿载难逢的良机。但刚刚进入 21 世纪，该理论就过时了。科学家发现，距今 6500 万年到 5300 万年的古新世因众多陨星坠落和火山群大量喷发，全世界酸雨连绵，土壤酸性过大，使骨骼易于溶解，导致出土化石太少，给 20 世纪的古生物学家以恐龙骤然彻底灭绝的错误印象。不仅是恐龙，古新世其他生物的化石也非常罕见。

20 世纪末至 21 世纪初，古生物学者陆续发现了一批距今不足 6500 万年的恐龙化石，其中一个重要的化石出土地点位于广东省北部的南雄。

这里在白垩纪末期的燕山运动中塌陷为盆地，相对封闭的自然环境为恐龙等古生物提供了天然庇护所，从白垩纪到古新世的地层也被保存得相当完好。南雄古生物群中的食肉动物很少，众多植食动物和睦地生活在一起，展现出与岛屿相似的封闭地区动物群特征。哺乳动物较白垩纪已有所发展，但身材不大，数量也不多。据统计，白垩纪末期北美洲生活着 12 个属的恐龙，尽管白垩纪末期的灭绝事件使它们的种群数量大幅减少，但其中至少有 7 个属承受住了陨星撞击带来的环境剧变，又活了大约 100 万年。

把这些古新世恐龙化石出土地点串联起来，就会发现，它们全都集中在当时经白令陆桥相连的亚洲-拉腊米迪亚大陆上。然而，作为恐龙最后的家园，亚洲-拉腊米迪亚大陆的地质状况也稳定不了多久了，届时就连顽强度过白垩纪末期大灭绝的恐龙家族幸存者，也只得屈从于命运的安排。

事情还要从白垩纪末期的陨星群撞击地球说起。

致命撞击

距今 6500 万年，直径约 40 千米的湿婆陨星坠落在印度西南方的阿拉伯海中，溅起一片高达 100 多千米的水雾，几千米高的海啸随之横扫全球。当湿婆陨星的底部已经撞穿地壳，接触到岩浆层时，它的顶端海拔依然比现代世界屋脊珠穆朗玛峰还要高出几倍。不过，珠穆朗玛峰那时还躺在印度北方的大海里。

在被湿婆陨星从西南方撞击后，原本离开冈瓦纳大陆向正北方运动，看似将撞击西亚的印度次大陆突然改变了航向，转向东北方漂移——目标正是中国。

距今约 6000 万年，印度次大陆已经越过赤道，将古特提斯洋切割成地中海与印度洋两部分。这时，它与亚洲大陆还隔着一片狭窄的海域，即 1 亿年前喜马拉雅鱼龙曾经畅游的喜马拉雅海。在未来的几千万年内，喜马拉雅海的海底将因为印度次大陆向东北方的挤压，逐步隆起为世界屋脊青藏高原，并最终造就喜马拉雅山。

虽然还没有与亚洲大陆发生实质性的接触，但印度次大陆已经开始在中华大地上展现自己的威力。如果说欧洲和北美洲与亚洲的对接是温柔的、建设性的，那么印度次大陆与亚洲的对接则是粗暴的、毁灭性的。湿婆陨星的惊天大撞击，使印度次大陆西部和南部的地壳多处开裂，岩浆喷涌不止，形成了连续喷发超过500万年的德干火山群。高温与毒雾几乎将这块土地上的所有生物铲除殆尽。6000万年前中华大地被迫迎接的这位不速之客，绝非生机勃勃的世外桃源，而是烈焰飞腾与黑烟弥漫之地。这些来自地狱的礼物可以轻易飞越喜马拉雅海，直逼亚洲腹地，宛若印度教火神阿耆尼亲临东胜神洲。受印度次大陆撞击的影响，中国西南部也发生了一系列火山爆发，从昆仑山到海南岛，处处浓烟滚滚。这一次，南雄恐龙群也未能幸免于难。

在末代恐龙的另一个避难所里，此时也发生了类似的情况：拉腊米迪亚大陆和阿巴拉契亚大陆重新结合成统一的北美洲，并向西挤压太平洋板块，从而引发了科迪勒拉造山运动，形成从阿拉斯加到加利福尼亚的一系列北美西海岸火山。受北美洲挤压的太平洋板块转向西北方漂移。它与亚洲板块的撞击，又在堪察加半岛至印度尼西亚一线的西太平洋边缘制造出众多火山。环太平洋火山地震带就此成形，剥夺了恐龙幸存下来的最后机会。

长夜难明赤县天，万年魔怪舞翩跹，灭绝恐龙写新篇。约5300万年前，当古新世结束，始新世开始之际，世界上已然没有活着的恐龙。此时，哺乳动物开始大展身手，分化出众多种类，特别是前所未见的大型物种，填补了恐龙灭绝后留下来的生态位空白。例如，黄牛体形的尤因它兽、亚洲象体形的雷兽和犀类取代了三角龙，中兽、犬熊和牛鬣兽取代了霸王龙和特暴龙，鬣齿兽取代了驰龙，甚至怪异的镰刀龙都找到了与自己相似的爪兽。而在海洋中，与鱼龙相似的鲸和海豚也开始遨游。这些哺乳动物并非源于外貌相似的恐龙，而是生物在类似的自然环境下，占据类似的生态位演化的结果,生物学上称之为"趋同演化"。

经历了复杂的趋同演化之后,哺乳动物已经基本具备了取代恐龙统治地位的资格。但为了登上地球的王座,它们还要经历几场艰苦的战斗。

05
巨星陨落，哺乳为王
（5300万—800万年前）

短暂的鸟类统治

随着欧洲与亚洲的相撞，欧洲的原始猴类德氏猴进入亚洲。这种酷似眼镜猴的小动物在东亚如鱼得水，在约4500万年前演化成目前已知的第一种猿类——发现于江苏常州的曙猿。这是一种夜行性动物，主要以树上的昆虫为食。与猴类相比，猿类没有尾巴和颊囊，肠道较短，前肢更发达，脑容量较大。有趣的是，类似的情况在已经灭绝的翼龙中也发生过。

翼龙分为两大类：喙嘴龙和翼手龙。喙嘴龙比较原始，在约2.2亿年前的三叠纪晚期就已经出现，牙齿多而大，双翼较小，还有一条长尾巴，脑容量较小，体形也较小；翼手龙是后来者，在约1.8亿年前的侏罗纪早期出现，牙齿小而少以至完全消失，尾巴短甚至完全消失，双翼则非常发达，脑容量较大，体形也较大。著名的无齿翼龙、风神翼龙都属于翼手龙。

看来，这可能是高等动物的一种演化方向：尾巴、肠道和牙齿退化，为了取得身体平衡，集中能量发展前肢和大脑。

猿类诞生之初发展得并不顺利，主要是因为猿类的生活方式和部分翼龙相似，高度依赖森林树冠，而4000多万年前东亚气候干旱，陆地上稀树草原较多，繁密的森林较少，有利于大型地栖哺乳动物的生存，而限制了树栖灵长类动物。此外，鸟类的繁荣也限制了灵长类动物，因为鸟类大多在树冠上筑巢，挤压了灵长类的生存空间，而且灵长类一直在猛禽偏爱的食谱上名列前茅。

同样面临鸟类的沉重压力，大型地栖哺乳动物也无法称雄。恐龙时代结束之后，鸟类一度称霸。沿着霸王龙的演化方向，一部分鸟类放弃了飞翔，用翅膀的退化换来庞大的体形和强健的双腿，令中小型哺乳动物闻风丧胆，古生物学家称之为"不飞鸟"。不飞鸟在欧洲的代表营穴鸟和在美洲的代表恐鹤都占据着当地食物链的顶端，在中国因为有中兽、牛鬣兽、犬熊、鬣齿兽等大型食肉哺乳动物的强力竞争而无法登顶。然而，恐鹤的近亲中原鸟依然是可怕的猎手，在4000万年前的中国大地上，这些约2米高的陆栖猛禽可以轻松捕杀诸如始祖马、原雷兽和犀貘等中型食草哺乳动物。

中兽、牛鬣兽、犬熊、鬣齿兽、雷兽、爪兽、中原鸟等始新世动物化石大多产于华北至蒙古一带，华南出土的化石较少，因为当时那里的环境并不很适宜它们的生存。始新世之初，受德干火山群爆发影响，恐龙的最后生命庇护所南雄盆地也化作生命罕至的废墟。4500万年前，印度次大陆同亚洲大陆迎头相撞，喜马拉雅海的海底隆起成为陆地，地质学家称之为"喜马拉雅运动"。独自漂泊了2000万年的印度，从此变成了亚欧大陆的一个半岛。此时，德干火山群已经停止爆发，亚洲生物开始源源不绝地涌入印度这块生命空白区。随后，阿拉伯板块也撞上亚洲西部，最终制造出伊朗高原和高加索山脉。

在青藏高原与伊朗高原之间的沿海地区，一群哺乳动物由于祖先的生活环境被毁，只得效法喜马拉雅海曾经的主人，转而尝试在阿拉伯海中生活，最终长出鱼龙般的流线型身材，这就是起源于今巴基斯坦的鲸类。由于亚洲与非洲接壤，亚洲的灵长类动物也很快来到非洲东北部，这块贯穿南北两个半球、气候与亚洲迥异的大陆，以自己独特的环境为猿类的生存发展提供了新家园。不过，那里当时同样是鸟类主宰的世界，而且没有大型肉食哺乳动物的竞争，鸟类的统治看上去不可动摇。

鸟类对地球的统治持续了 1000 多万年。但在 3370 万年前，它们的统治在一夜之间瓦解了。从此，哺乳动物在亚欧大陆、非洲和北美洲占据绝对优势，不飞鸟退到与世隔绝的南美洲和大洋洲，挤压有袋类哺乳动物的生存空间。约 3370 万年前的这一时间点标志着始新世的结束与渐新世的开端，哺乳动物从此后来居上，压制鸟类，因为当时又发生了一次环境剧变。

地球的历史是一部频繁受陨星攻击的历史，6500 万年前的陨星群终结了恐龙的统治，下一波攻击接踵而来：3370 万年前，又一颗大陨星扑向地球，撞击点位于北纬 71°、东经 111° 的西伯利亚北部。这次撞击在地球上释放了相当于 8.6 万亿吨 TNT 炸药或 6.7 亿颗广岛原子弹的能量，给大气层带来了 9 万亿吨灰尘。一时间遮天蔽日，全球气候也随之变冷。受此重击，西伯利亚火山群再度喷发，同时亚洲板块向南偏移，恰好与北上的印度次大陆和阿拉伯板块迎头对撞。结果，在亚洲的南北中轴线上促成了中西伯利亚高原、蒙古高原、青藏高原、伊朗高原和高加索山脉等一系列隆起。中国西部多山的地貌特征就此形成。

与胎生的哺乳动物相比，空气污染的影响对卵生的鸟类更致命。陨星撞击与火山爆发造成石灰岩等岩石在高温下汽化，制造出大量可吸入颗粒物和酸性气体，酸性气体又与水蒸气结合形成酸雨。鸟卵外壳的主要成分是碳酸钙，一遇酸雨就会被腐蚀，导致鸟卵不能正常发育。偏偏不飞鸟等陆生大型鸟类都像恐龙和鸵鸟一样，习惯在露天草原上下蛋。鸟卵没有遮蔽物，因此受害尤为剧烈，而在洞穴、树林中产卵的中小型鸟类则受酸雨的影响有限。结果，陆生大型鸟类纷纷因空气污染和酸雨灭绝，历时上千万年的鸟类王朝就此结束，未来的 3000 万年将是哺乳动物统治地球的时代。

三趾马动物群来了

西伯利亚陨星撞击之后，摆脱了鸟类阴影的哺乳动物迎来了又一次大发展。对鸟类的衰微最为喜闻乐见的当数不飞鸟的主食始祖马。它们在渐新世飞速繁衍，分化出多个种类，而且大摇大摆地走出茂密的灌木丛，驰骋在辽阔的草原上。生活方式的改变使它们的体形也随之变化，从四趾演化成三趾，腿也变得更长，以便在草原上更快地奔跑。不过，此时地球上最引人注目的哺乳动物还不是马，而是一些真正的巨兽。15吨重的准噶尔巨犀是有史以来最庞大的陆生哺乳动物，而1吨多重的安氏兽和裂肉兽则是有史以来最庞大的陆生食肉哺乳动物。显然，此时的哺乳动物正在沿着恐龙的道路，朝巨大型方向演化。不过，脚下松软的土壤限制了它们的体形变得更大。

恐龙时代的陆地上曾经遍布坚固的砂岩，但上亿年来，陆生动植物的繁衍导致陆地表面的腐殖质越来越多，同时加速了岩石的风化，形成了厚实松软的土壤层。现代中国最常见的土壤是黄土，然而在3000万年前，土壤大多不是黄色的。在这个问题上，三趾马化石是最好的佐证，因为三趾马生前不仅目睹过五彩缤纷的土壤，也经历了世界屋脊的诞生。其实，彩色土壤的出现与青藏高原的崛起这两类环境剧变之间，有着直接的因果关系。

约2350万年前，随着印度次大陆进一步北移，青藏高原从海拔不足2000米的丘陵骤然隆升为海拔4000米以上的世界屋脊，周边地区也随之隆起了许多山脉。随着亚洲内陆出现大量山脉和高原，前所未有的地势起伏使许多湖泊消失，湖水从高海拔地区溢向低海拔地区，形成诸多河流。来自海洋的水蒸气云层被山脉阻截，亚洲内陆气候变得干旱，树林逐渐被草原和荒漠取代，巨犀等渐新世巨兽因为身体结构不适于在山区跋涉，对树叶和水的需求又过大，从此在地球上消失。它们的天敌安氏兽和裂肉兽等巨型猛兽也随之灭绝。草原的扩大是食草动物的福音，其中的三趾马更是成为亚欧大陆、非洲和北美洲陆生哺乳动物的优势品种，以至于古生物学家称那个时代这些地区的古生物群为"三趾马动物群"。除了三趾马，这个动物群还包括犀牛、犬熊、鹿、爪兽、鬣狗和野猪等，这些动物的共同特点是适应稀树草原生活环境，而现代常见的猫科、犬科、熊科、象科、牛科、驼科动物在当时初具雏形。

三趾马动物群之所以能够在中新世获得巨大发展，是因为它们体形适中，身体灵活，食谱较广，比巨犀等渐新世巨兽省水节能，更能适应中新世的新环境——更加崎岖的地形、更加松软的土地、更加干旱的气候。青藏高原上出土了大量的三趾马化石，20世纪的地质学者一度认为三趾马只能在低海拔平原上驰骋，从而得出当时青藏高原尚未隆起的结论，至20世纪末才纠正这一错误。

三趾马动物群在中国的另一个主要分布区域，正是中华文明的起源地黄土高原。通过对黄土高原剖面的研究，地质学家发现这里并不只有黄土，在黄土底下，还有另一层更古老的红土。黄土高原的红土与三趾马动物群之间的联系非常紧密，因此被直接命名为"三趾马红土"。① 三趾马红土最早形成于2200万年前，与青藏高原的主体隆升时代相符，并与季风在亚洲内陆出现的时代一致。地质学家认为，青藏高原隆升到海拔3000米以上时，印度洋的水蒸气就难以进入亚洲内陆，青藏高原北侧从此变得日益干旱，促进岩石风化，其中碳酸盐类或含富铁铝氧化物的岩石风化后，就形成了富含矿物质的红土，吸引着三趾马动物群的光顾。

但在气候湿润的中国沿海地区，三趾马动物群并不繁盛，主要原因是当时太平洋板块加速西进，使得西太平洋火山带大规模爆发，从长白山到海南岛处处烟尘滚滚，三趾马这样行动敏捷的动物自然避而远走了。与其因火山灰窒息，它们宁愿忍耐内陆的干旱。

三趾马动物群的辉煌岁月持续了大约1000万年，但它们终将与昔日的地球霸主三叶虫、恐龙和不飞鸟一样，要被另一次环境剧变所终结。

陨星再袭

外太空天体对地球总是念念不忘。约1500万年前，又有两颗陨星扑

---

① 地质学家近年的研究认为，三趾马红土与黄土的成因和成分相似，都是岩石风化和沙漠发育所致，所以将它也划入广义上的黄土，虽然它的颜色并不黄，而是红褐色的。

向地球，大的直径约 1 千米，小的直径也有 100 米，可能来自同一颗在穿越大气层的过程中分裂的小行星。它们最终坠落在德国南部的巴伐利亚州，具体位置是慕尼黑与纽伦堡之间的施泰因海姆，造成了一个直径 25 千米的大撞击坑和一个直径 3.5 千米的小撞击坑。如今，大撞击坑中建有两座城镇。

施泰因海姆陨星撞击在地球上释放了相当于 670 亿吨 TNT 炸药或 520 万颗广岛原子弹的能量，给大气层带来了 1 万多亿吨灰尘。撞击使冲击波、地震、海啸、火山爆发、空气污染、日照减弱、气候变冷等环境波动重现，并加速了阿尔卑斯山脉的隆起。施泰因海姆在撞击之后形成了两片圆形湖泊，周围区域很快又变得生机盎然，森林甚至比以前更为茂盛，犀牛、鹿、羚羊和新兴的大象出没于这片水草丰美之地。鸟类尤其繁盛，天空中有大群鹦鹉展翅，湖泊中有众多的火烈鸟出没，尤为现代德国难以想象之事。然而，施泰因海姆陨星撞击之前的优势物种三趾马此时却在中欧销声匿迹。它们的鼎盛时代一去不返。

施泰因海姆陨星撞击造成了全球生物洗牌，给许多新兴物种提供了难得的发展机遇，随着草原的退却和森林的扩展，猫科、犬科、熊科、象科、牛科、驼科等种群从此兴盛起来。正是在约 1500 万年前，中国大部分地区的古生物群开始从三趾马动物群转变为铲齿象动物群。同样受益于这次陨星撞击的，还有人类所属的灵长目人猿超科，也就是通常所说的类人猿。

树冠上的精灵

就目前化石分布情况来看，猿类起源于中国，后来陆续分布到与中国有陆路相通的南亚、西亚、东北非和东南欧等地。尽管当时亚洲和北美洲相连，但因为西伯利亚和阿拉斯加气候严寒，喜爱温暖的猿类从未穿越这片地区涉足北美洲。早期猿类的体形大小不及现代猕猴，很少超过 10 千克，脑容量自然也非常有限，还有一条短尾巴。施泰因海姆陨星撞击后，全球气候趋于湿润，森林茂盛生长，猿类迅速发展，体形在短期内达到了现代人类的级别（50—100千克），同时尾巴消失，成为类人猿。

尾巴对猴类在树枝间的移动非常重要，失去尾巴显然会破坏身体的平衡性，类人猿主要靠发达的上肢来弥补这一缺陷。几十千克的类人猿无法像几千克重的小型猴类一样来回跳跃，只能利用发达的上肢，在树间悠荡移动。这种活动方式不需要尾巴的协助。尾巴的退化节省下许多能量，又反过来促进了头脑的发育。

与猴类相比，类人猿的肠道比较短，消化能力较差，因此不太擅长消化树叶，比猴类更加依赖森林里的水果和坚果，偶尔还补充一些植物块根和肉类。类人猿需要非常强有力的上下颌和牙齿，以便咬开某些非常坚硬的果皮。然而，为了在树冠上灵活运动，类人猿的头颅不能太重，而上下颌和牙齿已经占有一定重量，这就限制了类人猿脑部的发展。因此，类人猿的智力水平虽然高于其他动物，但是离人类还差得很远。

成为大型动物的好处有很多，例如更长的寿命和更大的脑容量，有足够的时间和生理条件来学习，在食物链中的地位也会相应上升，食谱得到扩展。绝大部分灵长类动物生活在树冠层，这个独特的生态环境可以提供丰富的水果和树叶，大型食肉动物却难以涉足。50—100千克体重是一个重要的身体机能平衡点，100千克是树冠层动物的体重极限，超过100千克的体重很容易导致树枝断裂。作为体形最大的树冠动物，类人猿除了豹子和蟒蛇，几乎没有天敌，可以充分享受悠闲自在的生活，有足够的闲暇发展社会关系。树栖动物普遍睡眠时间较长，例如树袋熊每天可以睡20个小时，无须担心会在沉睡中被猛兽捕食。灵长类动物也是如此，较长的睡眠有利于脑部的发育。在灵长类中，类人猿由于体形较大，日常生活更为安全，所以睡眠时间最长，睡眠深度也是无须冬眠的哺乳动物中最高的。它们最终演化出人类。

灵长类动物的繁荣不仅有赖于环境变迁，也推动着环境变迁。绝大部分灵长类动物都生活在树冠层，这里是它们完美的庇护所。可是，地球上的森林在白垩纪和古近纪并不繁盛，限制了灵长类动物的生存空间。

显然，森林越多，对灵长类动物就越有利，灵长类动物的活跃也积极地促进了森林的扩展。据生态学家统计，在所有森林动物中，猿猴搬运种子的能力最强，超过鸟类搬运种子能力平均值的100倍。原因包括两方面：一、所有灵长类动物都没有固定的排泄地点，习惯于随地排泄（人类其实也不例外，公共厕所的普及只是最近100多年的事情），灵长类动物的活动范围普遍较大，使穿过其肠道的树木种子分布得更广泛；二、灵长类动物拥有巨大的大脑和敏捷的身手，耗能极高，灵长类动物的平均代谢率是哺乳动物平均代谢率的2.1倍，而哺乳动物的代谢率又远远高于爬行动物和鱼类。

鳄鱼每月饱餐一顿就能存活，其余时间仅靠晒太阳即可获取维持生命的能量，生存模式介于动物与植物之间。纵观鳄鱼的一生，这种样貌凶残的爬行动物杀生的数目远少于绝大多数肉食哺乳动物和鸟类。其他冷血爬行动物的情况也类似，经常一整天都趴着不动，过着非常节能的生活。哺乳动物，特别是灵长类则相反，在相同时间内，灵长类的进食量和排泄量均显著高于相同体重的其他物种。所以，吃得多、拉得多、排泄范围广的灵长类动物是森林的推广者。然而，赐予生命的，也能够剥夺生命，最终地球上出现了一种热衷于砍伐森林的灵长类动物。在短短几万年内，他们对森林的破坏行为就彻底抹杀了以往几千万年内各种灵长类动物对森林所做的一切贡献。

这种动物就是人类。人类是所有灵长类动物之中最耗能的。人类的代谢率高达哺乳动物平均值的3.5倍，即便在茹毛饮血的远古时代，人类也是地球上单位体重耗能最多的动物之一。随着人类文明的发展，近年来人类消耗的能量更呈现爆发式增长，显著影响了地球的气候。大规模砍伐森林，与人类习惯于高耗能的生活方式密切相关。

人类虽然并非起源于任何一种现代灵长类动物，但的确起源于某种猿类。从猿类出现，到人猿相揖别，并没有花很长的时间。施泰因海陨星撞击之后，大型猿类迅速扩张到整个东半球的热带和亚热带地区，包括东非、西亚和东南欧的森林古猿，非洲的原康修尔猿，亚洲的西瓦古猿，等等。其中，西瓦古猿是中国境内最早的古猿，广泛分布于喜马拉雅山南麓至云贵高原一带。这个名字取自化石出土的西瓦利克山脉（Sivalik Hill），意思就是"湿婆山"。湿婆是印度教神话中的毁灭之神，这提醒我们，包括人类在内的哺乳动物都深深受惠于毁灭恐龙王朝的湿婆陨星。雌性西瓦古猿因为体形比雄性小得多，起初被错误地判定为另一个种类，命名为"腊玛古猿"（取名自印度教神话中的英雄罗摩），近年来才得到纠正。

森林古猿、西瓦古猿和原康修尔猿之中，究竟谁是人类的祖先呢？从身体结构来看，森林古猿与人类最相似，它是人类祖先的可能性最大。

表5　灵长目人猿超科分类表

科	亚科	族	属
原康修尔猿科	—	原康修尔猿族	原康修尔猿
长臂猿科	—	—	长臂猿属
			白眉长臂猿属
			黑冠长臂猿属
			合趾猿属
人科	猩猩亚科 （亚洲类人猿）	—	西瓦古猿属 猩猩属
	森林古猿亚科	非洲树猿族 肯尼亚古猿族 森林古猿族	—
	人亚科 （非洲类人猿和人类）	大猩猩族	大猩猩属 黑猩猩属
		人族	南方古猿属 人属

与现代的类人猿（黑猩猩、大猩猩、猩猩、长臂猿）相比，原康修尔猿、森林古猿与西瓦古猿等早期类人猿的前后肢基本一样长，上下颌和牙齿较小，脑容量往往比同等体形的现代类人猿更大，智力可能更高一些，身体特征更接近人类。也就是说，1000多万年来，类人猿的智力实际上可能在退化。造成这一怪异演化趋势的原因可能在于生存环境与习惯。类人猿高度依赖水果和坚果，而又不会冬眠，于是分布范围严格限制在热带和亚热带的森林地区。森林生活使类人猿的前肢越来越发达，

上下颌越来越大，后肢不断退化，尾巴完全消失。对于它们来说，有一口强健的牙齿，能够随时咬开热带大型水果的外皮，显然比智力再高一点要实际得多。由于上下颌和牙齿变大，头骨和咀嚼肌的重量增加，而作为树栖动物，头部的总重量又有上限，所以一两千万年来，类人猿的脑容量不升反降，吻部变得越来越突出。但一部分离开森林的类人猿除外——它们是人类的祖先。

森林古猿生活的东非、西亚和东南欧地区，3000万年来经历了多次环境剧变。阿拉伯次大陆对亚洲西部的撞击，将古特提斯洋截为印度洋和古地中海两部分，造就了伊朗高原和高加索山脉等西亚地壳的隆起。随后阿拉伯次大陆又与非洲板块相撞，在巴勒斯坦至埃塞俄比亚一线制造出大量火山和裂谷。约2600万年前，印度洋海水涌入阿拉伯次大陆西部的裂谷，形成红海，阿拉伯次大陆从此变成了阿拉伯半岛。1500万年前的施泰因海姆陨星撞击使亚欧板块与非洲板块进一步靠近，地质活动也随之加剧。于是，古地中海被分为地中海与副地中海（"巴拉特提斯海"或"副特提斯海"）。副地中海是地球历史上最大的内陆湖，现代的黑海、里海、咸海、巴尔喀什湖都包含其中。到了约1200万年前，东非大裂谷初具规模。不久以后，这里将成为人类祖先的家园。

化石记录显示，森林古猿与西瓦古猿一直生存到距今约800万年。通过基因研究，现代分子生物学家推算出的"人猿相揖别"时间是700万年前，从此人类与其最近的亲属黑猩猩分道扬镳。其实，人类与黑猩猩的DNA有98.7%是相同的，与大猩猩DNA的重合率也高达97.7%，大猩猩最早出现的时间是约730万年前。

在距今800万至700万年之间，究竟发生了什么，使得人类的祖先与类人猿分道扬镳呢？

第二章

古海变荒漠，人猿相揖别

(800万—240万年前)

01
失落的故乡

最早的人类祖先化石藏身沙漠

20 世纪出土的最古老的古猿化石都发现于非洲东部,许多古人类学家据此认为,人类的祖先在约 500 万年前起源于东非。然而,东非盛产古猿化石,是因为东非的自然环境有利于化石的保存;西非地区的土壤酸性过大,古生物的含钙骨骼容易被溶解,难以保存;而北非撒哈拉沙漠无尽的流沙更是所有考古工作者的噩梦。可是,刚刚进入 21 世纪,在撒哈拉沙漠南缘、非洲中部国家乍得的托罗·梅奈拉荒野里,出土了距今大约 700 万年的人类祖先骨骼化石,远比任何东非古猿化石古老。

托罗梅奈拉地处撒哈拉沙漠的分支朱拉卜沙漠南端,是一片干旱的稀树草原,主要水源是坎儿井和季节性河流。当地人称这一带为"撒海尔"(一译"萨赫勒"),意思是通向撒哈拉沙漠的过渡地区,于是人类已知最早的祖先化石被定名为"撒海尔人",又叫"图迈"。"图迈"意为"生命的希望",乍得人习惯给旱季出生的孩子起这个名字,祈祷干旱的日子不那么难熬。

然而,700 万年前的托罗梅奈拉一点都不缺水。当时,由于濒临地球上最大的淡水湖,这里一年四季都水源充沛。其实,"乍得"这个名字的本意正是"宽广的水域"。

宽广的乍得古湖把古猿养大

非洲腹地的乍得湖在 21 世纪初已经近乎干涸,但是在数百万年前,它曾经广达 30 万平方千米,比北美洲五大湖的总面积还要大 25%,与如今地球上最大的咸水湖里海相当。尽管如此宽广,但乍得古湖的最大深度仅有 50 米左右,阳光能够直射湖底,为水生植物提供能量,因此整个湖区一片生机勃勃。700 万年前,古猿的家乡托罗梅奈拉就位于生命乐园乍得古湖畔,但如今,它离乍得湖的直线距离足有 600 多千米,可见湖面退缩之剧烈。

撒海尔人生活在乍得古湖之滨并不是偶然的。对野生动物来说,湖滨远比河畔更有吸引力。由于湖水流速慢,水中杂质更容易沉淀到湖底,所以在自然状态下,湖水的水质优于河水,饮用后不易引起消化系统疾病。作为非洲最大的淡水湖,乍得古湖的魅力使动物们难以抗拒,在人类起源史上也占有独一无二的地位。目前的化石分布情况显示,乍得古湖东北方的古猿演化成了人类,而乍得古湖西南方的古猿演化成了黑猩猩和大猩猩。古猿究竟是乍得古湖的原住民,还是外来移民呢?如果是外来移民,它们又是怎样找到乍得古湖这个野生动物天堂的呢?

乍得古湖之所以能够成为非洲最大的淡水湖,是因为它位于一个巨大的盆地中央,四周被高原和山脉环绕,从这些高原和山脉上奔流而下的千百条河流为乍得古湖提供了充足的水源,并与之共同构成了一个近乎与世隔绝的内陆生态系统。这个区域离海洋其实并不遥远,距大西洋仅有 400 多千米,距地中海也仅有 800 千米——如果当时地球上有地中海的话。

02
地中海与人类祖先

地中海干涸了

碧波荡漾的地中海可曾从地球上消失过？在板块构造理论统治国际地质学界之前，没有人怀疑这个问题。1970年，华裔地质学家许靖华却发表了震惊世界的新理论：在800万—700万年前，地中海曾经与大西洋失去联系，海水逐渐蒸发。大约600万年前，地中海完全干涸，形成广达250万平方千米的盐田。这就是现在被广泛接受的"古海荒漠"理论，地质学界称之为"墨西拿阶危机"。

根据许靖华的研究，800万—700万年前，随着阿尔卑斯造山运动的进一步发展，墨西拿阶危机爆发，今西班牙南部的贝蒂克海峡和里菲海峡均隆起为陆地（当时直布罗陀海峡尚未出现）。地中海与它的孪生兄弟副地中海一样沦为内陆湖，后者因阿拉伯板块向北移动而被截断，失去了同地中海的联系，逐渐萎缩成现代的黑海、里海、咸海和巴尔喀什湖。没有了来自大西洋的海水补充，地处亚热带地区的地中海逐渐蒸发干涸，海中生物全部死亡，这同时又导致周边广阔地区的降水减少而沙漠化，大批南欧、西亚和北非的陆生动物被迫外迁。为了躲避这场史无前例的大旱灾，它们多半会选择前往距离最近的大型淡水源头，而南方的乍得古湖无疑是最明智的选择。

迁徙之路

许靖华等地质学家曾经怀疑墨西拿阶危机与早期人类的形成有关,但那时古猿化石集中发现于远离地中海的东非。除了时间关系,他们很难拿出更多支持这一猜想的证据。如今,随着乍得古湖北岸成为人类起源地的最大热门,这个观点终于重回公众视野。

出土撒海尔人化石的古乍得湖流域与地中海之间,除了几片互不联系的高原,是一马平川。直到今天,乍得湖滨仍分为两个截然不同的生态世界:乍得湖的东部和北部是沙漠和稀树草原,在旱季没有一条河能够流入乍得湖;西部和南部则是耕地和热带雨林,数十条江河终年不停地流入乍得湖。由此可以推测,生活在干旱地区的古猿是怎样与生活在湿润地区的黑猩猩、大猩猩分道扬镳,走上不同演化之路的。这两类动物之间最大的区别既不是智力,也不是使用工具的能力,而是下肢:人类是灵长类动物里唯一下肢比上肢强壮的动物,而且为了用双腿快速奔跑,还演化出巨大的臀部,这表明,我们的祖先经常在地面上生活,而并非纯粹的树冠居民。

化石记录显示,1000多万年前,地中海周边生活着多种森林古猿,它们可能是东非的原康修尔猿的后裔。森林古猿的前后肢几乎一样长,颌部及牙齿大小中等,脑容量较大,与原康修尔猿类似。和现代类人猿相比,它们的身材特征更接近东半球猴类。这些身材特征说明,现代类人猿是高度特化的森林居民,而森林古猿与它们不同,更像狒狒和猕猴,能够适应森林、草原、灌木等多种自然环境,食性也比较杂。这就解释了森林古猿的化石为什么可以分布在亚、欧、非三大洲的广大区域。比起现代类人猿,森林古猿是可塑性更大的物种。长臂猿、黑猩猩、大猩猩等现代类人猿已经完全适应了森林里的生活,前肢发达而后肢萎缩,是一类高度特化的动物,无法适应其他环境,一旦森林消失,现代类人猿也会随之灭绝。但是森林古猿不同,它们处于可塑性很强的生态位置,即便被赶出森林,也可以毫不困难地适应灌木和草原上的生活。

800万—700万年前，受地质史上罕见的大灾墨西拿阶危机影响，地中海干涸，北非发生了严重的旱灾，撒哈拉沙漠开始形成，森林大面积消失。原先生活在这些森林中的古猿被迫离开北非，向离自己最近的淡水源乍得古湖沿岸迁徙。这次迁徙对古猿的身体结构施加了巨大的环境影响。被迫离开森林之后，适合用双腿在平原上直立行走的个体成为自然选择的青睐对象。它们的后肢逐渐变得发达，前肢则开始萎缩，最终便形成了700万年前生活在古乍得湖北岸的撒海尔人。

地中海复活

地中海的干涸持续了上百万年，直到大约530万年前，直布罗陀地峡裂开，形成直布罗陀海峡，大西洋海水立即掀起滔天巨浪，在一个世纪内将地中海重新注满。地中海水位在百余年内上涨多达1500米，导致这一区域的大批陆生动物被淹死，少量幸存者被围困在新形成的海岛上，例如西西里岛的大象、塞浦路斯岛的河马、马略卡岛的羚羊等等。这些动物都不擅于长距离游泳，如果地中海不曾干涸，它们是无法抵达这些岛屿的。

530万年前地中海的复活是新生代最重大的环境事件之一，标志着中新世的结束与上新世的开始。汹涌而来的海水将大批动物驱赶向非洲腹地，它们的最佳逃难方向仍是乍得古湖。一时间，乍得古湖北岸的动物密度迅速增长，生存竞争愈演愈烈。作为早先抵达的居民，撒海尔人等古猿的生存环境急剧恶化，其中一些群体只得选择再度迁徙。向乍得古湖南岸迁徙似乎是最好的选择，但是需要冒着被鳄鱼吞食的危险游过几条大河，而古猿普遍不会游泳，多数转向东方迁徙。

如今的东非有两大生态系统，即东非大裂谷生态系统和尼罗河生态系统。然而，在700万—500万年前的墨西拿阶危机期间，东非大裂谷还远不及现代雄伟，而尼罗河更是与现代的模样完全不同。当700万年前撒海尔人在乍得古湖水边生活时，古尼罗河还是一条奔涌在峡谷中的湍急山涧，长度和流量都远不及现代。由于地中海干涸，古尼罗河最终消失在茫茫盐漠之中，是一条不引人注意的内陆河。

如今的尼罗河有两大源头，即发源于维多利亚湖的白尼罗河，以及发源于埃塞俄比亚高原的青尼罗河。可是在500万年前，既没有维多利亚湖，也没有埃塞俄比亚高原，所以当时既没有白尼罗河，也没有青尼罗河。经地质学家研究，维多利亚湖的历史不过40多万年，而埃塞俄比亚高原也是在200多万年前才隆起的。对尼罗河的发源和演变，学术界曾经很久都找不到头绪。直到20世纪60年代修建阿斯旺大坝，埃及工程师在钻探过程中意外发现，尼罗河的河床淤泥比想象的厚得多。钻了150米以后，他们有了更加意外的发现：在150米深的淡水沉积物之下，又找到了海洋沉积物！

正如古埃及祭司向希罗多德说的那样，尼罗河三角洲曾经是一个海湾，而且这个海湾远比古埃及祭司设想的大，一直延伸到阿斯旺以南的苏丹北部。在墨西拿阶危机发生之前，整个非洲北部的地形比现代低矮得多，许多区域还躺在地中海之下。尼罗河谷并不是特例，利比亚和法国等环地中海国家都发现过这类远低于现代河床的远古海湾。特别是位于乍得正北的利比亚南部，撒哈拉沙漠下隐藏着许多流往远古海湾的暗河，使得利比亚成为世界上地下水资源最充沛的国家之一。其中一条暗河的规模相当巨大，科学家推测，在气候湿润的时代，这条大河甚至可能沟通地中海与乍得古湖。墨西拿阶危机发生以后，这些海湾相继干涸，形成了一系列峡谷，周边的河流汇入，于是在海洋沉积物之上又积起了很厚的淡水沉积物。日久天长，这些峡谷逐渐被淡水沉积物填满，形成了如今北非的平坦地形。所以，森林古猿等人类远祖很可能起初生活在北非海湾的河口红树林附近，在墨西拿阶危机发生以后，通过峡谷，沿着河流南下逃往乍得古湖，之后这些峡谷被河流沉积物塞满，河流也逐渐断流，最终新兴的撒哈拉沙漠阻断了古猿返回地中海家乡的归途。因此，撒海尔人祖先的化石大概被埋藏在如今撒哈拉沙漠地下200米左右的深处，很难发掘。

地图 9 撒海尔人的世界（罗三洋制作）

今天的埃塞俄比亚和苏丹一带，在 500 万年前也拥有一些河流，但是它们交汇以后，不是向北汇入尼罗河，而是奔向西南方的大西洋。结果，在今撒哈拉沙漠南部地区出现了一条大河，它横贯大半个非洲大陆，在流入乍得古湖之后继续向西奔腾，与尼日尔河汇合后注入几内亚湾，地质学家称之为"横贯非洲水系"。它全长约 6000 千米，流域面积超过 700 万平方千米，与现代地球上流域面积最大的亚马孙河相当，是当时全球第一大河。直到 200 多万年前，横贯非洲水系由于乍得古湖萎缩等环境变迁而逐渐消失，它在非洲生态系统中的地位最终被后起的尼罗河取代。

530 万年前地中海复活之后，古猿因北非环境剧变被迫从乍得古湖向东迁徙，走的很可能就是横贯非洲水系的北岸，最终抵达这条大河的源头——东非大裂谷。

南方古猿和天敌们

距今约 500 万年，饱受迁徙之苦的一部分古猿终于在东非大裂谷一带安定下来，并迅速繁衍出多个种群。首先出现的是埃塞俄比亚地猿，其次是著名的南方古猿。距今 300 多万年，南方古猿极为繁盛，几乎遍布整个非洲，它们的化石在非洲东部、南部和中部都能找到。就持续生存时间而言，南方古猿是人族中最成功的一支，现代人的历史只是南方古猿的零头而已。

然而，南方古猿并不是灵长类动物演化的终点。作为首批在地面上生活的大型灵长类动物，没有尖牙利齿的古猿一直是许多猛兽舌尖上的美食。500 万年前，阿拉伯半岛形成，亚洲与非洲之间的陆路通道完全打开，亚洲的众多野生动物大举迁入非洲，其中既有犀牛、三趾马、长颈鹿和羚羊等植食动物，也有许多肉食动物，其中最主要的是猫科和鬣狗科。尽管硕鬣狗等非洲顶级猛兽更青睐犀牛体形的大型猎物，通常没兴趣捕猎体重不过 30 千克的南方古猿，但是这并不意味着南方古猿就可以高枕无忧。化石证据显示，当时多种猛兽经常捕食动作迟缓、缺乏抵抗能力的南方古猿，中等大小的恐猫和斑鬣狗尤为热衷此道，就连最小的剑齿虎、巨颏虎都完全有能力猎杀南方古猿，非洲冕雕等大型猛禽也会不时向南方古猿伸出其致命的利爪。南方古猿在东非还面临许多劲敌的竞争，例如长有巨大犬齿的灵长类亲戚狒狒。在那个遥远的年代，人类祖先在食物链中的地位并不高。许多出土的古猿化石都极度破碎，它们其实只不过是猛兽嚼剩下的骨头渣而已。

众多天敌的存在使南方古猿的生活危机四伏。作为第一批离开森林、在草原上用双足漫游的大型灵长类动物，它们的生活显然充满了危险，单靠简陋的石器和木棍难以避免被猎杀的厄运。为了求生，这些古猿发展出一些特殊的自卫技能。

当时的野外生存是一门需要终身学习的复杂技巧，不像现代人那样，事先在商店里买好帐篷、食物和饮水，而是要完全依靠自然资源。为了在荒野中生存下去，必须学会识别千百种动植物和几十种石头，分辨有毒生物，利用各种材料迅速搭建庇护所，并在没有指南针的条件下，在密林和荒漠里准确地测知方位，找到水源。爬树是必须掌握的基本生活技能。要想顺利地活到成年，还得练就许多本领，例如夜视和如何又快又好地打开坚果。鉴于荒野的生活条件极不卫生，强大的免疫功能同样不可或缺。吃一口腐肉、喝几口泥水就会上吐下泻，或是淋上一场雨就会患上气管炎的个体，是无法把自己的基因传递下去的。

现代人的身体素质已经远不及古猿和猿人祖先，极少还有人具备合格的野外生存能力。人体变得更易生病，也更难康复。然而，我们还能观察到一些残存的人类祖先野外生存的绝技。

在现代社会，打鼾被视为一种病症。为什么很多人睡觉时打鼾，而其他动物几乎不打鼾呢？因为睡觉的古猿最容易受到猛兽猎杀，而打鼾的声音很像猛兽咆哮，猛兽听到之后就不会贸然接近。于是，打鼾的古猿更容易生存下来，并繁衍后代，而不打鼾的古猿则被淘汰了，打鼾的基因便代代相传。这只是人类祖先诸多特殊习性的一种，它们看似古怪，甚至有害无益，其实对人类祖先的生存和发展起到了至关重要的作用。

尽管南方古猿在非洲草原食物链中的地位不高，然而，在未来，它的后裔将会凭借出色的智力，终结任凭猛兽宰割的悲惨历史。在抵达这个未来之前，古猿还需要再经历几场环境剧变，但这些环境剧变的起源地并不在非洲。

03
当北美洲遭遇南美洲

洋流剧变

在智人抵达美洲之前，这里没有高等灵长类动物，但是这里发生的几次重大环境事件对人类的起源施加了决定性的影响。

虽然被合称为美洲，但在地质史上，北美洲与南美洲自古以来很少相连，所以这两个大洲的古生物也截然不同。不过，在约300万年前，这种情况开始发生根本性改变：随着巴拿马陆桥的隆起，分离长达8000万年的南美洲大陆与北美洲大陆合为一体，两地的生物随之开始了大规模的物种交换。北美洲的野马、鹿、剑齿虎、美洲狮、熊、恐狼、大象、野猪进入南美洲，南美洲的恐鹤、犰狳、豪猪也进入北美洲。经过一番血腥的较量，北美洲生物群大胜，袋剑齿虎等南美特有物种迅速灭绝，但这还不是巴拿马地峡隆起造成的最严重生态后果。

巴拿马地峡截断了太平洋与大西洋之间的通道，从而完全改变了洋流走向。原先环绕北美洲和南美洲的洋流被迫转向，形成了北大西洋暖流、秘鲁寒流、加利福尼亚寒流等新的洋流系统。在这场洋流剧变中，受益最大的地区当数由北大西洋暖流获得巨量热能的欧洲，其次当数北美洲东部沿海。在暖流的影响下，它们的气候从寒冷干燥变得温暖湿润。同时，东非的埃塞俄比亚高原在距今350万—260万年加速隆起，阻止了印度洋暖湿气流进入非洲大陆。曾经的动物天堂乍得古湖受到来自东西两面旱灾的影响，在340万—300万年前明显缩小，湖畔的广袤沼泽和森林被草原取代，当地的动物种类也随之改变。

由于气候持续干旱，约260万年前，曾经的世界第一大河横贯非洲水系断流，撒哈拉沙漠随之越过古河道，开始加速向东南方扩张，旱灾迅速波及南方古猿的生存区域。结果，一种比南方古猿更像现代人的猿人出现了。古生物学家称之为"能人"，因为这些猿人凭借比南方古猿更大的脑容量，掌握了制造原始石器的技术。能人是人属动物中第一个已知成员，将人类历史带入了旧石器时代。同时，也就是约250万年前，由于横贯非洲水系的部分支流逐渐改道形成刚果河，而类人猿普遍不会游泳，从此被河流长期隔离，最终发生分化：黑猩猩分化出刚果河南岸的倭黑猩猩，大猩猩则分化为刚果河以东的山地大猩猩和刚果河以西的低地大猩猩，可见这一时期的环境剧变对高等灵长类动物的影响之深远。

乾坤颠倒

造就人属动物的环境变化远不止旱灾一种。大致与260万年前撒哈拉沙漠开始加速扩张同时，全球气温大幅变冷，进入数百万年来的第一个冰期——前提格利亚冰期。这导致白令陆桥再度形成，太平洋与北冰洋失去联系，亚欧大陆则与北美洲相连。结果，北太平洋形成了阿拉斯加暖流和千岛寒流等洋流，朝鲜至阿拉斯加一带不仅重新出现了陆地通道，气候也变得较为温暖湿润，适合动植物生存。以马、驴和骆驼为代表的真马动物群经白令陆桥从北美洲迁入亚洲，亚洲的牛科、熊科和猫科也大举进入北美洲，并很快沿着巴拿马地峡长驱直入南美洲，引起了白垩纪初期以来又一次波澜壮阔的北半球动物大迁徙。这次迁徙的过程可能异常地艰苦，因为恰恰在约247万年前，地球出现了上百万年一遇的180°磁极倒转，地质史上称之为"松山-高斯地磁界限事件"，此后的时代则被叫作"松山反向期"。

南北磁极倒转，会使大量动物，特别是鸟类和鱼类丧失方位感，脑部做出各种不合常理的判断，最终不幸丧命。同时，磁极倒转也会促进基因突变，导致一些新物种的产生。人属动物的出现，很可能就得益于此。

约240万年前，又有一颗陨星扑向地球。它的体积略小于施泰因海姆陨星，主撞击坑位于智利西南部的太平洋海底。科学家估计，这次撞击产生的能量相当于340亿吨TNT炸药或260万颗广岛原子弹，向大气层释放了89亿吨尘埃。按照"核冬天"理论，总爆炸当量达50亿吨TNT炸药的"基本型核战争"就足以使地球表面的阳光辐射在几周内减少90%，地表平均温度下降25℃，将全球送入冰河时代。340亿吨TNT炸药的陨星撞击威力犹如7个核冬天事件同时爆发，对地球生物产生的灾难性影响可想而知。

冰期再临

虽然智利外海陨星不算巨大，但它撞击地球的时间和地点非常敏感，与巴拿马陆桥和白令陆桥隆起等地质事件相互作用，造成了极为复杂的后果。此后，横贯整个美洲的安第斯-落基山脉（合称科迪勒拉山系）开始加速隆升，还伴有一系列火山喷发，其中包括至少两次地质史上最高级别的8级喷发，即约220万年前的美国北部黄石火山喷发与阿根廷西北部加兰火山喷发。当时，黄石火山喷发出了2450立方千米火山灰和熔岩，加兰火山则喷发出了1050立方千米火山灰和熔岩。仅这两次火山大爆发造成的大气污染对地球气候的影响，就超过了智利外海陨星撞击本身。遮天蔽日的情况延续了长达几十年，全球气温随之剧烈下降，地质史上称之为"提格利亚冰期"。提格利亚冰期比前提格利亚冰期更寒冷，冰川规模更大，从欧洲蔓延到北美洲和西伯利亚。对于当时的许多地球物种来说，这么多环境剧变叠加在一起，宛如末日降临。

太阳系在银河系中的活动遵循6200万—6400万年的偏离周期，从而导致地球生物平均每6300万年发生一次大灭绝。自从恐龙在白垩纪晚期衰亡以来，到距今260万年，刚好过了6300万年，毁灭性的环境剧变显然迫在眉睫。从 260 万年前到现代的这段时期,是自白垩纪以来,地球自然环境变化幅度最大、物种灭绝速度最快的时期,地质史上称之为"第四纪"。

第四纪分为两部分,即距今约 260 万至 1 万年的更新世,以及 1 万年以来的全新世。第四纪最主要的环境特点,是酷寒的冰川时代与温暖的间冰期频繁交替。受其影响,近海平原和浅海大陆架饱受海侵和海退的折磨,陆地的面积和形状不断变化。第四纪也是缔造人类的时代,所以在环境考古学领域里最受重视,对它的研究自成门类,即"第四纪研究"或"第四纪环境史"。

表6 第四纪冰期一览表

年代	欧洲冰期名称	北美冰期名称	中国冰期名称
260万—245万年前	前提格利亚冰期	—	—
240万—180万年前	提格利亚冰期	前伊利诺 J 冰期	—
150万—130万年前	拜伯冰期	前伊利诺 I 冰期	—
100万—95万年前	多瑙冰期	前伊利诺 H 冰期	—
79万—63万年前	贡兹冰期	前伊利诺 F 冰期	鄱阳冰期
56万—43万年前	民德冰期	堪萨斯冰期	大姑冰期
23万—14万年前	里斯冰期	伊利诺冰期	庐山冰期
11万—1.5万年前	玉木冰期	威斯康星冰期	大理冰期
1.37万—1.16万年前	仙女木事件		

移居高原

第四纪初期,以能人为代表的早期猿人过着颠沛流离的动荡生活。此时,地球正处于前提格利亚冰期和提格利亚冰期,干冷是普遍的气候特征。隆起不久的埃塞俄比亚高原气候干旱,火山喷发频繁,生物资源匮乏。这里虽然不如东非大裂谷那样适合大型灵长类动物生活,却在人类演化史上占有关键地位。高海拔使这里气候凉爽,居民可以远离多种蚊虫的滋扰,特别是传播致命昏睡病的采采蝇。事实上,大部分人体寄生虫和传染病源头都在非洲,这里的昆虫和微生物特别青睐人体,这有力地说明，非洲是全人类的摇篮。这里的昆虫和微生物与人类祖先一同演化，因此特别擅长将传染病传播给人类。在这片炎热且疾病肆虐的大陆上，埃塞俄比亚高原因为能够提供凉爽洁净的环境而成为猿人的世外桃源。高原草场、清新空气、富含矿物质的山泉等各种全新的自然环境因素，很快使此前习惯在平原树丛中活动的猿人发生了巨大改变。

在现代人类中，大约10%的人是色盲，其中绝大多数是红绿色盲。色盲是一种遗传性疾病，由X性染色体上的基因缺陷造成，98%的色盲患者为男性，女性患者不足2%。这历来令生物学家颇感奇怪，因为如此简单的遗传疾病理应早被淘汰而十分罕见才对。近年来，科学家通过多种实验研究发现，与正常人相比，红绿色盲患者的夜视能力更强，而且尤为擅长在棕色环境下辨别物体。

将人类的这种遗传病放在250万年前猿人刚刚出现的环境来考察，我们便能恍然大悟：当时正值美洲科迪勒拉山系火山群超级大爆发，地球被火山灰包围，环境昏暗，而猿类的听觉和嗅觉都不太发达，主要靠视觉来觅食并发现危险，因此难以在这样的环境下生存。很可能只是靠群体中的某位红绿色盲患者在黑暗中指路，早期猿人才得以幸存下来并繁衍后代。猿人生活的埃塞俄比亚高原和东非大裂谷地区当时也发生了多次火山爆发，岩浆横流，形成棕色的火山岩地貌。红绿色盲患者在这样的自然环境中优势尽显，成为早期猿人的救世主。

因此，色盲这一看似有害无益的基因缺陷在猿人的后裔中被永久地保留了下来。由于在原始社会中普遍"男主外，女主内"，需要经常巡视领地和狩猎的男性猿人更需要一定数量的色盲，而固定在营地周围小范围地区生活的女性猿人则不需要色盲，所以人类的色盲分布才变成了今天这个样子。

埃塞俄比亚高原和东非大裂谷对早期猿人身体的影响远不止如此。直到近年，生物学家才发现，埃塞俄比亚高原上以草籽为主食的大型灵长类动物狮尾狒的很多器官与人类相似，例如双手。看来，人类的双手演变成现在的模样可能不是为了攀爬树木或使用工具，而是为了捡拾细小的草籽，后来逐渐变得可以完成很多精细动作，例如准确地往针孔里穿线。当年，僻居埃塞俄比亚高原的猿人无法像南方热带雨林里的同类那样全年尽情享用水果和坚果，能够捕猎的肉食也很有限，只得与狮尾狒在草原上争食草籽。这可能是农业文明产生的一大促进因素。时至今日，多数人一日三餐中的主食还是稻米、小麦、玉米、高粱等"草籽"。结果，猿人的上下颌和牙齿并没有像每日采食水果和坚果的森林近亲类人猿那样越变越大，而是基本维持了森林古猿祖先的原始形态。

随着环境变迁而演化的动物当然不只是灵长类一支。260万—240万年前的智利外海陨星撞击、松山-高斯地磁界限事件和提格利亚冰期等环境剧变是如此猛烈，以至于让脊椎动物中演化积极性最差的鳄鱼都随之蠢蠢欲动了。约250万年前，东非出现了一种新鳄鱼，它们的体形略大于尼罗鳄，最喜爱的食物就是新出现的人属动物。在能人的化石上，发现了不少这种新鳄鱼的齿痕，清晰的捕杀证据使古生物学家毫不迟疑地将它们命名为"噬人鳄"。在捕杀原始人方面，噬人鳄似乎独具天赋。也许正是这类猛兽，以及非洲特有的蚊虫和热带病，驱使原始人不断设法离开低海拔的热带非洲，到埃塞俄比亚高原和红海之滨去寻找气候环境相对温和、天敌较少的新家园。他们此时的身体构造已经适应了山区草原的生活，下肢日益强壮修长，既可以在平地上奔跑，也可以攀山越岭。

大约200万年前，当提格利亚冰期结束之后，新猿人出现在地球上。它们的身材和脑容量已经非常接近现代人了。随着全球气候逐渐转暖，它们的分布范围也不再限于非洲，而是出现在亚欧大陆上的许多地区。这些勇敢的开拓者被古生物学家统称为"直立人"，其中一些远赴东亚大陆定居的群体或许可以说是最早的中国人。在这里，它们要适应与非洲故乡截然不同的自然环境，还要对付熟悉或陌生的凶恶天敌。

04
八达岭的沉没

唐山大地震引出的惊人发现

中国是地质灾难的多发国。在所有常见地质灾难中,破坏力最大、最难以预测的莫过于地震了。在中国近现代的历次地震中,1976年7月28日的唐山大地震可能是后果最严重的一次。

由于唐山大地震的震中距离北京不远,所以在地震发生以后,政府组织了大批专业人员,对北京一带的地质环境进行了细致的勘查研究,希望获知近期首都周边是否还会发生大地震。在这次调查过程中,科技人员有了出乎意料的发现。

在北京郊区多个地点(例如顺义、怀柔、昌平、延庆等地)的地层中,发现了大量有孔虫、轮藻等海洋生物化石,仅有孔虫就多达数千种,甚至还找到了一些鲨鱼牙齿化石。地质专家们见惯了这类沧海桑田现象,起初并未重视。但拿回实验室分析之后,却发现它们的年代惊人的晚,根本不是像沈括在太行山上发现的海螺化石那样有上亿年的历史,而仅存在于数百万年前。更准确地说,它们就出现在松山-高斯地磁界限事件(距今约247万年)之后不久。地质专家们的检测结果是,这批海洋生物生活在距今243万年。难道在243万年前,包括八达岭以北的延庆盆地在内,整个北京地区曾是一片汪洋?

高于海平面的北京湾从何而来

今日因其完好的明长城遗址而引来如织游人的八达岭,海拔为600—800米。即便其附近海拔最低的峡谷,海拔也不低于500米,给20世纪初在此修建京张铁路的詹天佑制造了巨大的施工技术挑战。八达岭所属的燕山山脉西山支脉在第四纪发生了剧烈的隆升,250万年来海拔平均提高了150米。因此,243万年前,八达岭最低处的海拔也有300多米,海水要想漫过八达岭,将延庆盆地变成一片有孔虫和轮藻出没的汪洋,海平面起码要比现代高300米。如果是这样,全球许多平原都会被淹没,华北平原、东北平原、长江中下游平原和珠江三角洲平原几乎全部沉入海底,中国的海岸线将会退缩到石家庄-长沙一线以西。

不过,科学家在中国东部其他地区并没有发现在243万年前被海水淹没的迹象。看来,这场北京海侵似乎仅仅局限于华北北部。科学家们起初设想,当时可能西山某处山体崩裂,出现一条低于海平面的峡谷,使海水灌入延庆盆地。于是,华北北部出现了一个被陆地包围的海湾,地质学界称之为"北京湾"。不过,延庆盆地本身当时比海平面高出百余米,这个假设显然有些牵强。

1976年科学家无法圆满解释的北京湾现象,现在看来可以这样解释:约240万年前智利外海的陨星撞击必然造成高达数百米的海啸,席卷整个太平洋。渤海湾正处于智利外海撞击点的对角线上,因此成为西北太平洋上数股海浪的汇集之处。当时,日本、琉球等列岛的规模不如现代,所以数百米高的海浪直接冲入渤海湾。在这个三面被陆地环绕的海湾内,海水无处可去,波浪相互撞击,进一步放大,于是漫上陆地向西北方冲去,直到冲过八达岭,进入延庆盆地,这股可怕的力量才告衰竭。北京湾确实存在过,但恐怕只存在了几天,不过也足以将大量海生生物抛上八达岭等渤海湾周边陆地了。在中国漫长而复杂的环境史上,这大概是最富戏剧性的一次沧海桑田了。

北京海侵的影响虽然不是普遍性的,却是世界性的。属于这一时代早期的猿人化石大多出土于埃塞俄比亚和南非等高原地区，绝不是偶然现象。当时，包括猿人在内，所有沿海平原上的陆生动物都需要经受海啸的考验。猿人和人类身上有一些适于游泳的独特构造，因此有学者提出"海猿"假说，认为我们都是美人鱼的后裔。其实，这些只是为了避免被海啸淹死而演化出的结构而已。自猿人诞生始，对环境剧变的适应便深深地刻入它们及其后代的基因之中。

早期猿人无力应对北京海侵这种级别的自然灾难，中国乃至整个亚洲都没有出土早于243万年的猿人化石和石器。不仅如此，250万—240万年前，受智利外海陨星撞击、北京海侵、美洲科迪勒拉山系火山群超级大爆发和提格利亚冰期等一系列环境剧变的影响，亚洲的类人猿种群急速萎缩，最主要的原因很可能是长期缺乏日晒和气候变冷造成的亚洲森林萎缩。这样一来，因森林萎缩而形成的大片亚洲稀树草原，就成为习惯于旷野生存的非洲早期猿人扩张生存空间的最佳目标。

亚洲风乍起

不仅是燕山，中国西部和北部的大多数山脉都在第四纪初期隆起，原因是在360万—170万年前，青藏高原加速抬升。这次地壳抬升运动的规模极大，范围极广，地质学者曾一度误将其当作青藏高原主体的隆升时代，因而把它命名为"青藏运动"。而现在我们知道，青藏运动主要发生在青藏高原的边缘地区，例如祁连山、柴达木盆地和印度西北部的西瓦利克地区。这些地区在此期间均有200—2000米不等的地壳抬升，而青藏高原中心的海拔变化并不明显。最早发现青藏运动的美国地质学家葛利普还提出，青藏运动引起的环境剧变，是古猿演化成人类的主要原因。该理论将众多世界级的古人类学家吸引到中国，这才有了北京猿人等化石的发现。

青藏运动时期，中国中西部不断发生地震和山崩，堵塞了原青藏高原周边的一些河道，从而制造出大量的湖泊。西部地壳的隆起又造成跻

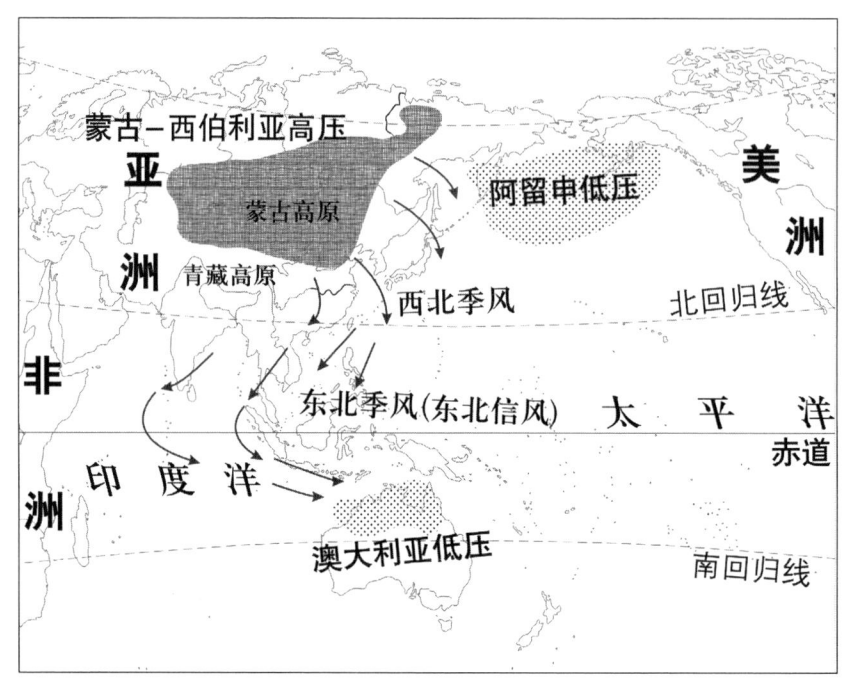

地图10 亚洲1月季风示意图

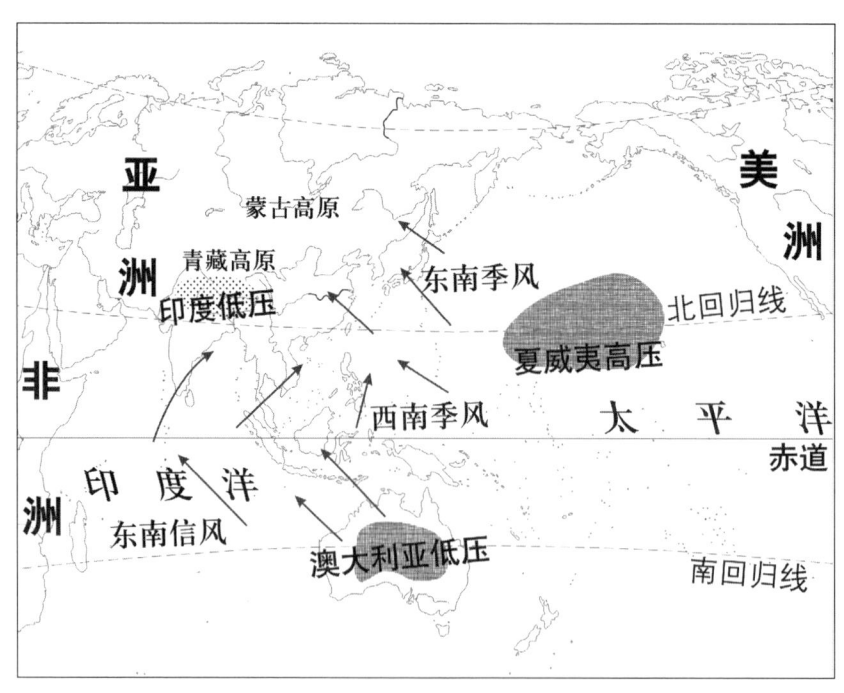

地图11 亚洲7月季风示意图

跷板效应，使东部多处发生塌陷，浅海大陆架上也出现了一些大型盆地，如渤海盆地、东海盆地和南海盆地等。从此，青藏高原几乎与蒙古高原、鄂尔多斯高原、云贵高原、帕米尔高原及相邻山脉连成一体，亚洲大陆腹地整体高原化，空气流动进一步受阻，从而产生了亚洲极具特色的气候现象——季风。

季风，顾名思义，是在特定的季节刮特定方向的风。环境学家通过研究黄土高原的土层剖面，发现早在2200万年前的青藏高原的主体隆升时代，季风就已经在亚洲内陆形成，并逐步成为控制中国大陆环境的主要空气环流系统。在此后的2000万年内，随着青藏高原的继续隆升，季风现象不断增强。到了260万年前的青藏运动时代，蒙古和西伯利亚形成强大的冷高压，印度次大陆则形成强大的热低压。蒙古、西伯利亚的冷高压与印度的热低压共同作用，形成了现代的亚洲季风系统，即南亚的西南季风和东亚的东南季风。在帆船时代，谁了解季风规律，谁就掌握了北印度洋与西太平洋的制海权。两者作用的结果是，南亚因印度洋季风无法越过喜马拉雅山脉而降水增加，东亚气候则出现两极分化——中国西北部干旱少雨，中国东南部则湿润多雨。

西北部的干旱带来的沙尘肆虐，是一种灾难，也是一种机遇。强大的季风将沙尘带入中原，结果在那里形成了一种全新的土壤，它将构成未来中国农业文明的基础。

黄土的诞生

黄土对许多中国人而言，是非常熟悉的土壤，甚至是"土"的代名词。其实，黄土区仅占地球陆地表面积的9.3%，主要分布在从中国到德国的黄土堆积带上。如上文所述，恐龙时代的地球陆地表面还没有很多土壤，黄土更是尚未出现。与红土、黑土、棕土等其他种类的土壤相比，黄土算是小字辈。通过地质研究，现在已经能较为精确地测定黄土在中国出现的年代，也就是黄土高原的年龄为260万年。显然，这个年代与

247万年前的松山-高斯地磁界限事件、243万年前的北京海侵、360万—170万年前的青藏运动等重大地质事件年代非常接近。

通过对黄土高原剖面的研究，地质学家发现这里不只有黄土，在黄土之下，还有另一层更古老的土壤——红土。新近纪代表性哺乳动物三趾马的化石，就大量出土于这层红土里。地质学家近年的研究表明，三趾马红土与黄土的成因和成分相似，所以它也被划入广义的黄土，虽然它的颜色并不黄，而是红褐色。三趾马红土最早形成于2200万年前，与青藏高原的主体隆升时代相符，并与季风在亚洲内陆形成的时代一致。也就是说，在黄土中是无法发现恐龙和三趾马等古生物化石的，它们理应埋藏在比黄土更深的地下。260万年以来的第四纪是形成黄土的时代，所以像石炭纪、白垩纪一样，称它为"黄土纪"似乎更合适。在第一纪、第二纪等地质名词都已经被陆续取消的今天，第四纪改名为黄土纪，可能只是时间问题。

黄土主要形成于第四纪，也对第四纪环境研究有着非常重要的指导意义。在很多情况下，古土壤甚至是研究陆地古代环境的唯一有效手段，而黄土高原的土层之厚冠绝全球，在兰州附近多达435米，近乎完整地保存着260万年以来陆续形成的全部土层。对于研究第四纪环境的学者来说，黄土高原作为整个第四纪地质气候演变的见证，具有独一无二的重要性。

黄土看似简单，但放到显微镜下观察，成分其实相当复杂：大约60%是二氧化硅（沙砾），20%是伊利石、高岭石等金属氧化物，10%是碳酸钙（方解石）等碳酸盐，其余则是动植物的排泄物和尸骸等有机质。这样的结构，决定了黄土颗粒之间存在大量缝隙，很适宜保存营养物质（特别是矿物质和粪便，所以黄土又称"粪土"），是一种很适合农耕的沃土。

不过，黄土的弱点也非常显著：黄土的核心成分是沙砾，因而结构松散，黏性低。黄土在炎热气候下容易板结、龟裂和被风沙侵蚀，失去有机质成分，最终化作沙漠；在暴雨雪降临时，黄土含有的碳酸钙等物质能溶于水，剩余部分容易坍塌，导致水土流失。一旦大水漫灌，本身pH值偏高的黄土又特别容易盐碱化。所以，黄土既不耐旱，也不耐涝，作为农耕土壤，需要特别小心地呵护。农业民族要想在黄土上可持续发展，需要发展水利和精耕细作的技术，尤其应注意休耕和施肥，以保持地力。

黄土高原的成因是什么呢？1世纪的汉朝学者班固在《汉书·五行志》中记载了"雨土"的自然现象：黄土是像雨水一样，从天上落下来的。19世纪中期，美国地质学家庞培利认为，黄土是湖水沉积的产物，但偏偏中国很多湖泊中根本找不到黄土的痕迹。1882年，德国地质学家李希霍芬通过在黄土高原的多年工作和研究，提出"黄土风成说"，证实了班固的记载。

李希霍芬指出，全世界的黄土几乎都分布在沙漠的下风口，所以黄土的主要成分沙砾是从沙漠吹来的，还有金属氧化物来自山脉中的风化岩石，黄土高原的这两种物质的来源从戈壁滩一直远及东欧。黄土主要来自沙尘暴，这与2000年前班固记载的"雨土"现象相符。沙尘暴这种气候现象更接近于灾变，而非渐变，黄土并不是被冬季风均匀搬运的，而是爆发性的，可能一两次的强沙尘暴就会带来全年90%以上的黄土沉积。

沙尘暴并不是生命的毁灭者，而是生命之源。科学研究证明，沙尘暴能为所到之处带来生命急需的矿物质。撒哈拉沙漠平均每年向南美洲输送约4000万吨沙尘，滋养了亚马孙雨林这个地球上物种最丰富的自然环境。来自亚洲腹地的沙尘暴同样对黄土高原及其上的生物意义重大。约260万年前，青藏运动造成亚洲内陆干旱，岩石大量风化形成沙漠，陆地空气流动被阻而形成强风，沙尘暴出现，从此年复一年地在广阔的沙漠周边地区制造黄土带。没有沙尘暴，也就没有黄土、黄河和黄种人。

由于黄土易风化、易塌陷的物理特性，黄河在黄土高原上可以轻易地切出深谷，而黄土比重较轻，易悬浮在水中。于是，这条流经黄土高原的大河变成了混浊的泥汤，含沙量极高，《汉书·沟洫志》记载其"一石水而六斗泥"。黄河源源不断地向下游输送着两岸崩塌的黄土，在给黄土高原造成一定破坏的同时，也滋养着下游的土地，奠定了中原农业文明的环境基础。

现代生物种群格局初现

距今 260 万—240 万年的早更新世，地球上发生的诸如智利外海陨星撞击、黄石等美洲火山喷发、松山-高斯地磁界限事件、青藏运动、北京海侵、巴拿马陆桥形成、白令陆桥形成等一系列罕见的环境事件，合称"汾河期事件"。命名的缘由，是青藏运动使黄土高原快速隆起，巨大的地形落差促使汾河形成。而汾河在黄土高原上切割出了许多峡谷，露出了完整的黄土地层剖面，有利于地质学家研究这一时期各种环境剧变。有理由相信，能人与直立人等猿人相继走出非洲，进入亚洲，受到了这场全球性自然环境剧变的影响。这个环境史上的多事之秋，标志着新近纪的结束和第四纪的开端，也是上新世的结束与更新世的开端。

汾河期事件固然杀死了许多生物，但地球并没有因此变得死气沉沉。当时，青藏高原周边生活着欣欣向荣的动物群，其中包括甘肃、宁夏的和政动物群，以及印度西北部的西瓦利克动物群等。这些环青藏高原动物群的主要特点是大型食草哺乳动物繁盛，代表性物种是犀牛、大象、长颈鹿、爪兽、骆驼，以及它们的天敌剑齿虎、郊熊、鬣狗等等。这些大型动物的存在，说明它们生活在稀树草原，故而河西走廊与印度西北部两地被称为"东方塞伦盖蒂"。从犀牛、爪兽等大型食草动物在两地的种群分布看来，它们经常在河西走廊与印度西北部之间往来迁徙，其规模要比如今东非塞伦盖蒂草原上的动物迁徙壮观得多，具体路线可能是经天山和兴都库什山脉，绕过青藏高原（后来玄奘去西天取经，走的就是这条路线）。这样的动物迁徙持续了上百万年，直到青藏运动将沿途山峦抬高，动物们无法翻越才终止。

汾河期事件造就了许多新近纪的优势物种。三趾马、铲齿象和南美有袋类动物等相继衰亡，而马、牛、羊、猎豹和老虎等现代哺乳动物则相继出现。同时，植物界也发生了巨变，首次出现了多倍体植物，主要有小麦、水稻、玉米、土豆、棉花、苹果、烟草等。与此前主宰地球的单倍体植物相比，这些多倍体植物更适应快速变化的气候。在同样的温度、供水和日照情况下，它们的产量和再生能力都要强得多。后来，人类的祖先将它们从植物大家庭中细心地挑选出来并加以培育，最终发展出了供养如今全球 70 亿人口的农业。

汾河期事件奠定了现代生物种群格局，各种适合被驯化的动植物相继粉墨登场，它们构成了农牧业的基础。但更重要的是，汾河期事件将各种非洲猿人引入亚洲，它们的足迹很快就要踏上中国这块朝气蓬勃的土地，最终在此建设起独特的文明。

第三章

大人国，小人国

(240万—15万年前)

01
两极分化的猿人

孔子与大长腿

几乎所有人类古文明都有关于巨人和侏儒民族的传说，从荷马史诗里的"独眼巨人"到格林童话里的"白雪公主与七个小矮人"，几千年来绵延不绝。在古代中国，这类传说同样十分流行，不仅见于《山海经》和《博物志》等志怪著作，也见于《左传》《史记》等正统史籍。而在中国历代巨人和侏儒民族的研究者中，最著名的就要数"不语怪力乱神"的孔子。

据《史记·孔子世家》记载，孔子本人身高达九尺六寸，当时的人们都吃惊地称他为"长人"。1985年山东莱芜出土的春秋时期鲁国铜尺长20.5厘米，是与孔子时代最为接近的度量衡标准。以此推算，孔子身高约1.97米，他可能从未遇到比自己更高的人（孔子家族出过很多大个子，据《史记·孔子世家》记载，孔子的后代孔子襄身高也达到了九尺六寸）。

无与伦比的身高大概会带给孔子强烈的自信心，然而他并不认为自己是世界上最高的人，因为他了解巨人的传说，甚至可能还接触过他们的遗骨。公元前494年，吴王夫差攻下宿敌越人的首都会稽（今浙江绍兴），获得了一根巨型腿骨。这根腿骨可以装满整辆马车，比亚洲象的腿骨还大。吴国使者访问鲁国时，向孔子请教这根巨型腿骨所属的物种，孔子说是古时的巨人防风氏的遗体。吴国使者又问，人类究竟能长多高，孔子回答："僬侥氏三尺，短之至也。长者不过十之，数之极也。"

按照春秋时期鲁国一尺折合20.5厘米计算，最矮的人身高约0.615米，最高的人达到其10倍，也就是6.15米，与成年长颈鹿相仿，这个数字显然太过夸张。不过，孔子在这里提到的数字很可能取自当时的古籍记载，因此适用更加古老的度量衡标准。考古学家发现，在西周以前，一尺约16厘米，一丈约1.6米，这是成年男子都能达到的身高，因此古代中国称成年男子为"丈夫"。照此计算，三尺折合0.48米，三十尺折合4.8米。

此外，人类的眼睛在看到超出常见体形范畴的物体时很容易高估其大小。例如1414年，郑和从东非带回长颈鹿，声称这就是古籍中的"麒麟"。明成祖朱棣看后，命著名学者沈度写了一篇《瑞应麒麟颂》，称长颈鹿"身高五丈"（按明朝度量衡约合16米），但经官员实测，只有二丈五尺。[①] 而从同时绘制的《瑞应麒麟图》来看，这只长颈鹿的身高仅仅略微超过成年男子的2倍，大概4米出头，并不比现今的长颈鹿高大。由此可见，孔子所谓最高可达三十尺的巨人，真实身高估计比4.8米要矮一些。无论如何，孔子都相信世上存在比他自己还高出一倍以上的巨人，以及身高仅及他本人膝盖的侏儒。

如果由现代古生物学家来研究，夫差缴获的巨型腿骨或许会被鉴定为恐龙化石。而孔子对远古巨人和侏儒民族言之凿凿的叙述，会是真的吗？

巨猿与魁人

现代中国的古人类研究与孔子时代一样，源于对化石的收集。1935年，在北京猿人刚刚被发现的背景下，华南地区中药铺里的一些硕大人形牙齿引发了丰富的联想和激烈的辩论。古生物学家估计，它们的拥有者身高可达3米，体重可达半吨，远远超过大猩猩，是史上体形最大的

[①] "二丈五尺"包括整条脖子的长度，而长颈鹿的脖子不是垂直向上生长的，因此这一高度有一定"水分"。

灵长类动物。孔尼华、魏敦瑞等国际古人类权威认为，这可能正是他们一直在寻找的人类祖先，将其命名为"巨人"。当时正流行森林古猿下树进化成人类的理论，中国出土的禄丰古猿（约 800 万年前的一种西瓦古猿）一度被认为可能是全世界人类的共同祖先，类似的还有青藏高原隆升导致气候和植被变化，迫使古猿下树进化成人类的假说。后来，中国古生物学家裴文中推翻了这一假设，"巨人"改称"巨猿"。

已知化石分布显示，巨猿在约 300 万年前起源于印度北部，随即扩散到东南亚和华西、华南各地，可能是西瓦古猿受青藏运动影响而演化出的后裔。300 万年来，这种巨型类人动物一直在华南的山林中生活，和憨态可掬的大熊猫一起吃着竹子。不久以后，巨猿身边出现了许多小个子近亲，即来自非洲的直立人。古生物学家经常在直立人化石附近发现巨猿化石，两者之间似乎存在共生关系，可能身材矮小的直立人长期寻求巨猿的庇护，或许还伺机猎杀巨猿，不过目前还没有这方面的充足证据。

然而，直立人并不都是个子矮小的。孔尼华在爪哇岛发现的一些直立人化石异常巨大，仅比巨猿略小。近年来，中国湖北等地也出土了一些相似的化石。虽然完整的骨架尚未出土，但是其牙齿的大小相当于巨猿的三分之二，远比现存最大的灵长类动物雄性大猩猩更大。按照骨骼比例推算，这些直立人生前身高可达 2.5 米左右，某些巨型个体的身高甚至可能超过 3 米，体重可达 200 千克以上，因此被命名为"魁人"，又称"巨型直立人"。这样的数据，与孔子所说的三丈巨人防风氏比较接近。

看来，一两百万年前，人类的祖先初到东亚和东南亚时便身处一个巨人的国度。无论是巨猿还是魁人，身高都差不多是普通直立人的 2 倍，体重更达到普通直立人的 4—10 倍。巨猿大概是纯粹的素食动物，但魁人则很可能和其他直立人一样杂食。无论这些巨型近亲和邻居是否态度和善，都必定会给人类的祖先带来巨大的生活压力。

当我们畅想普通直立人与巨猿、魁人共同生活的图景之时，有些细节似乎有些诡异：魁人化石为什么会出现在爪哇岛上？这违反科学常识。

如果猿人想登上四面环海的爪哇岛，起码要渡过马六甲海峡和巽他海峡，而马六甲海峡的最窄处宽达37千米，巽他海峡的最窄处也宽达26千米，远远超出正常人的游泳能力。现代游泳健将想游过这么宽阔的海峡，除了长期的训练准备，还需要有船只全程陪同看护，随时用巧克力和饮料补充热量，而这些条件都是200万年前的猿人不具备的。当时只能制作最简陋石器的猿人肯定不会造船或竹筏，那么他们怎样渡过这样宽阔的海峡呢？

同地理学家一样，生物学家也对爪哇岛上出现猿人化石大惑不解。由于海岛上的自然资源有限，久居海岛之后，大型动物往往会体形变小，小型动物由于缺乏天敌则会变大，这就是生物学的"岛屿法则"。按照生态学的"贝格曼定律"，大型动物的新陈代谢比小型动物慢，而较慢的新陈代谢便于在寒冷气候下保温，所以同一种类的恒温动物的寒带个体往往比热带个体长得大，例如北极熊比眼镜熊大，东北虎比华南虎大。①

难道魁人和其他爪哇猿人化石都是骗局吗？这仿佛是传统科学家的一场噩梦。这些推论的缺陷在于，没有考虑地球环境会发生剧变。

步行去爪哇

与魁人同时代，爪哇岛（也包括其周围的加里曼丹等岛屿）上还生活着地球上有史以来最大的虎亚种——梭罗虎（爪哇巨虎）。按照岛屿法则和贝格曼定律，梭罗虎理应身材娇小，与它的近亲爪哇虎、巴厘虎和苏门答腊虎相仿。然而化石显示，它的体形比东北虎还要庞大。可以想象，当年魁人与巨虎在爪哇丛林里的搏斗场面一定十分壮观。众多巨型动物化石在爪哇岛上是那样格格不入，实在令生物学家们深感困惑。

其实，直立人是靠双脚走到爪哇的，因为当时的爪哇根本不是一座岛。全球气温的变化会带来海平面的变化，而海平面的涨落会导致大陆

---

① 人工养殖的物种不乏例外，例如阿拉伯马比蒙古马大。

的面积和形状发生剧烈改变。190万年前，全球正值提格利亚冰期，爪哇岛周边的浅海大陆架在冰期由于海退而成为陆地，并与东印度群岛的其他岛屿及马来半岛相连，形成面积两倍于印度次大陆的"巽他次大陆"。

原来，魁人与爪哇巨虎并不是岛屿动物，它们出没于连绵数百万平方千米的巽他次大陆上，周边有着充足的自然资源，所以才能长出魁梧的身材。当时正处于冰期，爪哇虽然地处南纬8°的热带，气候却相当凉爽。猿人之所以对爪哇地区情有独钟，一是因为它们离开非洲以后，主要沿着印度洋海岸向东方迁徙，爪哇是天然的目的地；二是因为爪哇的纬度与猿人的故乡埃塞俄比亚和肯尼亚大体一致，特别是在提格利亚冰期时，两个地区的气候环境类似，猿人便在那里长期生活。

其实，容易被人忽视的一些小动物，例如对土壤至关重要的蚯蚓，也是岛屿在冰期与大陆连接的见证者。这些对盐度极其敏感且不善游泳的小动物无论如何都无法渡过海洋，但地球上几乎所有热带岛屿都有它们的踪迹，它们为当地生态系统做出了重大贡献。其实它们原本就是大陆生物，是在冰期结束、全球气温反弹、海平面上升时被困在岛屿上的。

每当大冰期来临，全球海平面下降，包括爪哇岛、苏门答腊岛、加里曼丹岛在内的大巽他群岛与马来半岛就会连成一片巽他次大陆，爪哇岛以东的努沙登加拉群岛（小巽他群岛）也与巽他次大陆若即若离，形成半岛。到了气候温暖的间冰期，海水上涨，这片区域又会变成一连串岛屿，海退时期从大陆迁徙而来的动物被困在海岛上，随之就会发生岛屿法则指出的大型动物小型化、小型动物大型化的现象。

孤岛上的小人国

在努沙登加拉群岛的中央，有一座弗洛勒斯岛。如今，这里的风光与爪哇岛非常相似，但在上百万年前，这里的古人类与爪哇岛上的魁人走上了完全不同的演化之路。

看似与世隔绝的弗洛勒斯岛是许多古老物种的避难所。受岛屿法则影响，古生物学家在这里发现了许多惊人的化石，例如巨天鹅、巨鼠、巨龟、巨蛙，还有地球上最大的飞禽强壮秃鹳、地球上最小的虎巴厘虎、地球上最小的大象弗洛勒斯剑齿象，以及至今依然存活于地球的最大的蜥蜴科莫多巨蜥。许多生物学家相信，弗洛勒斯剑齿象曾经是科莫多巨蜥和巴厘虎的主要食物，但它们还有一种更为独特的天敌。

根据弗洛勒斯岛原住民部落的传说，岛上原本生活着一种叫作"依波高高"的小矮人，他们虽然身材矮小，但非常强壮，十分狡猾。依波高高与原住民共同生活了很久，直到15世纪发生天灾，依波高高盗窃原住民的食物，甚至偷走儿童吃掉，于是愤怒的原住民设计将依波高高全部烧死。2003年，考古学家在弗洛勒斯岛上发现几具9.6万—1.8万年前的人类化石。尽管这些个体已经成年，但复原后的身高也不过1米，比非洲的俾格米人更矮小，脑容量是现代智人的三分之一，上肢比例特别大，"垂手过膝"。这些身材矮小的古人类被命名为"弗洛勒斯人"。

无独有偶，2008年，考古学家在菲律宾以东900千米的帕劳岛上发现了另一群小矮人的骸骨。他们的体形比弗洛勒斯人略大，但身高也不超过1.1米，头骨和牙齿与弗洛勒斯人相似，^{14}C鉴定结果为公元前1010年—前940年，可能是弗洛勒斯人的后代或近亲。这让人联想到孔子说过的"僬侥氏三尺，短之至也"。"僬侥氏"可能就是指东南亚海岛上的弗洛勒斯人和帕劳人等小矮人。

在已知的人属物种之中，最魁梧的魁人与最矮小的弗洛勒斯人虽然不像孔子说的那样身高相差十倍，却也有三四倍的差距，体重更相差二三十倍，乍看上去，根本不像同一种动物。然而，它们的确是同一物种，即猿人中的直立人。之所以体形悬殊，是因为两座岛屿的自然条件不同。爪哇岛周围的海水只有几米至十几米深，浅海大陆架在冰期极易变成陆地，这里的物种经常遵循大陆模式演化；弗洛勒斯岛周围的海水却深达百余米，在冰期很少与大陆相连，陆生动物只有在冰期的最寒冷阶段才能抵达这里，一旦气温稍有回暖，就会被困在这座海岛上，从此与世隔绝，岛上的物种遵循岛屿法则演化。

丰富的直立人种类说明，猿人出现之后，并不是沿着单一路线演化的，而是一直在探索多种方向，以适应不同的生活环境。那么，猿人是怎样走出非洲，又如何来到东亚，分散到中国各地的呢？

02
人祖出汾河

出师未捷身先死

汾河期事件之后，猿人迅速出现在东非，并很快出现在亚洲。亚洲目前已知最早的猿人化石出土于重庆巫山龙骨坡，年代距今约200万年（古地磁法测得距今204万年，氨基酸法测得距今239万年）。这是目前已知非洲之外最早的人族动物化石。部分学者认为，巫山猿人化石属于西瓦古猿，但难以解释为何龙骨坡遗址会有石器出土，毕竟从未发现东亚的西瓦古猿等本地类人猿制造石器的证据。不仅如此，陕西蓝田县上陈村和河北阳原县泥河湾也发现了最早距今210万—200万年的石器，说明巫山石器并不是孤例。还有一部分学者认为，巫山猿人与约250万年前起源于东非的能人相似。按这个思路推论，这大概是猿人第一次走出非洲，但正如大多数冒险先驱，结果不太成功。两派学者都认同，巫山猿人与较晚的中国猿人和现代中国人没有关系，代表着一条演化的死胡同。其实，能人在世界各地都不大成功，这种动物仿佛某种刚发明出来的过渡产品，竞争力并不强。

巫山龙骨坡遗址出土的主要化石并不是猿人，而是属于猿人的大敌鬣狗。与支离破碎的猿人化石不同，它们多数为骨架完整的成年体，显然不是猎物，而是自然死亡的。鬣狗的粪便化石也相当多，这说明巫山龙骨坡曾经长期是鬣狗的巢穴。反观巫山猿人化石，迄今只发现了左下颌

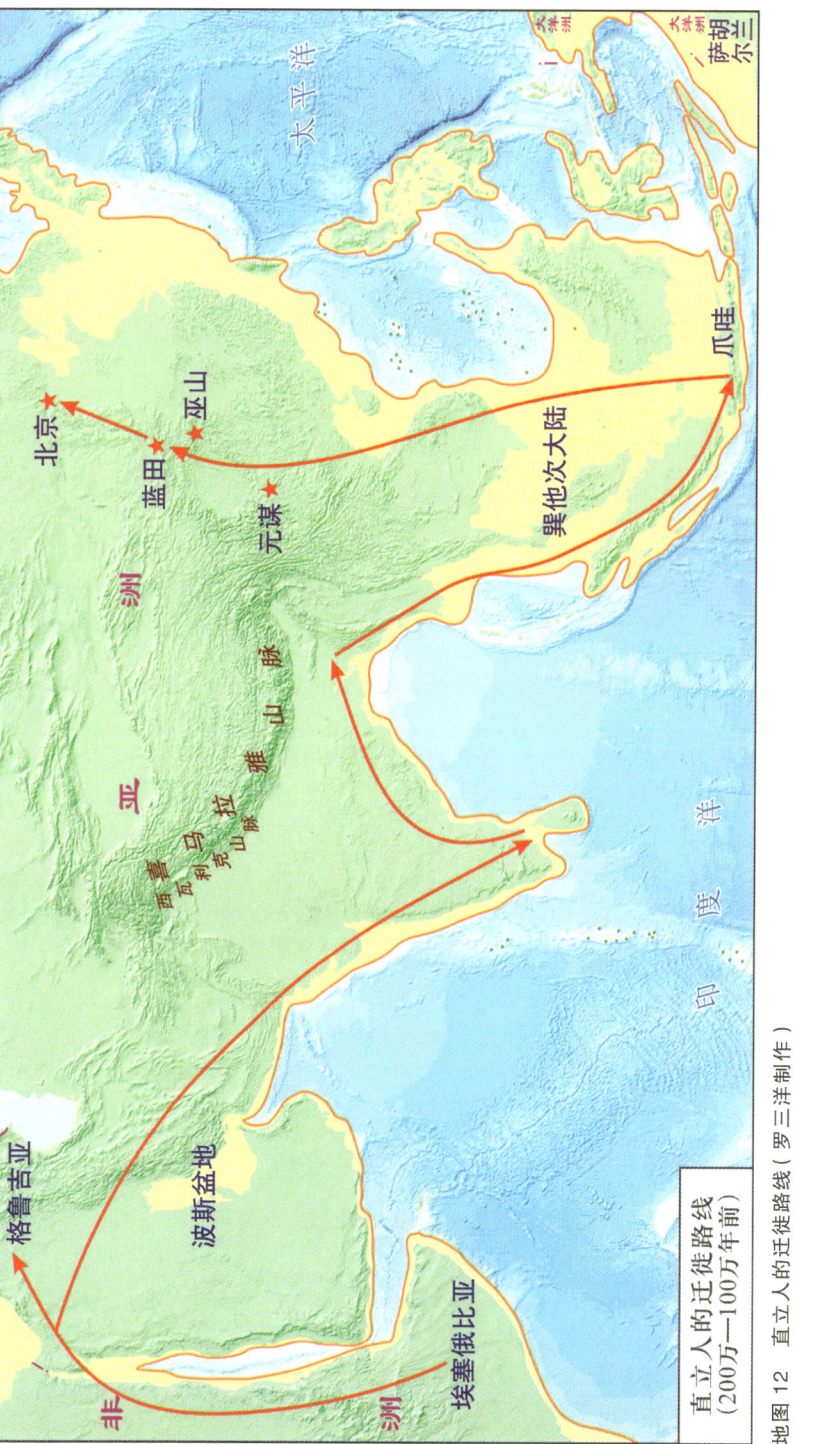

地图12 直立人的迁徙路线（罗三洋制作）

骨和上门齿。显然，在与鬣狗的较量中，巫山猿人毫无优势，巫山猿人化石很可能是猿人被鬣狗捕食以后带回巢穴的残骸。

尽管出师未捷身先死，但巫山猿人还是为后来者探明了前往中国的重要道路。它们的同胞继续北上，一直抵达黄土高原。约180万年前，提格利亚冰期刚刚结束，比能人更先进的直立人走出非洲，很快便在格鲁吉亚德玛尼西、中国云南元谋、印度尼西亚爪哇等亚洲地区落脚。约115万年前，直立人出现在陕西蓝田与湖北郧县（今湖北省十堰市郧阳区），约50万年前又陆续出现在北京周口店与山东沂源等处，从此遍布中华大地。从爪哇猿人、元谋猿人、郧县猿人、蓝田猿人、沂源猿人和北京猿人的时空分布顺序，可以看出直立人从东南亚向东北亚一路北上的迁徙路径。

现代人大都倾向于居住在交通便捷的沿海平原上，而猿人祖先们选择的居住地现在大都较为偏僻。巫山猿人、元谋猿人、郧县猿人、蓝田猿人和北京猿人等中国猿人都住在内陆山区。放眼国外，格鲁吉亚猿人同样也是山区居民。人类祖先为什么选择住在山区，而不是后来人类文明昌盛的大平原上呢？

早期中国猿人大本营

直立人之所以能够横扫整个亚欧大陆，是因为它们的自身能力确实高于此前的古猿和猿人，被认为是最早可以用双足奔跑（此前的猿人由于骨盆过宽，只能行走而不能奔跑）、皮肤裸露少毛、汗腺发达（对提高耐力极有帮助）的高等灵长类动物，而且至少早在140万年前就开始主动用火烧荒了。但不容忽视的是，它们走出非洲的时机非常好。

约170万年前，当元谋人在中国西南部定居时，青藏运动刚刚结束，中国西南部的地质和气候等环境条件比此前稳定得多，天灾的频率和烈度也比能人抵达东亚时低得多，便于直立人安居乐业。对于这些上古猿人来说，迁徙的成功与失败很大程度上取决于环境的状况，这偏偏又是猿人无法预知的。诚如《旧约》中记载的所罗门王名言:"我又转念,见日光之下,快跑的未必能赢,力战的未必得胜,智慧的未必得粮食,明哲的未必得赀财,灵巧的未必得喜悦。所临到众人的,是在乎当时的机会。"

那么,亚洲早期猿人为什么多数居住在山区里呢?答案来自环境考古研究。早期猿人起源于东非的埃塞俄比亚高原和东非大裂谷,它们虽然能够在平原上生活,但肯定更习惯于山区的生活。尽管它们离开非洲以后,主要沿着海岸线迁徙,但是源自祖先的直觉会告诉它们,山区是更安全的家园,事实也正是如此。

243万年前的北京海侵淹没了亚洲广阔的低海拔平原。尽管海水迅速退去,但还是给这些曾经被淹没的地区遗留了许多环境问题。首先就是土地和地下水的盐碱化。约200万年前,猿人来到东亚,土地贫瘠的低海拔平原地区没有太大的吸引力,淡水资源集中的山区反而更受青睐。

在北京猿人出现之前,早期中国猿人有两个主要的集中分布地,除了靠近东南亚的广西、云南一带,便是鄂西、渝北、陕南、豫西连成一体的中部丘陵。这片四角形丘陵孕育了巫山猿人、郧县猿人、蓝田猿人、淅川猿人、南召猿人、建始猿人等众多中国猿人,堪称中国猿人的大本营。100多万年前,真正意义上的黄河与长江尚未出现,而在华北平原、关中平原、四川盆地和江汉平原上各有一个巨型湖泊,其中最小的面积也远大于现在的第一大湖青海湖。它们提供了极为充沛的淡水资源,因而成为包括猿人在内的各种东亚陆生动物的乐土。中部丘陵被四座一望无际的巨湖环绕,后者的规模与海洋相当,里面却是可以饮用的淡水。有趣的是,"野人"传说盛行的神农架,几乎就位于这个中国猿人大本营的地理中心处。

与中国早期直立人的情况相似,西亚直立人从沿海平原北上格鲁吉亚山地,追寻的也是同样的目标。西亚直立人放弃了因海侵造成土地盐碱化的伊拉克平原,而选择格鲁吉亚山地,是为了寻找肥沃的土壤和更充沛的淡水资源。今日格鲁吉亚濒临的黑海水质苦咸,不过在格鲁吉亚直立人生活的100多万年前,黑海却是一个封闭的淡水巨湖——好客湖,吸引着周边各种陆生动物。格鲁吉亚的德玛尼西、克里米亚的陶里达等地的化石证明，一两百万年前，如今的黑海沿岸存在着一个相当繁荣的"环好客湖生物群"。其中占据统治地位的是鬣狗，此外还有北半球有史以来最大的鸟类——身高达3.5米的德玛尼西鸵鸟，以及直立人等众多生物，它们共享好客湖充沛的淡水资源。

京杭大运河之母

打开现代中国地形图，读者往往会产生这样的直观印象：黄河主宰着华北，长江主宰着华中和华东，两条大河之间的广阔平原仿佛是河水冲击的结果，难怪1000年前的沈括就曾经发表过这样的观点（参见楔子"太行山上有海螺"一节）。然而，这是天大的误会。造就华北平原与华东平原的主要水文因素不是黄河与长江，而是超级巨湖。在它们面前，黄河与长江显得十分渺小，有时甚至几乎消失。今日我们虽然已经不能目睹这些史前巨湖，但依然能够间接感受到它们的存在。

中华民族是热衷于水利工程的民族，沟通黄河与长江的京杭大运河世界闻名。就让我们先从京杭大运河的起源说起。

公元前486年的秋天，刚发现巨人化石的吴王夫差为了北伐中原，在今扬州与淮安之间修筑了中国历史上有明确记载的第一条大运河邗沟，沟通长江与淮河。邗沟全长近150千米，即便在现代也是一项浩大的工程，而吴国人在几个月内就完成了。要知道，19世纪的欧洲工程师花了10年时间（1859—1869）才建成全长约160千米的苏伊士运河，并在施工过程中意外地发现一块古碑。碑文揭示，与夫差同时代的波斯王大流士一世就曾凿通苏伊士运河。邗沟的长度与苏伊士运河相仿，而当时吴国的版图面积仅有波斯帝国的1%，国力似乎难以支撑这样浩大的工程。但对于夫差来说，这仅仅是一个开始！邗沟完工3年之后，他又下令修建一条更长的运河——"通于商鲁之间"的菏水。吴国人同样在几个月内就建成了这条近200千米长的运河。夫差随即率军通过邗沟与菏水，长驱直入黄河流域，一度震慑了老牌强权齐国，后来被中原各国承认为新任霸主。今天的京杭大运河，就是在夫差修建的邗沟与菏水这两条运河的基础上陆续开凿的。难道夫差时代的吴国工程技术如此发达，令19世纪的欧洲工程师望尘莫及？

事实并非如此。邗沟与菏水的选址很有讲究，都位于史前巨湖的湖床沉积物上。这些地方土质松软，所以在这里挖掘运河，比在砂石坚厚的苏伊士地峡上施工要容易得多。此外还有许多中小型湖泊，因此这两条运河有很长的距离基本不需要施工挖掘。邗沟与菏水西侧现存两个大湖，即洪泽湖与高邮湖，它们正是这座史前巨湖的遗迹。

608年，与夫差一样热衷工程的隋炀帝杨广为了给远征高句丽的军队提供充足的后勤保障，"发河北诸军百余万穿永济渠，引沁水南达于河，北通涿郡"，与三年前挖掘的沟通黄河与长江的运河相连，两年后又修建了沟通长江与钱塘江的江南运河。这一系列史称"京杭大运河"的地球上最庞大的水利工程以令人惊愕的速度完成。它是保证中国未来经济繁荣的重要基础工程，付出的代价是隋朝的灭亡和杨广本人的性命。200多年后，唐朝诗人皮日休将隋炀帝与上古时代治水的夏禹并置，感叹道："尽道隋亡为此河，至今千里赖通波。若无水殿龙舟事，共禹论功不较多。"

今天我们看到的京杭大运河已经不是隋唐时期的模样了，它的大部分河段早就被水患频发的黄河摧毁。现代的京杭大运河主体是元世祖忽必烈于1289年修建的。它在临清至徐州段走了捷径，而不再经过开封、郑州一带。曾经长期充任中国政治经济中心的中原地区从此开始被边缘化。这次工程的进展同样迅捷，然而此后，曾经不可一世的大元帝国便走上了通向衰亡之路。1344年黄河决口对大运河的损坏极为严重，尽管堤坝的缺口在1351年成功合龙，但伴随而来的民谣"石人一只眼，挑动黄河天下反"成了压垮元朝的最后一根稻草。1353年春，主持这次治河工程的工部尚书贾鲁在镇压抗元暴动时意外病故于濠州（今安徽凤阳）城下，当时被他包围在濠州城内的起义军领袖郭子兴与朱元璋得以死里逃生。朱元璋也由此踏上了推翻元朝，建立明朝的大道，为水利工程与皇朝更迭之间的奇特关系又添一笔。元朝灭亡后，它修建的京杭大运河仍在后世发挥极为重要的作用，成为明清两朝漕运经济的支柱，而没有漕运经济就没有仁宣之治和康乾盛世。

杨广和忽必烈之所以能迅速修成京杭大运河，主要原因是当时的工匠利用了公元前5世纪以来修筑的各条小运河，将它们连成整体，同时让运河途经一系列湖泊与自然河道。以现存的元朝大运河为例，它串联了桑干河、漳河、东平湖（梁山泊）、微山湖（山阳湖）、骆马湖、洪泽湖、高邮湖、太湖等诸多水系。在有些地区，大运河直接穿湖而过；有些地区，则在离湖很近的地方平行经过，利用湖水补充自身的水量。特别是在黄河与长江之间的地区，这类水系尤为密集。如果把华东这些大大小小的湖泊加在一起，一个史前巨湖的轮廓隐约可见。

近年来，地质学家通过对岩层、化石和黄土的研究，终于证实了史前巨湖的存在，并称它为"苏北古湖"。勘探结果显示，苏北古湖的范围东北至盐城，东南至上海，西南至南京，西北至宿迁，囊括今洪泽湖和高邮湖地区，占据了今江苏省的大部分，总面积超过6万平方千米。夫差所修的邗沟与菏水、京杭大运河的主体河段，都坐落在苏北古湖的湖底之上。如果南京、上海一带都曾经被苏北古湖占据，那么当时长江又该从哪里入海呢？

答案是：长江当时根本不入海！

长江的内陆河童年

根据地质学家近年的研究，史前的长江是一条内陆河，这种情况前后持续了若干万年。古籍中的长江以江面宽阔、水量充沛闻名，因而号称"天堑"。但这只是近1万年来的情况。在史前，长江有着十分曲折的发展经历。在260万年前汾河期事件爆发时，今天的长江河道分成互不联系的几段。

古长江上游由今青海、四川、贵州等地的河流组成，早在青藏高原尚不存在的恐龙时代，它们已在今四川盆地汇集成古巴蜀湖。2000多万年前的青藏高原主体隆升运动制造出巍然耸立的三峡山脉，300万年前的青藏运动又使三峡山脉进一步隆起，将古长江上游的各条河流牢固地封锁在四川盆地中，使得巴蜀湖的面积进一步增大。东进无望，金沙江一度穿过古巴蜀湖，南下与红河合流，最终注入北部湾。较新的地质勘探结果显示，在约258万年前，青藏运动引发剧烈地震，山脉断裂崩塌，三峡首次贯通。所以，200万年前巫山猿人俯视的三峡长江河道，只有大约50万年的历史。

长江上游的大起大落，与长江中游相对稳定的地质环境形成了鲜明的对照。长江中游水系在今湖北与湖南交界处汇集成古洞庭湖，又称云梦泽。此地处于江汉沉降带上，这里曾经是古地中海之滨，海水退去后，在江汉沉降带上形成了许多咸水湖。荆州、潜江一带的盐岩层竟然厚达1000米以上，多为这些咸水湖干涸后的遗产。在大约2000万年前的青藏高原主体隆升运动期间，这里形成东西向的凹陷盆地，提供了极好的湖泊发育环境。1000万年前，江汉沉降带上首次出现淡水湖。当时，长江中游没有大型河流，汉水的出现只是100万年来的事情，可能与秦岭的形成有关。1000万—260万年前，湖北、湖南等地的河流由于水量有限，流入古洞庭湖以后，就不再流出。直到约260万年前三峡初次贯通之后，长江上游携带来自青藏高原的冰雪融水一泻而下，最终使古洞庭湖的湖水漫出湖岸，穿越今江西和安徽地区而东流注入苏北古湖。此时，长江的长度已经达到5000千米，却仍然没有流入大海，成为当时地球上最长的内陆河。

苏北古湖紧邻黄海。它之所以能够形成并维持数百万年之久，是因为在它与黄海之间，存在着一道由砂岩砾石构成的丘陵，构成了苏北古湖的坚固东岸。现在这道丘陵的遗迹被称为"苏北浅滩"。20世纪90年代之前，限于当时的科学技术条件和认识水平，人们大多认为，苏北浅滩是黄河、淮河、长江等大河冲积形成的。此后，地质学家才吃惊地发现，苏北浅滩形成于比260万年前更早的新近纪，成因与黄河、淮河、长江等河流毫无关系，因为这些河流在新近纪还根本不存在。

苏北浅滩在黄海大陆架上的存在，造成从上海到连云港一线的近海水深极浅，海床变化没有规律，潮流复杂多变，极不利于船只航行，因此既不适合建设港口，也严重阻碍地质勘探。如今，苏北浅滩被规划为沿海滩涂珍禽自然保护区。

虽然对苏北古湖的研究才刚刚开始，然而有迹象显示，它与长江上中游的青西古大湖、古巴蜀湖和古洞庭湖一样，也含有一定量的盐分，其中部分来自上游，部分可能来自温暖间冰期的海洋。苏北古湖离大海极近，作为堤坝的苏北浅滩只有十几米高，即便是日常潮汐也可能将海浪打入苏北古湖。

海水漫进苏北古湖里是一回事，长江主动穿越苏北古湖注入东海，却是另外一回事。目前有关的古河道学研究正在进行中，初步结果显示，现代长江三角洲的历史与中国有文字记载的历史差不多，也就是5000年左右。然而，长江流入东海的历史远不止5000年，因为历史上的海平面经历了沧海桑田的变迁，长江三角洲的位置随之不断变化，并非一直处在上海北部。

在长江没有注入苏北古湖之前，今长江下游地区也有一条大河，这就是古赣江。赣江经芜湖和太湖一线独立东流，最终与黄浦江和钱塘江汇合，在上海东南部流入杭州湾，后来它的江段被长江袭夺。杭州湾的河口之所以如此宽广，与赣江长期在这里入海有很大关系，并不都是钱塘江的功劳。

近年来，芜湖市繁昌区孙村镇人字洞出土了一批中国最古老的石器和骨器，科学家怀疑其年代甚至早于巫山猿人，在240万—200万年前。也就是说，汾河期事件以后，新兴的非洲猿人走出非洲的速度可能比古人类学家之前预想的更快，它们在几万年内分批来到华南和华东地区。古赣江一度曾阻止了它们的继续北上，而使其滞留于位于芜湖市的古赣江拐弯处，形成人字洞遗址。与巫山猿人的情况相似，芜湖猿人可能因为不适应中国的环境，特别是无法战胜当地的猛兽和传染病，最终退出了历史舞台，但它们依然是伟大的先驱。

世界第一大湖在中国

当原始人在一两百万年前刚刚抵达中国之际，今长江流域存在着众多巨湖，读者对此或许不难想象，因为至今这里仍是湖网密布的鱼米之乡。但是，想在大脑中勾勒出一幅黄河流域也遍布巨湖的场景，恐怕就要困难得多。可这不仅是曾长期存在的事实，而且华北巨湖群的规模远在长江流域巨湖群之上。

约 260 万年前青藏运动末期，中国西部地壳的隆起造成跷跷板效应，使中国东部出现了一些大型盆地，渤海盆地就是其中之一。约 240 万年前北京海侵结束以后，今渤海海峡中的庙岛群岛隆起为一道连续的山脉，将渤海与黄海分离，地质学家称之为"华北陆桥"。华北陆桥的存在，阻止了华北平原和东北平原的降水流入黄海，东北和华北的众多河流逐渐在渤海盆地及其周边平原汇聚成一个淡水巨湖，即华北古湖。

在其鼎盛时期，华北古湖北至大兴安岭，南达大别山，从哈尔滨直到徐州的辽阔地区都躺在它的湖底，并将现代的整个渤海都包括在内，面积广达近 40 万平方千米。它比乍得古湖还要大，是地球上最大的淡水湖。中国北方几乎所有油田都位于华北古湖的范围之内，如大庆油田、胜利油田、渤海油田、中原油田等。它们多数都是在上百万年前的华北古湖湖底下形成的，这一区域内不少煤矿和铝土矿的形成也与华北古湖有关。在较晚的时代，华北古湖可能在今徐州至宿迁一带还与苏北古湖相连，从而成为一个面积超过 50 万平方千米、比鼎盛时期的乍得古湖还大的超级巨湖，足够装下法国或日本。"湖"这个字已经不足以描绘华北古湖的宏伟——它根本是淡水地中海！

酷似乍得古湖的华北古湖本应像磁石一般，吸引着中国西南部的猿人大举北上。然而，约 150 万年前，地球进入了又一个大冰期——拜伯冰期。在这种气候环境下，华北古湖难免长年冰冻，体质更适应热带和亚热带气候的猿人自然对离开华南北上裹足不前。直到约 130 万年前，拜伯冰期结束，全球气温逐渐变暖，中原地区才首度出现猿人的身影，这

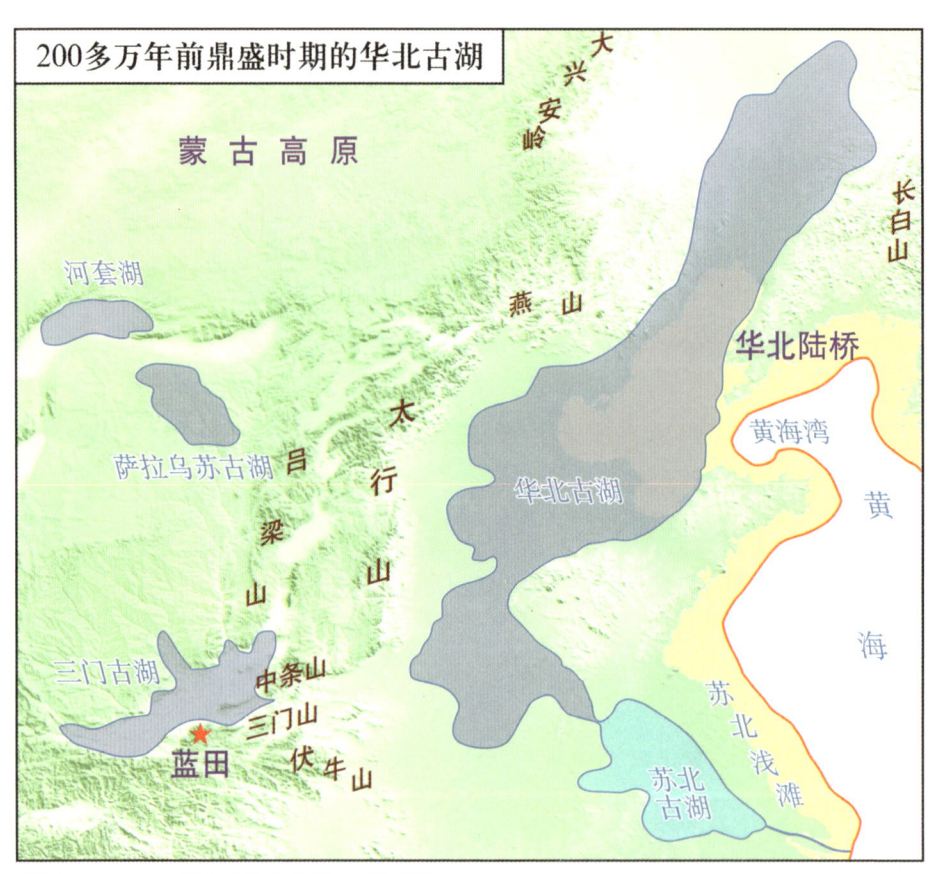

地图13　200多万年前的华北（罗三洋制作）

就是元谋猿人与蓝田猿人之间相差约 50 万年的主要原因。约 115 万年前，猿人出现在陕西东南部的蓝田。这里虽然距离华北古湖并不远，猿人却没有东迁，因为它们定居的地区也有一个稳定而充沛的淡水来源。它既不是黄河，也不是渭河。

在 100 多万年前，今天山西省与河南省交界处的三门峡河谷是一道连绵不绝的山脉，将山西省的中条山与河南省的伏牛山连为一体，断绝了关中地区所有河流东进华北平原的可能性。于是，今天陕西中部的渭河平原几乎完全被一个大淡水湖占据，即"三门古湖"。而蓝田就位于三门古湖之滨，控制着从华中丘陵北上黄土高原的交通要道。这里在长达 100 多万年的时间内持续吸引着猿人光顾。

野生动物对良好的生活环境同样情有独钟，中国的这些远古巨湖都自成独特的生态系统。三门古湖边生活着繁荣的三门动物群，代表动物是三门马。这是一种在 260 万年前经白令地峡从北美洲来到亚洲的真马。与三趾马相比，真马脚上的两个趾退化，形成了单蹄，所以奔跑速度更快。

蓝田猿人是幸运的，不仅因为它们占据了东亚的风水宝地，也因为它们远离了非洲的近亲即将遭遇的灭顶之灾。

03
湟水奏丧钟

利比里亚的死神

110万年前,直立人已经遍布亚欧大陆,与其同步演化的近亲匠人也遍布非洲大陆,而它们不大成功的先驱能人则早已销声匿迹。在能人绝灭了近100万年之后,它们的祖先物种南方古猿还活得好好的,与更先进的后裔直立人和匠人共享着非洲大陆。这并不奇怪:低等动物并不意味着会被淘汰,否则蟑螂和蝎子早就绝灭了;反而一些高度特化的"先进"物种会走入演化的死胡同,一旦自然环境有对其不利的变化,或是出现新的竞争者,这些物种就很容易灭绝。更何况放眼整个哺乳类动物或灵长类动物界,南方古猿都算是比较"先进"的物种,论智力、组织方式和食物结构,都优于现存的所有类人猿。因此,南方古猿在200多万年中演化出了至少十几个种,遍布于整个非洲东部和南部。

不过,约110万年前,噩运降临在南方古猿身上。从外太空呼啸而来的陨星锁定的目标,正是非洲。陨星在约110万年前坠落在西非的利比里亚,砸出了直径约10.5千米的巨大坑洞。科学家估计,这次撞击比240万年前智利外海的更加猛烈,撞击能量相当于400亿吨TNT炸药或310万颗广岛原子弹,向大气层释放了100亿吨尘埃,并使整个非洲大陆野火遍地,严重破坏了当地的植被。这场百万年一遇的天灾横祸后,世上再无南方古猿,人属动物成了人族中仅存的一支。

南方古猿灭绝的原因，可能恰恰是因为它们是生态系统中的"多面手"，在森林、草原和山区都能够生存，生活方式灵活多变。利比里亚陨星撞击导致非洲的森林和草原面积大幅缩减，物种间的竞争突然变得极为激烈。南方古猿在森林里竞争不过已经高度特化、身体完全适应树上生活的黑猩猩、大猩猩等近亲（例如找果子和爬树的速度较慢），在草原和山区又竞争不过猿人和狒狒（南方古猿下肢短、臀部小，缺乏爆发力，快速奔跑能力较弱），结果便陷入了大量饿死或被猛兽捕食的窘境。南方古猿也许不是在短期内迅速灭绝的，但是利比里亚陨星撞击使它们的种群数量和密度都严重下降，难以恢复，最终逐渐衰亡，把非洲大陆留给了猿人和类人猿。

利比里亚陨星撞击不仅给非洲生物带来了灭顶之灾，同时还在全球范围造成了大冰期。今天的多瑙河两岸，在100万年前终年覆盖着厚厚的冰川，因此这段冰期被称为"多瑙冰期"。和以往历次大冰期一样，多瑙冰期也导致全球海平面下降，使直布罗陀海峡可以涉越，部分猿人得以离开多灾多难的非洲，进入被北大西洋暖流滋养得温暖湿润的欧洲避难，形成了海德堡人等晚期直立人。欧洲已知最早的直立人化石出土于西班牙的阿特普尔卡，距今约78万年，显然是从非洲涉越直布罗陀海峡而来。

逃入亚欧大陆的非洲难民们不会料到，下一次巨型陨星撞击的目标，偏偏就是它们的新家园。

磁极倒转的革命

介于中亚与东欧之间的咸海是一个形状奇异的湖泊，在20世纪末水位大幅下降之前，其外观基本上呈圆形。圆形的湖泊都是有故事的，若非火山湖，便是地壳沉降所致，此外的原因就要数陨星撞击了。

约73万年前，一颗与利比里亚陨星几乎一样大小的天体撞击了今天的咸海地区，留下了直径约10千米的巨大陨石坑。科学家估计，这次撞击产生的能量相当于340亿吨TNT炸药或260万颗广岛原子弹，向大气层释放了89亿吨尘埃。当时应当有不止一颗陨星撞击了地球，因为地球10%的陆地表面都发现了约73万年前陨星穿过大气层时剧烈燃烧留下的陨石玻璃，比较著名的地点是陕西洛川与蓝田、澳大利亚。三门古湖之滨的蓝田，此时显然已经不再是猿人的乐土，面对由西而来的强大自然灾难，幸存者唯一的选择是向东方迁徙。于是它们离开三门古湖，抵达华北古湖之滨。

咸海陨星撞击事件给亚欧大陆，以至全世界的自然环境都造成了巨大的影响。经此一撞，地球的南北磁极方向完全倒转，结束了247万至73万年前的"松山反向期"，而开启了73万年前至今的"布容正向期"。距今约73万年、与咸海陨星撞击事件同时发生的这次地球磁极180度倒转，在地质学上被称为"松山-布容地磁界限事件"。

历史经验显示，磁极一偏转，人类就发展。约247万年前的松山-高斯地磁界限事件催生了以能人为首的人属动物，松山-布容地磁界限事件导致了人类的下一次飞越。自70万年前开始，直立人广泛地分布于华北、华东，化石形态明显异于元谋猿人。它们被称为"晚期直立人"。同时，中国大地上的生物群发生了明显的变化，最主要的标志是大角鹿出现在华北，并且种群迅速繁盛，成为食草动物中最重要的种群之一。与大角鹿同时兴旺的，还有野马、鸵鸟、披毛犀等草原动物，同时长颈鹿等采食树叶的大型食草动物突然消失了，说明广大的华北林地变成了草原。大角鹿等新型食草动物的繁荣，使华北的肉食动物种群也随之变化，现代人熟悉的虎、狼等猛兽开始崭露头角。咸海陨星撞击事件和松山-布容地磁界限事件带给中国生物群的影响非常深远，古生物学家甚至用"革命"来称呼它，即"更新世中期革命"。

又见冰期

咸海陨星撞击造成了全球气温的下降，随后美国黄石火山又在约64万年前大爆发，地球因此进入多瑙冰期之后的又一次大冰期，欧洲称为

"贡兹冰期",中国称为"鄱阳冰期"。顾名思义,当时鄱阳湖常年冰封,周边山区一年四季都覆盖着厚厚的冰川。

因为撞击区位于中亚,咸海陨星撞击对中国的自然环境造成了特别的影响,也就是约70万年前引起青藏高原再度抬升和扩张的昆仑-黄河运动。运动期间,三峡山脉再度破裂形成峡谷,使得长江上游再次冲出三峡,与长江中游汇合为统一的内陆水系。咸海陨星撞击事件、松山-布容地磁界限事件、昆仑-黄河运动和鄱阳冰期等一系列地质和气候事件深刻地改变了中国自然环境的面貌,它们统称为"湟水期事件"。

身处关中盆地、濒临三门古湖的蓝田由于自然环境优越,长期受到古人类的青睐。约110万年前的公王岭蓝田猿人化石与大熊猫、剑齿象、爪兽、巨貘等亚热带森林动物化石处于同一地层,约65万年前的陈家窝蓝田猿人化石却与复齿兔、鼢鼠等寒温带草原动物化石处于同一地层,可见湟水期事件给关中盆地带来了从暖湿到冷干的气候剧变。当时华北气候与现代的西伯利亚差不多。

约63万年前,贡兹冰期(鄱阳冰期)终于结束,此后气候变得日益温暖,冰川大幅后退。在这暖意融融的环境中,湖泊的面积因冰雪融水的注入而急剧扩张。约73万年前的陨星撞击,使部分猿人离开"四海之内"的大本营,东进到华北古湖周围。这座比孕育猿人祖先的乍得古湖更加辽阔的世界第一大淡水湖,不正是它们跋涉十余万千米苦苦寻觅的天堂吗?

可惜,猿人在华北古湖周围的生活仍然既不快乐,也不安全。这里的确是天堂,但它是猿人天敌的天堂。

地图14　直立人在华北的迁徙（罗三洋制作）

04
周口店风云

寻根周口店

　　位于北京市西南郊的房山区周口店,是一处僻静的丘陵。这里的山峦大多由石灰岩组成,而石灰岩是一种沉积岩,通常是由海洋动物骨骼和海水中的矿物质沉积而成。自大冰期以来,周口店多次成为海陆争夺的焦点,直到距今243万年还受到过北京海侵的波及,所以这里出现石灰岩一点都不奇怪。石灰岩可溶于水,所以才能在海水中沉积下来,但这也意味着,自从石灰岩在陆地上出现之日起,就注定将被雨水和江河泉溪侵蚀。于是,在石灰岩山峦中,经常会看到被水侵蚀出的山洞。石灰岩来自大海,最终也将回归大海。

　　房山的山峦含石灰岩较多,所以山洞也特别多,除了周口店,著名的还有石花洞、银狐洞、云水洞、仙栖洞、唐人洞、地下大峡谷等等。由于石灰岩山洞冬暖夏凉,并提供比旷野更为安全的生存环境,所以受到许多动物的青睐,经常被选为巢穴。但是,有些山洞里含有硫化物或一氧化碳等有毒气体,它的居民要用生命来支付"房租";有些过度潮湿,甚至灌满了地下水;有些钟乳石笋过多,内部无处立足;有些地质环境不稳定,经常发生坍塌;还有不少山洞中生活着能对人类生命构成威胁的毒虫猛兽。有理由相信,在挑选居住的山洞时,古人类是慎之又慎的,这也许就是"风水"最早的起源。

周口店的龙骨山上就密布着适合猿人生活的多个石灰岩山洞。近百年来，众多学者在龙骨山反复挖掘，获得了丰硕的成果。尽管部分化石在抗日战争中失踪，但这里依然是中国，乃至于全亚洲古人类化石出土最多的宝地。根据现代科技手段对北京猿人化石进行的几次年代测验，获得的最晚数据为23万年前，最早数据为62万年前。[①] 62万年前是一个很特殊的年代，因为鄱阳冰期在约63万年前结束，气温随之大幅反弹。1万年后，北京猿人就出现在周口店了。鄱阳冰期的北京地区气候寒冷，当时的周口店显然不适合猿人生存。那么，北京猿人是从哪里迁到周口店的呢？

周口店往东25千米，是北京市的主要水系永定河。尽管永定河一度干涸，其宽阔的古河道却给予我们某种暗示：莫非北京猿人是沿着永定河迁徙，最终抵达周口店的？

永定河的同龄人

永定河发源于山西恒山，上游是桑干河，向东流经大同盆地、阳原盆地和泥河湾盆地等一系列盆地。它在北京西北的怀来盆地转向南流，穿过西山冲进京津平原，改称永定河，最终注入海河，东流入渤海。

在历史时期，桑干河流域占有特别重要的地位，怀来盆地据信是黄帝都城涿鹿所在地。后来，这里成为南方农业政权与北方游牧政权反复争夺的战场，历代中原政权都在这一带修建长城，后来明成祖定都北京也有这方面的战略考虑。在大同盆地、阳原盆地、泥河湾盆地和怀来盆地，古生物化石层出不穷，统称为"泥河湾动物群"。这一带虽然没有发现周口店那样古老而完整的人类化石，但出土了许多原始的石器，其中某些所属的地层年代可以上溯至200万—177万年前，多数集中于约105万年

---

① 部分研究人员测定最早的北京猿人化石在松山-布容地磁界限事件之后11万年，但他们将该地质事件放在78万年前，因此得出结论为化石年代在67万年前。但目前学术界的主流意见是松山-布容地磁界限事件发生于73万年前，由此推算，最早的北京猿人化石不应是67万年前，而是62万年前。

前。距今 70 万—30 万年前，泥河湾地区的石器突然变少，这也正符合北京猿人出现在周口店的时代。因此，周口店的北京猿人，很可能就是从桑干河流域迁来的。不过，它们为什么要背井离乡呢？

其实在约 100 万年前，如今的桑干河流域里根本没有河，盆地里散布着多个湖泊。直到约 70 万年前昆仑-黄河运动爆发，附近的恒山、太行山、熊耳山、西山等山脉相继升高，由于地势落差的作用，一个湖泊的湖水流进另一个湖泊，如此接续下去，这才渐渐形成了桑干河。不过，一开始桑干河还流不出西山，只能滞留在怀来盆地，汇成了庞大的怀来古湖。地质学家估计，50 多万年前，随着怀来古湖的水量越聚越多，湖水终于溢出西山，冲出了一道峡谷，涌入京津平原，形成了永定河。显然，这一年代与北京猿人最早出现在周口店的约 62 万年前非常接近，原先住在泥河湾盆地和怀来盆地里的猿人很可能正是因为西山峡谷形成，才顺着新出现的永定河南下周口店，发展为北京猿人的。可以说，北京猿人是永定河的孩子。

西山峡谷的出现，为猿人走出泥河湾盆地和怀来盆地创造了条件；永定河形成之后，怀来古湖剧烈萎缩，又逼迫猿人走出盆地，寻找水资源丰沛的新家园。登上龙骨山，眼前的情景大概会让猿人们心生向往：一望无际的华北古湖。在它面前，怀来古湖显得是那样渺小。

华北古湖养育了无数的生物，北京猿人拥有成百上千种的食物资源：朴树籽、鱼、乌龟、鸵鸟、野猪、斑鹿、野马，这只是北京猿人食谱的一小部分。但是，我们不必羡慕这些祖先的生活，因为他们往往还没有填饱肚子就成了猎物。

龙骨山上的血案现场

旧石器时代的手工产品看上去似乎没有什么技术含量，事实上，北京猿人连磨石头都不会，它们加工石器的主要方法是更加原始的敲击。相对于后来快速发展的文明时代，猿人的"小儿时节"显得过于漫长。尽管周口店出土了猿人用火产生的炭灰和烧过的兽骨，但北京猿人看起来还不会主动生火，只是将自然界中因雷电和干旱等原因引发的野火作为火种带回栖息的洞穴，并用不断添加柴火的方法来予以保持。北京猿人经历了多次冰期，北京冬季的严寒可能是促进猿人寻求控制火焰的主要原因。

在近40万年的时光内，北京猿人的石器技术始终没有进步，远远落后于非洲和欧洲的近亲。部分原因是它们选择的石头种类不对。龙骨山的石灰石太软，不是做石器的材料，北京猿人几乎只能选用周口店附近河岸上的石英石。这种石头虽然硬，却很脆，而且在敲击时经常沿着不可预测的方向碎裂。这就注定了北京猿人无法造出石斧、石矛尖等先进的石器，而只有一些没有固定形状的碎片，但这些简陋的石器是对付不了大型动物的。也许北京猿人并不经常用石器，而是更多地使用竹器或木器等不易保存下来的工具。即便如此，北京猿人手持这些简陋的工具，能够猎杀和威慑的动物种类有限，反倒有许多动物对它们垂涎欲滴。

远古时的周口店地区物产富饶，但北京猿人无法独自享用。很不幸，它们要与好几种食人猛兽分享这片山川，其中既有虎、豹、狼这些现代常见物种，也有一些如今早已在中国境内销声匿迹的史前食人魔鬼。

巨颏虎是剑齿虎家族中身材最为娇小的一种，肩高与大型狼犬差不多，但是要强壮得多。它们是不折不扣的人肉美食家。娇小的身材没有削弱它们的捕食能力，反倒使它们具备了其他剑齿虎没有的一项重要特长——爬树。猿人无论奔跑、钻洞、游泳还是爬树，都躲不开巨颏虎的追杀。几百万年来，从乍得古湖到东非大裂谷，从陕西蓝田到河北泥河湾，再到北京周口店，凡是有猿人活动的地区，基本上都发现了巨颏虎的化石。可以想见，当年巨颏虎不远万里苦苦追踪猿人足迹的场景，大概与现代狼群追踪野鹿十分相似。蛮荒时代，无数人类祖先惊恐的临终一瞥，看到的恐怕都是巨颏虎白森森的马刀状长牙。

万里追踪猿人足迹的猛兽远不止巨颏虎一种。巨颏虎在非洲的老对手锯齿虎和恐猫也都不辞劳苦，跟着猿人来到华北。恐猫在中国更是如鱼得水，发展为身长3米的巨型冠恐猫，就连东北虎的祖先古中华虎都可能沦为它们的猎物。约70万年前的咸海陨星撞击事件和昆仑-黄河运动使亚洲腹地的多处山脉裂开，给非洲和欧洲的动物沿着新兴峡谷东迁大开方便之门。西方的晚期直立人海德堡人由此大举迁入亚洲腹地，对亚洲直立人形成了很大威胁，甚至在许多地区完全取而代之。跟着海德堡人东迁的，还有狮子。

从地理分布来看，狮子本是比人类、狼、老鼠和蝙蝠更成功的哺乳动物。早在人类建立文明社会之前，它们的足迹就遍布了南极洲之外的世界六大洲，展现了令人叹为观止的环境适应能力。所有狮子都可以把家谱追溯到非洲的化石狮：在欧洲和西亚，化石狮演变为庞大的洞狮；在印度演变为亚洲狮；在北美演变为有史以来最大的猫科动物北美拟狮。既然中国的四周都有狮子分布，中国自然也不会缺少狮子，它就是50万年前跟随海德堡人进入中国境内的杨氏虎。其实，将这种嗜食猿人的巨猫命名为"杨氏狮"或"中华狮"或许更加贴切。周口店就出土了杨氏虎的化石。这一物种后来颇为兴盛。据文献记载，207年曹操北伐时，在白狼山（今辽宁省努鲁儿虎山）遭遇一头狮子，它咬死曹军多人以后才被击毙，狮子从此就在中国境内绝迹了。

尽管巨颏虎、锯齿虎、冠恐猫、杨氏虎都凶猛异常，但还不能算猿人的终极噩梦，因为它们是独行侠，每次通常只猎杀一名猿人，不至于威胁整个猿人种群的生存。可是，一种比它们身材更魁梧，而且群体狩猎的猛兽就另当别论了。它们身材强壮，长着尖牙利爪，能咬碎骨骼；它们感官发达，叫声诡异，白天和黑夜都很活跃；它们军纪森严，战术多变，蛮勇无惧；它们子孙满堂，群体狩猎；它们适应力强，熬过了几百万年来的多次环境剧变。它们是第四纪亚欧大陆的真正主宰，在中华大地上的统治一直延续到约2万年前。

这就是至今仍在东非草原上生活的鬣狗。鬣狗与狗毫无亲缘关系，除了头部，其身体结构与犬科动物也没有半点相似之处。其实，它们是一类巨型灵猫，但与灵猫的独来独往不同，鬣狗习惯于母系社会的生活。

由于集体狩猎，亚欧大陆的古代鬣狗对虎、熊、豹等独来独往的大型食肉动物占有绝对优势，只有非洲鬣狗才因为体形和数量的原因，被同样群体生活的非洲狮压制。

尽管非洲是如今鬣狗的主要分布地，但在史前时代，中国才是鬣狗之乡。远古中国的鬣狗不仅种类多，而且体形大，有些硕鬣狗的身材与水牛相当。北京猿人化石以破碎头骨居多，上面还有许多划痕。魏敦瑞等早期北京猿人研究者据此认为，北京猿人是习惯相互残杀的食人族，甚至还有人提出远古北京地区存在两种猿人，其中一种捕食另一种的古怪假设。近年来对北京猿人化石上遗留齿痕的研究表明，它们确实是被食用后的残骸，但食人者是鬣狗。在巫山龙骨坡、陕西蓝田和北京周口店等重要古人类遗址中，最常见的化石都是鬣狗的粪便化石，猿人的粪便化石却极为罕见。这证明在远古时期，这里活鬣狗比活猿人多得多。而且在这些遗址中，鬣狗的化石一般非常完整，更像自然死亡，而猿人的化石却全都支离破碎，甚至经常有明显的被啃咬痕迹。可见在多数时间内，鬣狗才是这些遗址的真正主人。从地层沉积物来看，62万—37万年前，发现大多数猿人化石的第一地点（猿人洞）主要由体长2米多的中华硕鬣狗和体重达1吨的洞熊等巨兽占据，之后猿人主动占据洞穴的证据才开始逐渐增加。

62万—37万年前，北京猿人并非常住周口店，只是偶尔在火把的保护下，到这里捡食中华硕鬣狗吃剩下的腐肉（寄生在鬣狗体内的绦虫很可能因此进入人体），有时则身不由己地作为猎物被拉入中华硕鬣狗的巢穴中。在真正的猿人洞穴内，通常只有猿人和小型动物的化石，很少有大型食肉动物化石。对仅有简陋石器的猿人来说，捕猎大型食肉动物实在过于危险，何况鬣狗肉并不好吃。

周口店的中华硕鬣狗在捕猎直立人方面颇有心得，尤为爱吃鲜嫩的人脑。为了应对这种威胁，北京猿人演化出比现代人厚两倍的头盖骨，浑圆的外形几乎与乌龟壳一样，意在使食人猛兽无处下口。但是中华硕鬣狗自有妙计：它们先啃掉北京猿人的脸部软组织，然后卸去下颌，随即把犬齿咬在恰当的位置，略一发力，颅腔就被打开了。这就是北京猿人化石以破碎头骨居多的主要原因。甚至不排除这样的情况：成年中华硕鬣狗在平原上捕杀直立人之后，习惯于就地吃掉躯体，但特意将人头咬下，带回山洞巢穴来，以供小鬣狗享用人脑。看来，四五十万年前的周口店在多数时间都回响着中华硕鬣狗如凄厉笑声般的嚎叫。

在中华硕鬣狗、洞熊和巨颏虎等猛兽的尖牙利爪之下，北京猿人长期过着朝不保夕的生活。这不仅使它们的物质生活相当匮乏，也对精神状态造成了极不健康的影响。欺软怕硬、投机取巧、自私冷漠，在种群中都是普遍现象。由于家庭成员被猛兽捕食是司空见惯的事情，稳定的家庭关系基本上不存在。它们热衷暴力，为争夺食物和配偶频繁地相互打斗，无论男女，骨折都属家常便饭，而且女性的骨折比例还要高于男性。北京猿人的精神状态或许更接近死囚，而且不仅它们如此，全世界的直立人大多都如此。

智人初现

北京猿人在周口店的生活不仅受到鬣狗和巨颏虎等食人猛兽的威胁，也多次遭遇气候的挑战。距今56万—43万年，全球气温再次大幅下降，进入民德冰期（中国称为"大姑冰期"）。民德冰期鼎盛时，半个欧洲都被冰川覆盖，北美冰川从北极圈一直绵延到美国中部的堪萨斯州，所以又叫"堪萨斯冰期"。在中国，华北和华东地区的冰川虽不连贯，但寒冷仍然是普遍现象。此时，位于北纬40°的周口店地区显然不再适合北京猿人居住，它们要想生存，就必须向温暖的南方迁徙。所以，与北京猿人一模一样的古人类化石出现在北纬36°的山东沂源，时代约为四五十万年前。由此推论，北京猿人在民德冰期时，曾经越过冰封且面积缩小的华北古湖南下避寒，其中一支就是沂源猿人。

约43万年前民德冰期结束以后，猿人立即从沂源返回周口店居住。为什么如此急迫呢？毕竟沂源也是邻近华北古湖的水草丰美之地。和所有冰期一样，民德冰期被全球气候变暖终结，而这不可避免地造成了海平面的上涨。当时，华东的海岸线推进到连云港-盐城-苏州一线，现代的整个上海市都被淹没，中国环境史称之为"盐城-上海海侵"。海水漫过苏北浅滩，使苏北古湖变成了与渤海一样大的海湾。由于民德冰期结束以后气温一直居高不下，高位的海平面维持了很长的时间，在中国东部沿海留下了数十米厚的沉积层。由于气温上升，海水蒸发量和季风都大幅加剧，导致当时东部阴雨连绵，各大湖泊的面积都快速扩张。生活在华东平原上的动物同时遭到东面和南面涌来的海水夹击，西面又是面积日益扩大的华北古湖。它们唯一的逃生方向就是北面，即如今山东半岛的山区，结果造成这一区域的动物群极为拥挤。实际上，当时以沂源为地理中心的鲁西山区被黄海、华北古湖和苏北海湾围绕，几乎变成了一座岛屿。面对如此高强度的生存竞争，沂源猿人选择迁往地势较为开阔的华北古湖西北岸，也就是其祖先曾经长期生存的周口店附近，完全在情理之中。

华北猿人颠沛流离之际，东南亚猿人的命运也颇为凄苦。巽他次大陆本来是亚洲森林资源最为充沛的地区，养育了身材庞大的魁人和巨虎。但是，民德冰期之后的海侵将巽他次大陆拆成支离破碎的马来半岛和大巽他群岛，从而剥夺了魁人和巨虎的生存条件。这些巨兽即便没有被淹死，也会因为被困在自然资源贫乏的小岛上而饱受饥饿之苦。它们的后代要么饿死，要么缩小身材勉强为生。壮观的大人国就此消失，未来的东南亚是属于弗洛勒斯人和巴厘虎的小人国。

约30万年前，全球气候又开始变冷，"盐城-上海海侵"结束，从今天的辽东半岛到胶东半岛的华北陆桥完整地露出海面。这一条山丘东邻大海，西邻华北古湖，水产资源丰富，对猿人有着巨大的吸引力。于是，该地区出土了很多晚期猿人化石，例如辽宁营口的金牛山猿人，以及辽宁本溪的庙后山猿人等。它们主要生活在距今30万—20万年的华北陆桥上，这一时间与北京猿人在周口店生活的最后阶段完全相符。可以推测，北京猿人不时绕过华北古湖，从周口店去食物更加充沛的华北陆桥觅食。许多食肉动物也经常进行这样的迁徙，加之龙骨山猿人洞在30多万年前一度进水，因此鬣狗和洞熊被迫放弃了这些洞穴。33万—30万年前大水退后，直立人才进入这些洞穴居住。

晚期北京猿人、金牛山猿人和庙后山猿人等生活在30万—20万年前的华北直立人头骨变薄，脑容量变大，制造的石器也更为多样，因此被称为"晚期直立人"。他们可能与东迁的海德堡人发生了混血。不过，晚期直立人的这些生理变化也可能只是气候转暖造成的后果，因为厚重的头骨不利于大脑散热，而头骨变薄又给予大脑更大的生长空间，从而增进了直立人的智慧。

可惜，直立人的这些进步来得太迟了。在广西等中国西南边疆，此时出现了一些石斧，说明东南亚人群已经带着新技术北迁。放眼世界，直立人正在变得过时，因为如今的地球统治者智人已经兴起。

作为真正的人类，广义上的智人分为三个主要亚种，即尼安德特人、丹尼索瓦人和现代智人。他们脑容量、智力水平、身高近似，但是在身体结构上有明显区别。最早的一批尼安德特人40多万年前生活在西班牙，被认为是欧洲海德堡人的后裔，他们身体强壮，爆发力强，喜好小群体生活和贴身格斗，甚至可能有冬眠的习性。丹尼索瓦人直到2012年才被确定，化石比较零散，主要分布在距今30万年至10万年的亚洲腹地和中国，从巨大的牙齿判断，他们的身体可能比尼安德特人更为强壮，估计是早期尼安德特人东迁的后裔。

现代智人以往被认为起源于东非，1997年在埃塞俄比亚的赫托村发现了距今约16万年的现代智人头骨，将智人的发源地向北推。但2000年在以色列的格什姆山洞中发现了距今40万年的现代智人化石和遗留石器，后来又在摩洛哥等北非地区发现了距今约30万年的现代智人化石，将现代智人的起源时间上溯到与尼安德特人和丹尼索瓦人相当的年代，所以现代智人可能未必有多么"现代"。就截止到目前的考古发现而言，现代智人看来应当起源于从埃塞俄比亚到以色列的东非大裂谷北段。与尼安德特人和丹尼索瓦人相比，现代智人身体消瘦，爆发力弱，不擅长贴身格斗，但耐力更强，肩膀和上臂的结构更适合投掷。除了尼安德特人、丹尼索瓦人和现代智人，亚洲近年来还发现了一些智人亚种化石，如黑龙江的龙人、云南的马鹿洞人等，他们虽然年代较近，但是普遍体形粗壮，牙齿巨大，可能都是丹尼索瓦人的分支。

智人家族的出现，毫无疑问与一场席卷全球的环境剧变直接相关，那就是距今56万年至43万年前的民德冰期。民德冰期导致全球变冷，海平面下降，森林缩小。欧洲的直立人海德堡人生存空间受到严重挤压，被迫向东南方的亚洲迁徙，在这一过程中演变为适应寒冷森林环境的尼安德特人。海德堡人的脑容量是直立人中最高的，达到1100—1400毫升，远超亚洲的直立人亲属（爪哇猿人脑容量775—900毫升，蓝田猿人脑容量780毫升，北京猿人脑容量850—1300毫升），因此其智力水平应当远在亚洲直立人之上。其后裔尼安德特人的脑容量更是高达1200—1800毫升，甚至超过了现代智人。在尼安德特人和丹尼索瓦人的面前，亚洲直立人在智力和力量方面都毫无竞争力，因此步步败退，逐渐在亚洲内陆绝迹，撤退到亚洲东部海岸的森林中。台湾海峡曾经发现距今45万年至19万年前的直立人化石，被命名为"澎湖原人"，正是民德冰期海平面下降和欧洲人类东迁的结果。就这样，当民德冰期结束时，尼安德特人和丹尼索瓦人成了亚欧大陆的主人。志得意满的他们当时并不知道，此时有一小群亲戚正在南方崛起，并将成为自己的掘墓人。

现代智人起源于民德冰期结束后的东非大裂谷北段，与尼安德特人和丹尼索瓦人占据的亚欧大陆相比，地形狭窄且支离破碎，森林覆盖率低，居民难以维持庞大的种群数量，也无法发展出粗壮的体型。较小的种群数量使得现代智人难以承受个体伤亡，纤细的体形更使他们不可能像尼安德特人和丹尼索瓦人那样经常与大型猎物贴身肉搏，因此他们成为精明的实用主义者，擅长搜集果实和腐肉，同时更加倾向于用投掷石块的方式进行远程攻击，追求狩猎的"无损成功率"。现代智人的脑容量尽管比尼安德特人和丹尼索瓦人略为逊色，但是大脑的结构更为复杂，大脑皮层褶皱面积比尼安德特人和丹尼索瓦人要多出约三分之一，大脑前额叶也更为发达，这使现代智人擅长理解交流和团队合作。

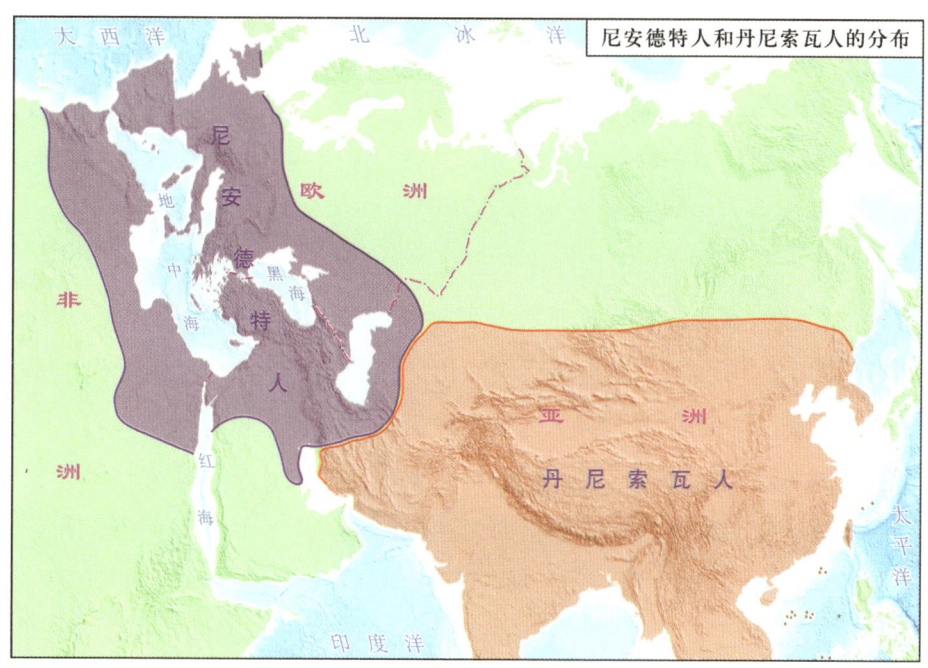

地图 15　尼安德特人和丹尼索瓦人的分布（罗三洋制作）

中国直立人的南迁

约 23 万年前,地球开始进入第四纪最严酷的里斯冰期,中国称为"庐山冰期"。庐山冰期得名于江西的风景胜地庐山。这座名山位于北纬 29° 的长江南岸,东临鄱阳湖。20 世纪 30 年代,时任中央研究院地质研究所所长的李四光通过在庐山等地的地质调查,最早发现中国和欧洲、北美一样存在第四纪冰川,而且分布范围很广,从塞北一直绵延到江南。

然而,在李四光发表中国第四纪冰川理论之前,曾经有多位外国地质学家来中国寻找过冰川遗迹,全都一无所获。于是中国不存在第四纪冰川就成为国际地质学界的共识。1934 年,在庐山召开的中国地质大会上,李四光正式发表了中国第四纪冰川的观点,结果应者寥寥。反对者之中,就有发现叠层石的藻类化石起源,在中国指挥发掘了周口店猿人遗址、仰韶文化遗址、三趾马动物群化石和众多矿藏的瑞典地质学者安特生。

尽管自己的新观点广受批评,但李四光依然坚定。在他看来,就在会场外的庐山山麓上,冰川擦痕俯拾皆是,这些反对者为何视而不见?后来,他干脆把家搬到庐山脚下,试图搜集更多的证据以说服众人。然而,这项研究不久后就被抗日战争打断了,1949 年之后才得以继续开展。

李四光用半辈子研究中国第四纪冰川,令许多人费解。在他们看来,这种研究根本没有意义,一个地质学家应该把主要精力放在发现矿藏之类的实际工作上。但李四光投身地质,是因为他和徐霞客一样,发自内心地热爱地质科学,渴望从中探究出地球组成和发展的真理。

然而,真正让李四光声名鹊起的却是他发现了油田。当年国民政府聘请安特生等西方地质学者来华的最初目的是在中国寻找油田,但后者普遍认为,石油是由藻类和微生物等有机物在地热的作用下分解而成,所以只能出现在具有海相沉积的地区,也就是远古的海洋里,而中国很早就形成了大陆,海洋沉积型地质区域很少,这种地质环境无法形成大油田,即所谓"中国贫油论"。安特生离开中国之后不久,日本侵华战争爆发,关东军占领东北十几年,却因为"中国贫油论"影响和技术条件限制(当时日本钻井只能下钻 2000 米），没有打出一滴石油，否则第二次世界大战的进程将会截然不同。而 1949 年之后，中国地质学家奇迹般地在东北平原和华北平原等原华北古湖湖区发现了大庆、胜利油田。李四光一跃成为科学英雄。

当油田勘探的高潮过后，李四光重新投入研究第四纪冰川的工作中。在他和多位地质学家的共同努力下，中国大部分省份都发现了冰川遗迹，但几乎全部位于高海拔山区，而同时代的欧洲和北美大部分地区都有明显的冰川遗迹。这说明，中国即便在庐山冰期时，也不存在像欧洲和北美那样的连续性大冰盖。究其原因，主要是庐山冰期时中国海岸线太短（长度可能还不到现在的一半），大部分地区气候过于干旱，降水太少，冰川难以扩张，而欧洲和北美当时都有活跃的洋流给大陆带来水分。

北京猿人在周口店消失的时间与里斯冰期开始的时间完全一致，当时气候干旱，降水稀少。促使北京猿人离开的还有独特的环境原因：27 万—23 万年前，龙骨山猿人洞顶逐渐风化，加之多次地震（可能还有冰川活动）的影响，洞内不断落下碎石。至 22 万年前，龙骨山猿人洞顶完全坍塌，整个山洞都被碎石塞满，已经察觉危险的猿人早已远走他乡。无独有偶，约 23 万年前，沂源猿人、金牛山猿人、庙后山猿人等中国北方直立人也相继消失了。庐山冰期的威力显然是直立人难以抗拒的，当华北古湖长年冰封时，没有被冻死的幸存者只能向南方转移，寻找一块气候相对温暖、有充足淡水资源的避难所。

蓝田猿人的故乡三门古湖之滨，看来就是这样一个世外桃源。位于北纬 35° 的陕西大荔出土了中国北方罕见的庐山冰期直立人化石，后者形态与金牛山猿人相似，距今 23 万—18 万年。不过，当庐山冰期发展至极盛期时，就连三门古湖也难以避免步华北古湖的后尘，面临长年冰封的命运，秦岭—淮河将成为人类难以逾越的障碍。在距今 23 万—14 万年之间主宰地球的庐山冰期，以其酷寒的气候环境，使古人类在中国北部近乎绝迹，这一时期出土的古人类化石主要集中于气候相对温和的南方。

在湖北南部，出土了 19.5 万年前的长阳人化石，这是中国迄今最早

地图16 20万年前的长江流域（罗三洋制作）

的智人，被认为属于丹尼索瓦人。长阳人遗址坐落在古洞庭湖西北岸上的石灰岩溶洞里，此地未发现任何石器等人工制品，倒是发现了多种动物的骨骸，显然更像是猛兽的巢穴。可以想象，命运多舛的长阳人在古洞庭湖之滨惊恐地奔跑，身后不时传来鬣狗群凄厉的笑声。可供长阳人逃命的路线十分有限，因为当时的古洞庭湖地区比现代封闭得多。地质学家发现，30万年前曾经一度贯通的三峡在庐山冰期重新封闭。在长阳人生前，长江上游和中游毫无联系。

由于史前气候进一步转冷，中国出土古人类化石的重心转移到了岭南，代表化石是广东北部的马坝人和贵州的桐梓人。与长阳人类似，这些化石兼具直立人与智人的特征，都出土于石灰岩溶洞，未见任何石器等人工制品，有多种野兽的骨骸。看来，庐山冰期的华南猿人的生活境况几乎与北京猿人一样。

庐山冰期的华北古人类化石稀少，但这并不代表当时那里杳无人烟。化石的形成需要许多自然条件，或许在庐山冰期结束时，华北出现了比庐山冰期更激烈的环境剧变，不再具备人类化石形成所必需的自然条件。

第四章
清水洗中华
(15万—10万年前)

01
黄河几时入海流

庄子的迷思

道家哲学的经典著作《庄子》，被认为是中国古代哲学和文学的集大成作品之一，尤以丰富的词汇、趣味十足的寓言和天马行空的想象力而著称。《庄子》的首篇《逍遥游》以动物的传奇开始："北冥有鱼，其名为鲲。鲲之大，不知其几千里也。化而为鸟，其名为鹏。鹏之背，不知其几千里也。"

值得关注的是鲲鹏这些巨型生物居住的辽阔海洋"北溟"。在先秦文献中，"北冥"又称"北海"，经常与"南冥"或"南海"并称。有关"北海"最著名的议论当数《秋水》："秋水时至，百川灌河。泾流之大，两涘渚崖之间，不辨牛马。于是焉河伯欣然自喜，以天下之美为尽在己。顺流而东行，至于北海，东面而视，不见水端。于是焉河伯始旋其面目，望洋向若而叹……"

在庄子笔下，自以为广大至极的黄河第一次见到北海时，为它的辽阔而惊叹，双方由此展开了一场哲学对话。这里的北海看似玄妙，实则具体——黄河流入的海洋。后世学者大多据此以为，"北海"就是渤海。然而，渤海并不大。它只是一个被大陆包围的海湾，如今面积才7万多平方千米，自己都没有几千里长，更不用说容纳几千里长的巨型动物了。

或许，《庄子》中的北海另有所指。在历史上，北海有时指贝加尔湖，汉朝使者苏武曾经在它的湖畔牧羊。但受到蒙古高原的阻隔，黄河不可能流入贝加尔湖，贝加尔湖的面积也较小，不及渤海的一半。北冰洋的面积虽然够大，但与黄河的关系更远，而且常年冰封，靠近中国的西伯利亚一侧冰层尤厚。在破冰船和潜艇发明之前，人类很难知道冰层下面都是大片的海洋。

《庄子》中的北海看来既具体，又不易理解，不过《庄子》中的南海非常清楚，因为它现在依然还叫这个名字。更奇怪的是，《应帝王》篇中有北海之帝和南海之帝在中央之帝身上凿出七窍而致其死亡的故事，似乎在北海和南海之间，曾经有一个"中央海"。后来"中央海"由于出现了多个外溢的通道最终萎缩消亡，北海和南海却活了下来。

《庄子》中的地理世界似乎与现实世界完全不同，但黄河与南海的存在，又使它不像一个完全虚构的世界。与其将它完全归于庄子本人的想象力，不如让我们跨越时空去追寻。在中国环境史上，黄河是否曾经流入一个巨大的水体"北海"，后来这个水体萎缩成了现代的渤海？北海和南海之间是否曾经出现过中央海，它后来出现了多个外溢通道，结果完全消亡，海底变成了大片陆地？

也许庄子所描绘的地理世界，不是公元前4世纪的中国，而是公元前15万年的中国！

年轻的母亲河

黄河一直被誉为中华民族的母亲河。黄河、黄土、黄种人，长久以来就像青铜鼎的三足，支撑着人们心目里"中国"的概念。黄色一直为中国人所偏爱，唐朝以后更成为皇室的御用色，"黄袍加身"这个成语正是由此而来。皇室以外的其他人如果随意穿着黄色衣物，就会被视为企图谋反，将被处以最严厉的刑罚，可见黄色在中国传统文化中的特殊地位。

中国古人一直对黄河之"黄"深感烦恼，公元前565年就有了"俟河之清，人寿几何？"的感叹，此后对"河清"的记载和期盼更是史不绝书。

其实，中国古代农业文明之所以能够长盛不衰，在很大程度上受益于黄河之"黄"带来的中上游矿物质。

在中国古代文献中，黄河被称为"河"或"河水"，因为这条河流的颜色起初并不黄。直到东周，才开始有"浊河"的说法。公元前199年，汉高祖刘邦大封功臣，据《汉书》所载，册封誓词为"使黄河如带，泰山若厉，国以永存，爰及苗裔"。意思是说，只要黄河还在流淌，泰山还在屹立，这些功臣的封地和贵族待遇就将世代沿袭。后来，刘邦及其子孙并没有忠实地履行誓言，但"黄河"一名从此普及开来。

黄河并没有"黄"多久，那么它的年纪究竟有多大？在三叶虫时代，面积狭小的中华群岛和中华半岛上不可能有大型河流。到了恐龙时代，随着亚欧大陆初露峥嵘，今中国境内出现了第一条大河古黑龙江，但它的长度不过1000千米左右。直到恐龙灭绝之后，由于印度洋板块撞击亚欧大陆，青藏高原在约2650万年前基本形成，青藏高原上消融的雪水才汇集成一些较大的河流，但它们多数都被巨型湖泊吞噬了，无法流入大海。260万年前，赋予黄河颜色的黄土高原才刚刚开始形成。这就意味着，黄河的年纪其实很小。

黄河是地球上最年轻的大河之一，正因为年轻，所以精力充沛；也因为年轻，所以善变。黄河的这些基本特征，将对中华民族产生深远影响。

止步三门峡

现代黄河发源于巴颜喀拉山北麓的卡日曲等几条小河，它们汇入扎陵湖和鄂陵湖之后，奔流而下，蜿蜒东流入海。但如果回到距今约20万年的庐山冰期，将会看到与现代完全不同的黄河。

如今，为了绕过阿尼玛卿山，黄河首先东流至若尔盖盆地（松潘高原），与黑河和白河汇合，滋养了松潘草地，然后转向西北，形成九曲黄河的第一曲。松潘草地风景优美，但并不适合人类生存。长征期间，红军为了穿越此地，损失了近一半的兵力。现代地质勘探结果显示，若尔盖盆地与洞庭盆地类似，是青藏运动造就的断陷区，上百万年来一直在沉降。松潘草地之所以土质松软，人踏上去就会陷入其中，是因为它在至少82.6万年前就是一个大湖。地质学家称之为"唐克湾"或"唐克湖"，以泥炭为主的湖泊沉积物厚达300米。唐克湖直到2.2万年前才消失，在此期间，若尔盖盆地内的大部分地区并没有黄河流入的痕迹。由此可知，2.2万年前，黄河上游自巴颜喀拉山北麓的古湖东流注入唐克湖，然后就不再外流，是一条总长度仅约500千米的内陆河。因为没有穿过黄土高原，此时的黄河还不"黄"。

虽然巴颜喀拉山雪水没有在2.2万年之前形成黄河，但是在河西走廊以东，特别是河套平原和黄土高原上，却存在大量2.2万年之前，甚至更早的黄河遗迹。当若尔盖古湖的湖水不能外泄之时，黄河中游之水又是从哪里来的呢？

还是从青藏高原来。现今注入青海湖的布哈河曾是黄河的正源。近年地质学家发现，直到距今15万年，发源于疏勒南山的布哈河原本都是从西向东穿越青海湖注入贵德盆地的。当时的青海湖比现代大得多，极盛时包括周边的贵德盆地、湟水盆地、共和盆地一带，湖中都是淡水。15万年以前，布哈河穿越青海湖流出贵德盆地之后，又向东南方流出青藏高原，进入河西走廊。当黄河变成今日的黄河时，湟水占据了这段古河道。

当时的河西走廊有至少四个古湖，合称"兰州湾"，它们的位置决定了黄河河道在这一带特别曲折。由兰州湾向东北，黄河又要经过较大的银川湖，流入"几字形"头部的河套盆地。100多万年来，这里也形成了一个大湖，地质学家称之为"河套湖"。自河套湖而下，黄河切入黄土高原，转向南流。在陕西东南部，它将注入一个巨型淡水湖，即上文曾经提及的三门古湖。在三门古湖以东，如今的三门峡在15万年以前尚不存在，巍峨的山脉阻止了黄河流入华北平原的步伐，黄河之水无处可去，只能在今渭河平原蔓延成三门古湖。黄河从黄土高原带来的沙土也沉积于此，所以三门古湖是一池清水。20世纪中叶，在陕西中部的乾县发现了古菱齿象化石，在乾县以北约 100 千米的甘肃合水也发现了古剑齿象化石。大象是喜水动物，它们所在的位置标明了三门古湖的西北湖岸。因此，三门古湖原本西至宝鸡，东达三门峡，总面积约 3 万平方千米，是现代青海湖面积的 7 倍，与贝加尔湖相当。

直到距今约 15 万年，黄河是一条止于三门峡的内陆河，而且河水的颜色并不黄。而黄河最终形成现代的模样，完成从卡日曲到渤海的全线贯通，是最近 1.2 万年的事情。是什么变化使黄河冲破了限制，出现在华北平原上，东流到海？

世界第一大湖的消亡

约 15 万年前，巍然耸立上百万年的三门山脉突然裂开，黄河挟三门古湖之水冲入华北平原，注入华北古湖，同时华北陆桥开始断裂，黄河从断裂处注入黄海。由此，华北古湖的水位迅速降低，面积大幅萎缩，丧失了世界第一大湖的宝座。原本比今日的渤海大四五倍的华北古湖，完全符合《庄子》中对于"北冥"或"北海"的记载。

同样是在约 15 万年前，三峡山脉也曾裂开，使一直止步于古巴蜀湖的长江上游得以东流注入古洞庭湖，继而向东汇入苏北古湖，最终流进东海。所以，黄河与长江基本上是同时贯通的，不过长江以前曾贯通过几次，而黄河以前从未贯通。此后，古洞庭湖和苏北古湖都走上了逐渐萎缩之路。黄河与长江的贯通，是 15 万年前现今中国境内发生的重要地质事件的代表。与两者同时，神州大地上还发生了许多其他的重大环境变化：

> 雅鲁藏布江大峡谷和龙羊峡形成；
> 河套古湖逐渐消失，毛乌素沙漠逐渐形成；
> 日月山隆起，青海湖沉降；
> 华东和华南的火山活动频繁；

马兰黄土越过秦岭和大巴山进入安徽、湖北、四川北部，极为强烈的沙尘暴持久地活跃于华西和华中，黄土高原由此大幅抬升；

受庐山冰期影响，全国多地冰川继续扩大，海平面继续下降；

……

这些环境剧变在同一时段出现，导致布哈河水量萎缩，受日月山的阻挡，不再流出青海湖；黄河的正源不再是布哈河，但是基本完成了从青藏高原东部到黄海的全线贯通；长江最后一次冲出三峡，东流注入苏北古湖；雅鲁藏布江越过喜马拉雅山，流入南亚次大陆，变身布拉马普特拉河。总的来看，这是昆仑-黄河运动之后，青藏高原的又一次激烈活动，青藏高原周边地区都受到了强烈影响。所有这些距今约15万年的环境事件，被地质学家合称为"清水期事件"。

清水期事件塑造了全新的中国，它与以往任何时期全然不同，却是我们今日熟悉的中国。世界上最大的几座湖泊从此逐渐在中华大地上隐退，继之登场的是世界上最长的几条河流。15万年前的先民，有充分的理由对这场触目惊心的环境剧变印象深刻，尽管在他们的词汇中，可能根本不存在"15万年"这样的概念。由于年代记载缺失，后人对这些远古祖先的传说只能冠以"很久很久以前"，或者干脆不提时间。原本真实的历史，就这样逐渐演变成了神话和传说。

《庄子》并不是唯一透露清水期事件秘密的古籍，它的远古资料可能来源于早已失传的《齐谐》。除了《齐谐》，还有其他古怪的神话传说在世间流传，它们并不都是毫无根据的想象。

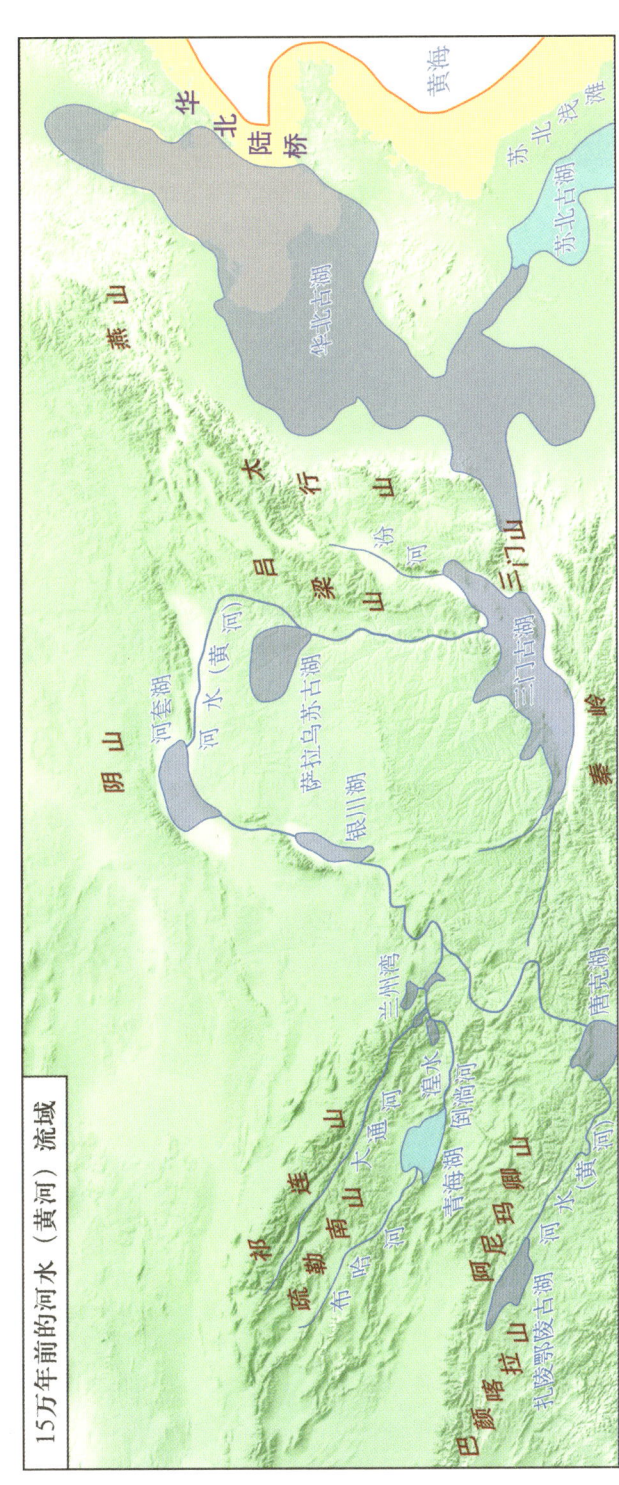

地图 17　15万年前的黄河流域（罗三洋制作）

02
15 万年的记忆

万古谁识《山海经》

中华民族将黄河视为母亲河,因此寻找黄河源头一直是国人追求的目标。元朝之前的中国人长期相信,黄河发源于昆仑山。现代黄河源自巴颜喀拉山下的卡日曲,如果将巴颜喀拉山视为昆仑山的支脉,那么黄河确实出自昆仑之东南隅。不过,古人认为,黄河上游即新疆的塔里木河,注入罗布泊之后,以地下河的形式穿越河西走廊,在兰州附近重新涌出地表。这种奇怪的古老说法来源于《山海经》。汉武帝派出的使者张骞等人在西域实地调查的结果"河有两源,一出葱岭,一出于阗"也印证了这个说法。

不过在细节上,古籍与调查结果有微妙的差异。《山海经·北山经》记载:"敦薨之水出焉,而西流注于泑泽,出于昆仑之东北隅,实惟河原。其中多赤鲑,其兽多兕、旄牛,其鸟多鸤鸠。"有观点认为"敦薨"即敦煌,但这类地点在历史上常常变迁,不足为据。"昆仑之东北隅"位于今青海东部至甘肃一带,而张骞等人调查认定的黄河源头葱岭和于阗均在昆仑山的西北方,与《山海经》所载的东北隅并不一致。

秦汉以来,中国古人通过实地调查确定的黄河起源,总结起来只有昆仑山西北隅和东南隅两种说法,并没有《山海经》所载的"昆仑之东北隅"。这是怎么回事呢?

《山海经》的很多内容确实不符合秦汉以来的地理情况，司马迁曾在《史记·大宛列传》中加以质疑，后代研究者也大多斥之为奇谈怪论。但通过现代环境考古研究，我们知道黄河并非自古就发源于巴颜喀拉山。在15万年之前，黄河的源头是青海北部的布哈河，而布哈河源于疏勒南山，恰好位于昆仑之东北隅。清水期事件爆发之后，日月山隆起，布哈河成为内流河，龙羊峡虽然形成了，但没有证据表明当时巴颜喀拉山的雪水流出了松潘草地。此时直至2万年前，黄河的源头变为大通河，而大通河发源的托勒南山仍然位于昆仑之东北隅，而且托勒南山离现在的敦煌并不远。

看来，大通河—倒淌河—湟水这条水系很可能是《山海经》里的"敦薨之水"，而它流经的咸水湖"泑泽"原本指的并不是罗布泊，而是青海湖。巴颜喀拉山的雪水流出松潘草地，经龙羊峡与湟水（大通河下游）汇合而跃升黄河正源，只是1万多年以来的事情，这对于《山海经》所依据的原始资料来说显然有些太晚了。

只有15万年至2万年前以大通河—倒淌河—湟水为源头的黄河上游情况，才符合《山海经》中黄河源于"敦薨之水出焉，而西流注于泑泽，出于昆仑之东北隅，实惟河原"的记载。换言之，《山海经》对黄河源于"昆仑之东北隅"的记载虽然表面看似荒谬，却可能是正确的，而且可以追溯几万年前的地理情况。这并不代表《山海经》全书描述的都是几万年前的自然环境，它的大部分内容体现的是几千年前的情况，某些内容甚至晚至秦汉之际。但是，《山海经》不是由单一作者有计划地撰写的，而其实是对早已失传的《山海图》的注释，先秦时期有许多人按照自己的理解予以增补。因此，现今版本的《山海经》包含许多时期中国的环境状况。

如果《山海经》对黄河源于"昆仑之东北隅"的记载还不够震撼，那么中国古籍中还隐藏着更加惊人的记载，将中华民族的集体性记忆引向更加悠久的年代。成书于西汉中叶的《淮南子》，正是这样一本惊世骇俗之作。

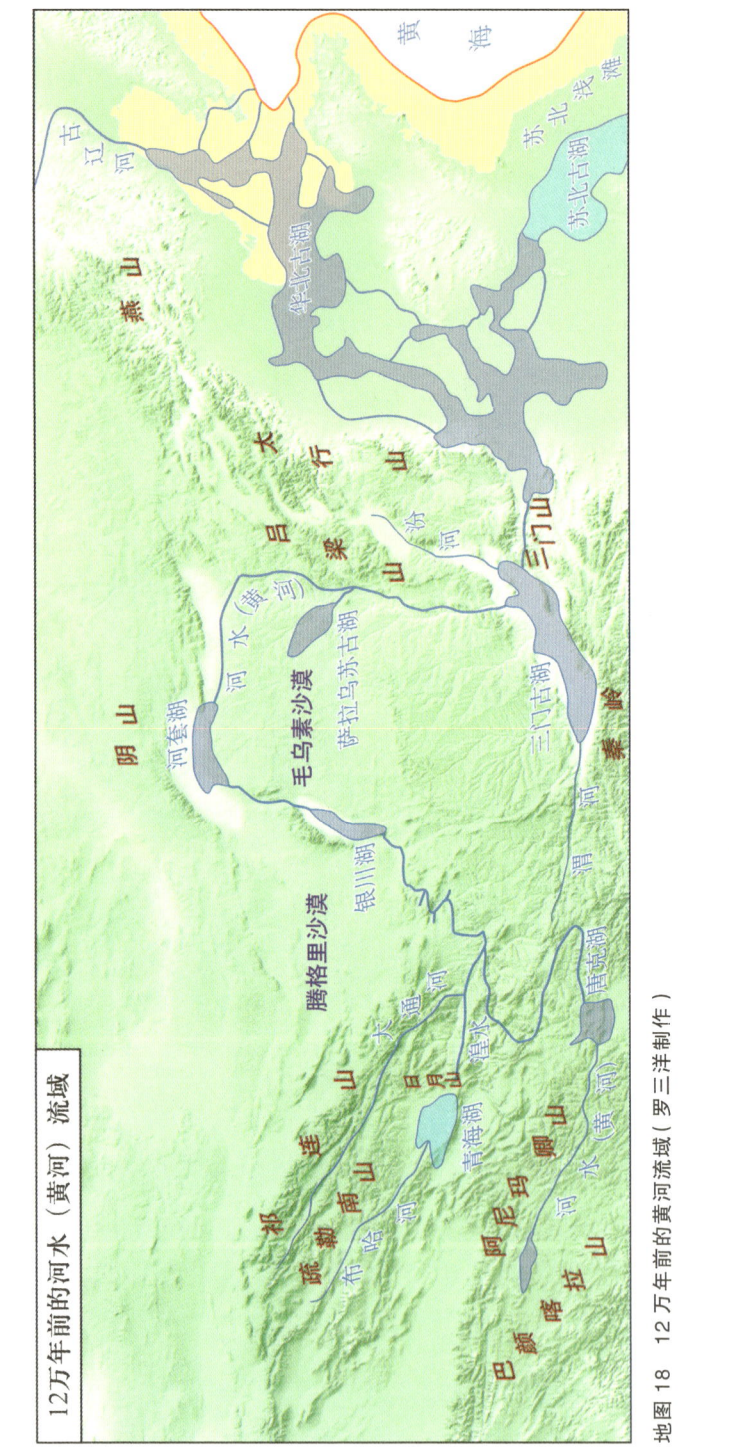

地图18 12万年前的黄河流域（罗三洋制作）

谁开辟了龙门峡谷？

黄河在北纬35.7°冲出黄土高原，从此河面豁然开朗，形成了万里黄河第一景——龙门。龙门泛指从壶口瀑布到河津的黄河河段，其两侧屹立着黄龙山和吕梁山，分属陕西和山西两省，它们其实是被黄河切割成两半的同一条山脉。自古即有传说，龙门峡谷原本是封闭的，为了疏通洪水，在公元前21世纪被人为劈开了。《淮南子·本经训》这样记载："舜之时，共工振滔洪水，以薄空桑。龙门未开，吕梁未发，江淮通流，四海溟涬，民皆上丘陵，赴树木。舜乃使禹疏三江五湖，辟伊阙，导瀍涧，平通沟陆，流注东海。鸿水漏，九州干。"也就是说，在大禹治水之前，龙门峡谷与伊阙峡谷都是封闭的。巧合的是，伊阙峡谷后来被热衷水利工程的隋炀帝改名为"龙门"，即今洛阳龙门石窟所在地。

龙门峡谷与伊阙峡谷曾经在4000年前封闭过吗？现代地质学对此持鲜明的否定态度。岩石断层分析结果表明，龙门峡谷与伊阙峡谷都有上万年的历史，如果它们果真封闭，黄河将流不出黄土高原，伊河也流不进华北平原，黄河只能倒溢入河套平原和泾渭平原，结果必然是三门古湖和河套古湖复活，伊河则在伊阙峡谷以南汇成一个湖。五六千年前的中国绝不是这幅景象，原三门古湖的湖区当时已是著名的仰韶文化核心区域，人烟稠密，农田广阔，不可能被湖水长期淹没。

《淮南子·天文训》又进一步解释，大地本来是平的，后来因为"共工与颛顼争为帝，怒而触不周之山。天柱折，地维绝。天倾西北，故日月星辰移焉；地不满东南，故水潦尘埃归焉"。现代人都知道，大地是个球体，而不是平的，如果在共工生前，黄河是从东向西流的，那么《本经训》里"龙门未开，吕梁未发"导致"江淮通流"的解释才算合理。可惜，自从恐龙灭绝以来，华北大地上就没有出现过从东向西流的大河。

看来，《淮南子》的内容完全与人们的常识相悖。但神话学和人类学研究告诉我们，越是难以理解的传说，越可能反映某种真实的情况。既然《淮南子》认为，一切都是共工惹的祸，那就让我们先看看共工是何许人也。

中国的语言文字系统很特别,上古时"音无常字,字无常形",所以一个人经常有好几个相近的名字。以共工为例,这个名字急读即为"鲧"。鲧是先秦著作中常见的上古人物,他的大部分事迹均与洪水有关,有的文献说他蓄意制造洪水,有的则说他治理洪水失败。后来,共工(鲧)死于颛顼部族的祝融之手,他的儿子后土(禹或句龙)继承父业,最终平定了水患。实际上,"洪水"一词就出自"共工"的"共"。他的统治地区曾有一条经常泛滥的河流"共水"。古今许多学者都探讨过共水的位置,主要说法有三种:一、在"莘、姺之间",即今山西芮城;二、"甘枣之山,共水出焉,而西流注于河",即今河南省三门峡市陕州区;三、汉朝河内郡有共县,在今河南辉县。芮城与陕州之间的距离很近,只隔着一条黄河。共工作为上古的一代霸主,完全可能同时控制芮城与陕州两地,甚至向东扩张到辉县附近。

打开地图,我们不难发现共工的核心势力范围,也就是芮城与陕州之间的黄河两岸,现在有另外一个名字——三门峡水库。地质学研究显示,三门峡的开放是15万年前的事情,而黄河最后一次经壶口瀑布外泄发生于大约10万年前,从此延续至今。看来,受地质变迁及13万—12万年前温暖的"末次间冰期"等气候因素影响,黄河中游的流量和河道在15万—10万年前发生过剧烈变化,导致壶口瀑布反复断流复活,上演类似于长江的黄河版"三绝三通"。

看来,《淮南子·本经训》中记载的共工洪水是一个复合的洪水传说,将15万年前三门峡崩裂贯通、黄河挟三门古湖的洪水冲出黄土高原的清水期事件、10万年前黄河最后一次冲破龙门外流等地质事件,及公元前21世纪的尧舜洪水叠加起来了。这样做的目的很明显:提升夏禹治水的功绩,以便为其家族建立世袭王朝造势。另外,西汉奇书《遁甲开山图》记载,历史上有两个大禹:第一个大禹是远古的神仙,善于寻找水源;公元前21世纪的夏禹出生时本来不叫"禹","禹"是他治水成功后被唐尧赐封的称号,用以表彰其功绩与远古神仙大禹相仿。联系中国环境变迁史，这恐怕不尽是空穴来风。

无论《淮南子》中的共工洪水传说显得多么荒诞，但是它大概不是凭空编造的。如果要编造，它的情节将会合理得多。这个传说本身证明了人类保有对15万—10万年前多次环境剧变的一定记忆，否则"龙门未开，吕梁未发"的传说便难以形成。保留这一记忆的部族，很可能原本居住在华北古湖与三门古湖之间的山丘上，享受着两大湖区的物产，生活富足美满。但在十几万年前的一天，突然山崩地裂，黄河像高压水枪一般，从山上的石缝里喷涌而出，形成一连串波澜壮阔的瀑布，短期内就使华北古湖与三门古湖的大部分湖区完全消失。从此，他们的生活被彻底改变……

要想在长达十几万年的时间内保存这一记忆，需要超过五千代父母对子女的口耳相传："宝贝，我告诉你，在很久很久以前，那条峡谷是一座大山，黄河是流不过去的……"只要五千多代父母中有一代忘了说，这一集体性记忆传承就会断绝。与后来的五千年灿烂文明相比，这种坚守和传承同样熠熠生辉。

寓言与事实之间的愚公移山

关于15万年前黄河流域的这场环境剧变，中国古代还流传着一个更古怪、更著名的寓言故事，这就是另一部先秦奇书《列子》的《汤问》篇中记载的"愚公移山"。由于入选了中小学语文课本，想必许多人都很熟悉这篇文章，但想要理解其中蕴藏的真相却并不容易。愚公移山的故事大意如下。

在"冀州之南，河阳之北"，原先有两座大山，分别是太行山和王屋山。愚公看到这两座大山阻碍了山北通往中原的交通，就说服家人和自己一起去挖山，并将挖下来的土石运往遥远的"渤海之尾，隐土之北"丢弃，半年才能来回一趟。河曲智叟嘲笑北山愚公不可能在有生之年完成这项计划。北山愚公反驳说，山的高度不会增长，自己死了有儿子继续挖山,儿子死了还有孙子继续,子子孙孙无穷,如果都能坚持挖山,总有一天能将这两座大山挖平。上帝得知这件事之后,被北山愚公的精神感动,于是派了两个神仙,分别将太行山和王屋山背到东北方和西南方,从此冀州与汉水之间就没有大山了。

这个故事听上去像是一个励志寓言,内容却过度怪诞。"冀州之南,河阳之北",就是现代晋冀豫交界的黄河河谷。① 这里如果曾经有过大山,那么黄河势必难以流入华北平原,而清水期事件爆发之前的中国,偏偏正是这样的地理格局。

如果说这还不足以证明"愚公移山"传说有清水期事件的影子,那么愚公父子将挖下来的土石运往"渤海之尾,隐土之北",又是这一猜想的有力佐证。所谓"渤海之尾,隐土之北",指的明显就是今庙岛群岛。它是华北陆桥在清水期事件时被黄河冲垮的遗迹,所以"愚公移山"故事的原始叙述者应当很清楚,三门山脉与华北陆桥的崩塌(或者说三门峡与庙岛群岛的出现),是大致同时发生的。虽然经过十几万年的流传,故事的情节难免会有所变化,但这些地理细节由于深入人心,一直幸运地保留下来。

其实,不仅是人类,甚至连动物对清水期事件也有记忆,证据就在龙门峡谷。

跳龙门的鲤鱼

说到龙门,人们通常想到的便是鲤鱼。

黄河鲤鱼有个奇怪的特点:跳龙门。长久以来民间传说,黄河鲤鱼跳过龙门之后就能变成龙,这当然不是事实,但足可见鲤鱼跳过龙门之难。既然成功率很低,那么它们又何苦这样做呢?

鲤鱼跳龙门,是因为它们的祖先原本生活在三门古湖里。怀孕的野生

---

① 先秦时期的"冀州"通常包括今山西省,山西一带被以"并州"的名义从冀州分出来,是较晚的事。

鲤鱼要离开湖泊，游到河流上游去产卵。在 15 万年之前，从三门古湖逆黄河而上，并不是一段困难的旅程。但自从 10 万年前以来，三门古湖不断萎缩，黄河在黄土高原上的切割越来越深，给鲤鱼洄游带来了越来越大的困难，于是就出现了"鲤鱼跳龙门"这样的奇景。

  作为中国最常见的一种鱼类，鲤鱼似乎性情温和，跳跃能力并不强。然而，这只是表面现象。由于受到人类高强度捕杀和环境污染的影响，亚洲鲤鱼在家乡生活得小心翼翼，而且体形萎缩，通常成年鱼体重不过数千克。但近年来亚洲鲤鱼入侵北美，由于鲤鱼刺多，西方人不爱吃，得以任意繁衍，往往可长到数十千克，而且野性充分暴露，经常成群结队地从水里跃起，一跃可达两三米高、六七米远，时常将船上的人撞入水中，造成骨折，当地媒体惊呼其威力犹如导弹。不难想象，十几万年前，当人类尚未成为东亚大陆真正主宰的时候，大型野生黄河鲤鱼群的集体跳跃场面，应当会像燃放烟花一样绚烂吧。

03
清水期事件催生的万物之灵

清水期事件与里斯冰期（庐山冰期）共同作用，给全中国的生物带来了整个第四纪最强烈的自然界挑战，所有不能适应这次环境骤变的物种都绝灭了：

> 体重相当于四头大猩猩的巨猿；
> 比现代大熊猫体形更大的巴氏大熊猫；
> 头上顶着夸张双角的肿骨鹿；
> 体态优雅的丽牛；
> 与现代亚洲象一样魁梧的板齿犀；
> 古人类的死敌锯齿虎和巨颏虎；
> 庞大的硕鬣狗……

这些壮观的动物全都在15万年前销声匿迹了。几百万年来，它们承受了多次陨星撞击和冰期等环境剧变的打击，证明了自己出色的环境适应能力，但还是没有熬过清水期事件带来的动荡。

与这些大型动物消亡同时，现代智人则在受清水期事件影响较小的东非和西亚的荒野中繁盛壮大。已知最早的现代智人完整头骨出土于埃塞俄比亚，距今约16万年，被命名为"长者智人"。

与直立人等祖先一样，现代智人很可能曾经多次尝试走出非洲，但受制于冰期的严寒，身材瘦削、散热过快的他们无法深入亚欧大陆腹地。为了适应寒冷的气候，第四纪亚欧大陆的多数哺乳动物都长着厚实的皮毛。里斯冰期让亚欧大陆上的现代智人吃尽苦头，裸体的智人即便躲在某些温暖的封闭环境里没被冻死，也会被因寒潮而频发的呼吸系统疾病击垮，或是因动植物的大量消失而饿死。

人类应对寒冷天气的主要方法无疑是生火取暖。掌握生火技术，是人类在冰期留在高纬度地区生活的必要前提。被动地保存天然火焰限制太多，掌握主动生火技术是人类进化的趋势和要求。最早的取火方法包括敲凿取火和钻木取火，正因为能够随时随地生火取暖，人类的祖先才得以在东北亚和欧洲等冬季严寒的高纬度地区站稳脚跟。

在15—17世纪的大航海时代，欧洲探险者发现，除了印度洋的安达曼岛居民，地球上所有的民族都会钻木取火，许多长期与世隔绝的原始部落也不例外。钻木取火虽然看似原始，技术要求却相当高，程序也很烦琐。难以想象地球上所有民族都各自独立地发明了这种技术，所以它应当是在人类散布到世界各地之前就发明出来了。

近年来，在现代人祖先的问题上，分子生物学与考古学研究得出的结论日益趋向一致：除了部分非洲黑人，地球上所有民族都是同一对夫妇的后裔，这对夫妇大约在距今8万—6万年前走出非洲，经过大约3000代的发展，其子孙现在已经繁衍到了近60亿之众。至于所有比8万年前更早的、非洲大陆之外的古人类，很遗憾，他们都灭绝了。许多人拒绝接受这一结论，反对者最集中的地方就是中国。

第五章

胜利大逃亡

(10万—5万年前)

01
寻根之旅

东亚原住民还是非洲之子？

中国人究竟是东迁的非洲之子，还是由本地猿人进化而来的东亚原住民呢？追根溯源，中国人都是非洲古猿的后裔，这一点现在已经几乎无人怀疑。但是，中国人的直系祖先，究竟是200万—180万年前从非洲迁徙到东亚的直立人（多地区起源假说），还是在几万年前走出非洲的智人（单地区起源假说），抑或是这两者的混血呢？

很多中国学者从东亚直立人与黄种人相近的突出颧骨、铲形门齿等化石形态和石器风格出发，支持多地区起源假说。然而，这种假说建立在化石形态研究的基础上，容易落入"趋同演化陷阱"（生活环境和生活方式相近的动物即便没有亲缘关系，也会长出相近的外观，例如海豚长得酷似鱼龙），并不能令人完全信服。

根据遗传基因研究提出的单地区起源假说认为，走出非洲的智人完全取代了东亚原有的直立人。但这种假说深受均变论影响，其数学模型建立在诸如DNA演化速率几十万年不变、种群数量几十万年不变等条件上，过于机械。而且用代表男性谱系的Y染色体DNA推导出的智人起源时间，与用代表女性的线粒体DNA推导出的智人起源时间相差很大，这样的演算结果同样难免受到质疑。

尽管化石形态研究和遗传基因研究都不完美，但头顶高科技光环的遗传基因研究显然更受现代科学界信赖。在男子独有的 Y 染色体上，除了部分非洲黑人，普遍存在一个编号为"M168"的基因突变；同样，在专由女子遗传给后代的线粒体 DNA 上，除了部分非洲黑人，也普遍存在一个编号为"L6"的基因突变。最早具备 M168 突变的男子（简称"M168"）与最早具备 L6 突变的女子（简称"L6"），就是遗传学上的亚当和夏娃，他们被认为来自 8 万—6 万年前的埃塞俄比亚高原。

与非洲以外的其他国家一样，中国所有民族的男子都拥有 M168 基因突变，所有民族的女子也都拥有 L6 基因突变。中国生物学者通过大量基因检测，又证明中国男人体内不仅都存在 M168 的基因，还分别具备 M168 的三支后代基因，即最早出现的 M130 和较晚出现的 M89、YAP。其中，M89 的数量最多，在中国各地所占人口比例大都在 90% 左右；M130 在国内主要分布于东北和华北，在国外从印度到美洲均有分布，在西伯利亚等东北亚地区极具优势；YAP 是三种基因变异中最罕见的，主要分布于华西与华南的少数民族中。

这样看来，M168 与 L6 这对埃塞俄比亚夫妇，似乎的确是全体中国人的祖先。不过，他们也可能只是祖先之一。上文中曾经提到，中国古籍中的记录与 15 万年前的清水期事件能够对应，这是约 7 万年前埃塞俄比亚的 M168 与 L6 夫妇无论如何都无法了解的远古信息，除非发生过神奇的逆向迁徙：15 万年前的清水期事件发生之后，中国古人曾经大举西迁，进入东非，在约 7 万年前再返回中国老家，整个过程中还一直维持着对清水期事件的文化记忆。更为合理的观点似乎是：现代中国人是东亚原住民与非洲之子的混血后裔，M168 与 L6 夫妇的后裔抵达东亚以后，从中国原住民那里听说了清水期事件的故事。

冰期幸存者

地处中原的河南许昌成为近年来中国古人类学界关注的焦点，因为这里出土了距今 10 万—8 万年的人类化石。与金牛山人、长阳人、大荔人等清水期事件之前的中国古人类相似，许昌人的头骨也远比现代人厚，眉骨也更为突出，形态反而较约15万年前埃塞俄比亚的长者智人落后，不大像是长者智人的后裔。这样看来，许昌人很可能是在清水期事件中幸存下来的中国本土古老族群后裔。

许昌人的出现并不是偶然，因为许昌人所在的时间与地理位置都非常宜于人类的生存。根据对岩芯和冰芯的研究和花粉记录，地质学家、气候学家和古生物学家判定，清水期事件以来的地球经历了两次温暖的间冰期，即13万—12万年前的"末次间冰期"，以及2万年以来的新时代。这两次间冰期的规模相似，都是全球平均气温在不到1万年的时间内上升了超过12℃。也就是说，15万年前，全球平均气温比现代低12℃以上，末次间冰期在几千年内就将全球平均气温提高到现代的水平。持续温暖了1万多年之后，全球气温重新大幅回落，从而开启了末次大冰期——玉木冰期。它在中国又被叫作"大理冰期"，因为在云南大理附近的云贵高原上，发现了许多这一时期留下的冰川遗址。直到1万多年前，全球气温才重新变暖。

根据这一气候现象变化，我们不难想象，13万—12万年前的现代智人经历了何种命运。15万—13万年前，全球的平均气温比现代低12℃以上（冬季平均气温更比现代低20℃以上）。现代智人居住在从以色列到埃塞俄比亚的广阔地区，那里并不像现代这样炎热干燥，而是温暖湿润。同时，西亚山区遍布冰川，赤身裸体的现代智人完全不能适应这种气候，因此无法深入亚欧大陆，那里是尼安德特人和丹尼索瓦人的地盘。

但随着地球进入末次间冰期，大约12万年前，全球年均气温比现代还高5℃以上，河马都可以在如今英国的泰晤士河里畅游。高温不可避免地引起两极冰川融化，导致全球海平面上升，地质学家称之为"星轮虫海侵"。这次海侵将大片沿海地区淹没，在沿海平原上留下了大量海生动物星轮虫化石，由此得名。尽管寒冷的玉木冰期随之而来，但其早期还出现过几次剧烈的暖化事件，带给包括人类在内的广大生物温暖的希望。这时的华北古湖不再终年冰封，10万—8万年前的许昌人就住在华北古湖之滨，与数十万年前的蓝田猿人、北京猿人和金牛山人享受着同样的湖光山色。

15万—10万年前,也就是比许昌人略早的末次间冰期前后,由于全球气温上升,华北的人类化石相当丰富,著名的有陕西东南部的大荔人、山西东北部的许家窑人、山西西南部的丁村人等等。与现代人相比,他们的头骨和眉骨依然比较厚,牙齿也比较大,介于早期智人与现代智人之间。

进入玉木冰期之后,由于华北气候变得干冷,古人类顺理成章地南迁到华北古湖之滨的许昌。这期间的中国古人类化石发现很少,无疑与恶劣的气候有关。当时中国气候最好的地区如今正躺在海底。星轮虫海侵之后,玉木冰期导致了全球海平面下降,渤海、黄海、东海等近海大陆架大面积变成沿海平原,受海洋暖流和水汽影响,这里的气候比中原地区温暖湿润得多,无疑会受到包括古人类在内的各种动物的青睐。

中国古人类在玉木冰期留下的遗迹较少,看来过着相当艰苦的生活,主要原因除了令他们瑟瑟发抖的彻骨严寒,还包括这期间中国周边地区其他的环境骤变。

雪域巨湖

2600万年来,青藏高原一直是主导中国环境的关键性因素。作为黄河、长江、湄公河、恒河、印度河与阿姆河等大河的源头,从它上面流下的雪水养育了全球三分之一的人口。这片世界屋脊看似干旱,其实却是世界上最大的水库。

如果我们回到玉木冰期,青藏高原看上去就更像一个大水库了:13万—12万年前的温暖的末次间冰期,与河马在泰晤士河中畅游同时,青藏高原上的冰雪大量消融,导致大量河流与湖泊的出现。如今,西藏湖泊最密集的地区是羌塘地区——北起唐古拉山脉,东至念青唐古拉山脉,南抵冈底斯山脉,西达隆格尔山脉。由于边缘地势太高,这个椭圆形区域内的河溪无法外流,汇集成上百个美丽的高山湖,吸引着世界各地无数慕名而来的游客。很少有游客知道,12万—4万年前,羌塘地区的所有这些高山湖曾经连成一个从那曲到阿里,总面积10余万平方千米,深200—400

米的巨型高山湖，地质学家称之为"羌塘古湖"或"藏北古大湖"。

　　10余万平方千米的湖泊是什么概念呢？你尽可以把青海湖、呼伦湖、洞庭湖、太湖、鄱阳湖、兴凯湖、白洋淀、东平湖、洪泽湖、高邮湖、微山湖、巢湖、千岛湖、西湖、滇池、洱海、乌伦古湖、纳木错、三峡水库的面积都加在一起，再添上你所知道的任何中国现存湖泊和水库。结果呢？还是没有羌塘古湖大，甚至连它的零头都不及！这个巨湖的面积相当于两个渤海，足能装下福建省或浙江省！更为难得的是，它不仅巨大，而且风景特别优美。当时，有上百座海拔六七千米的高山散布在羌塘古湖之中，这些超级湖心岛高耸入云，岛上白雪皑皑，是一个只属于史前时代的奇绝幻境。

　　由于冰期酷寒，全年多数时间羌塘古湖都覆盖着冰层，直到3.6万年前气温回暖，湖面上涨过高，湖水溢出那曲分水岭，以不可阻挡之势东泄而出，受横断山脉的阻拦后折往南方，几乎笔直地注入印度洋。这就是传奇的怒江，也是缅甸的母亲河萨尔温江。留给青藏高原的，此后只剩下诸如纳木错、色林错、扎日南木错、当惹雍错、吴如错等小湖了。

　　羌塘古湖不是一个特例。12万—4万年前，青藏高原完全是一个湖泊的世界，现代称为"千湖之国"的芬兰和加拿大等国都无法与之相比。就在与羌塘古湖一山之隔的唐古拉山脉以北，羌塘古湖还有一位体量相当的姊妹青西古大湖。地质学家在北起昆仑山脉、东至巴颜喀拉山脉、南抵唐古拉山脉、西达可可西里山脉的海西和玉树地区发现了连续湖相沉积，显示这一带在12万—4万年前曾经存在大量高山湖。当气温较高时，这些高山湖就会连成一体，形成另一个面积达十余万平方千米的巨型湖泊。

　　正如羌塘古湖孕育了怒江，青西古大湖孕育了长江。在巴颜喀拉山脉以北的山谷里，类似的故事也曾上演，尽管湖泊的规模要小很多，却孕育了更为著名的后裔：从囊括当代扎陵湖和鄂陵湖的古湖中，黄河诞生了。其实，长江与黄河早已出现在中国腹地，但直到几万年前，它们的源头才移到这些高山湖泊上，从而进一步增加了自己的水量。而更靠北的柴达木盆地就没有这么幸运了，受地形所限，柴达木古湖的湖水无法外溢，也就不曾养育出大江巨流。

第五章　胜利大逃亡

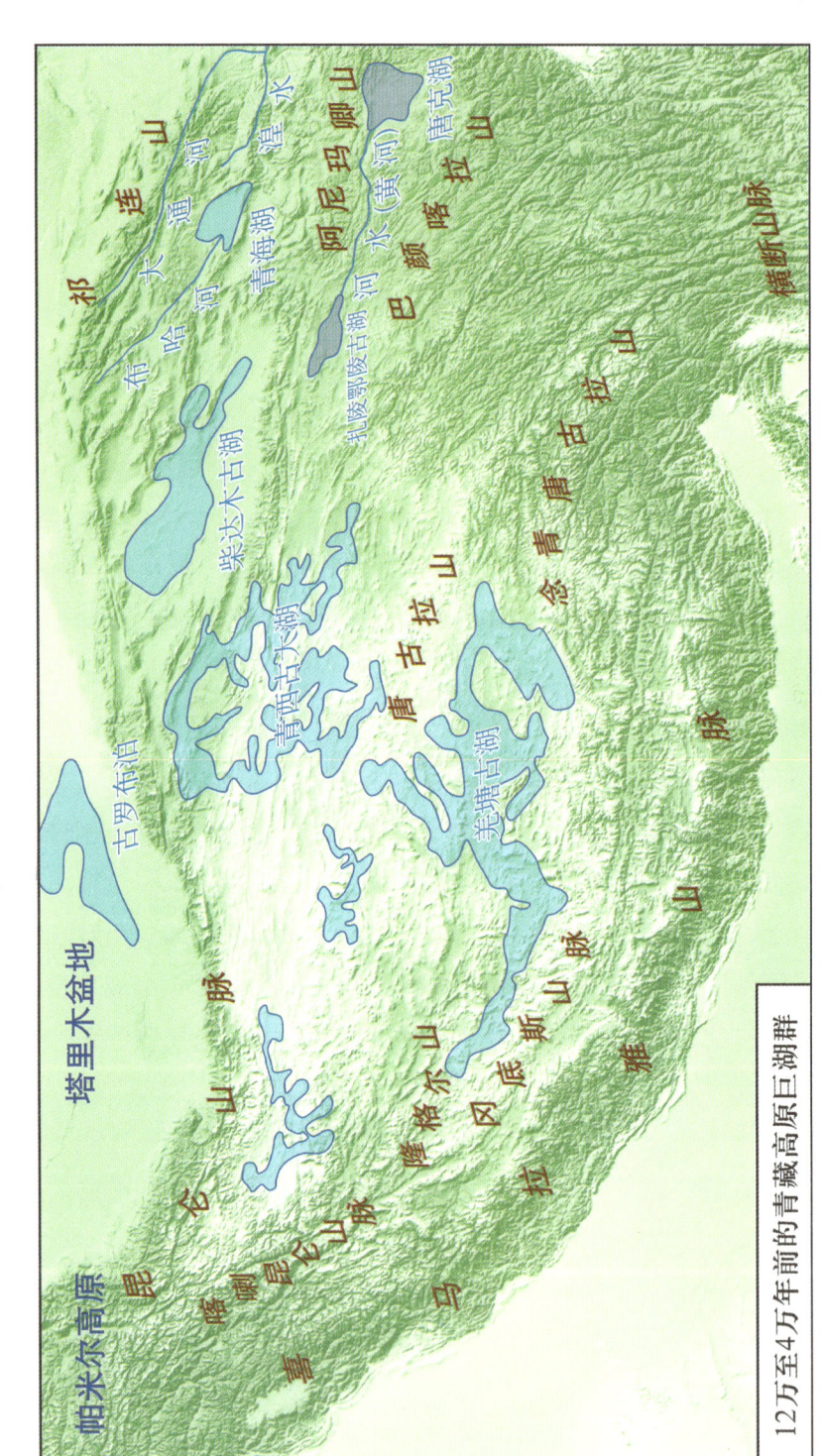

地图19 12万至4万年前的青藏高原巨湖群（罗三洋制作）

可能有人认为，有了如此庞大的水源做后盾，黄河、长江、怒江等河的水量一定比现代充沛很多，其流域的物种的生活环境也比现代更舒适。其实远非如此。玉木冰期时海平面较低，导致陆地面积比现代大，这意味着河水要想流入大海，就得在陆地上奔淌更远的距离；同时地表蒸发量比现代高，这意味着河水每奔淌1千米的水量损耗比现代大得多。黄河在史前时期经常尚未入海就干涸了。

对于居住在这些江河流域的生物而言，玉木冰期水量不足固然可怕，但更加要命的是河水的水质。纳木错等许多青藏高原上的高山湖都有绚丽的颜色，昭示它们并不是淡水湖，而是咸水湖，还富含多种重金属。毕竟，这块土地曾经是鱼龙遨游的海洋。作为古特提斯洋的后裔，青藏高原的许多巨型湖泊天然含盐，从而导致长江和怒江等河流里长期流淌着富含多种重金属的咸水。这样的河水带来的不是生命，而是死亡，直到足够多的淡水通过支流注入之前，它都不能被饮用。事实上，我们正处在一个特殊的时代，地球上所有的大河里都流淌着淡水，这在地质史上并不多见。

拥有大量湖泊的青藏高原没有得到古人类的青睐，并非因为古人类不善于爬山，而是因为那里不适宜生存。他们理想的家园是700万年前的乍得古湖，不仅面积广阔，而且是位于肥沃平原上的淡水湖，气候宜人，植被繁茂。

尽管羌塘古湖和青西古大湖如此巨大，但比起中国东部的古湖，它们相形见绌。史前中国遍布着超级巨湖，这意味着它是全球淡水资源最丰富的地区，而现代湖泊丰富的地区在玉木冰期都较为干燥，例如当今世界最大的淡水湖群北美五大湖当时根本不存在，当今世界最大的湖泊里海在当时的面积仅有现代的一半左右，远不能与中国的巨湖相比。

在全球气候相对干旱的玉木冰期，现今中国地区因为坐拥大量巨型湖泊，像磁石一般吸引着世界各地的"外来物种"。不过，贸然进入东亚是危险的。作为一个年轻的大陆，这里的地质环境极不稳定，随时可能给生物居民们带来致命的伤害。

02
火山冬天

富士山的诞生

亚欧大陆曾经是冈瓦纳大陆的弃儿。与冈瓦纳大陆分离几千万年来，它作为地球上最广阔的陆地板块，始终是地球环境演变的中心。在远东，最广阔的陆地板块亚欧大陆遭遇了最广阔的海洋板块太平洋板块，两者的撞击造就了从阿拉斯加到苏门答腊的一系列火山群。其中大部分火山位于西太平洋上，那里的众多海岛都是从海底升起的火山。

在东亚-西太平洋火山群里，位于正中央的是日本列岛。其中最令人瞩目的是从太平洋海岸拔地而起3775米的日本第一高峰富士山，极其雄伟。日本人最早称富士山为"不死山"，因为有记忆以来，这座山一直朝气蓬勃，不停升高，"富士"就是日语里"不死"的谐音词。然而，地质学告诉我们，"不死"的富士山迟早会死，可能在10万年内就会随着猛烈的爆发而坍塌。

如果我们上溯时光，来到20多万年前的日本，将无法领略富士山的雄姿，因为那时它完全不存在。为了见证富士山的诞生，我们要再等待10万年。10万年前，现代富士山的所在地还是一片丘陵，但在它东南方不远处矗立着一座有些相似的火山，只是明显矮一些，日本地质学家称之为"老富士山"。难道火山会位移吗？

火山当然不会位移，但是作为地球上最奇妙的地质现象之一，它会像活佛一样转世。10多万年前的一天，老富士山诞生了。它位于伊豆岛北端，这座岛屿此时撞上了日本的主岛本州，挤压形成伊豆半岛。巨大的板块撞击力导致地壳破裂，地下熔岩喷涌而出，出现一系列火山。直到大约1.3万年前，老富士山完成了生命中的最后一次爆发。经历几万年来的多次爆发之后，它的火山口早已坍塌，这时完全被夷为平地。然而造成火山的根源——地下岩浆湖仍然需要释放压力，急切地寻找出口。它很快就找到了。

在现代富士山所在地，地壳因老富士山的历次喷发而撕裂，1.3万年前被炽热的岩浆冲破。喷发出的岩浆冷却以后，围绕喷发中心管道经年累月地层层堆砌，老富士山的"转世灵童"富士山便诞生了。大约公元前600年，老富士山的残体最终彻底垮塌，成为一片衬托新富士山雄姿的丘陵。公元前600年恰恰也是日本传说中天照大神的后裔，首位天皇神武天皇生活的时代，这也许并不仅是巧合。

富士山前世今生的变化在地质史上并不罕见，老火山锥和新火山锥往往并存。有时候，老火山锥没有完全坍塌，新火山锥就在它的斜坡上生长起来了。像富士山这样彻底推倒重来的情况在海岛火山中比较多见，例如1883年印尼喀拉喀托火山爆发后，喀拉喀托自身大部分被摧毁，临近的海域很快便升起了另一座小岛，当地人称之为"喀拉喀托之子"。

10万—8万年前包括老富士山在内的伊豆半岛火山群的爆发既持久又猛烈，而且它们并不孤独。在环太平洋火山带的地壳底部，炽热的岩浆比地表的海水还要多，而且像海水一样相互贯通。几座火山的爆发可能牵一发而动全身。10万年前，当年轻的"老富士山"刚刚开始喷发时，在日本海对岸的亚洲大陆上，一座更古老的山峦也开始了躁动。

火山的集体躁动

中国曾经被长期认为是缺乏火山活动的地区，至少活火山非常罕见，仅仅分布在台湾和新疆。然而，中国丰富的温泉资源就在向我们暗示，这里的岩浆离地表并不遥远。就在北京北郊的燕山山脉上，火山的遗迹随处可见。当然，它们已经"死"了。传统上，地质学将火山分为三类，即 100 年以来有活动记录的"活火山"，100 年以来没有活动记录但 5000 年（或 1 万年）以来有活动记录的"休眠火山"，以及 5000 年（或 1 万年）以来都没有活动记录的"死火山"。不过，死火山"复活"的事例屡见不鲜。燕山已经"死"了上百万年，想要很快"复活"看来不太容易，尽管它脚下的小汤山等著名温泉如今还在向慕名而来的游客提供着充足的热量。而在燕山山脉的东北麓，即内蒙古东部至辽宁西北部一带，自恐龙时代以来频繁的火山活动至今余波尚存，稠密的温泉使此地被古人赋予一个地质气息十足的名称——热河。

燕山的火山运动早已微弱到只能加热温泉。然而，离燕山并不太遥远的长白山却是一座介乎休眠火山与活火山之间的火山。它的上次喷发是在 1903 年，距今一个多世纪，理论上可以被"宣告休眠"了。经过多年研究，中国地质学家发现长白山早在 2000 万年前就开始喷发，60 万年来喷发尤为频繁，导致地表迅速抬升。60 万年前的长白山海拔不到 1500 米，仅是现在的一半左右，朝鲜北部的盖马高原也是 60 万年来形成的玄武岩台地。8 万年前长白山再度喷发，喷出的火山物质使山体抬高 200 多米，主峰海拔从而一举超过 2000 米，可见这次喷发规模之大。

无独有偶，与老富士山和长白山的爆发大致同时，韩国西南海上的济州岛的寂静也被打破。如今，济州岛东端海上耸立着 182 米高的城山日出峰，这座圆形、平顶的岛屿用自己古怪的形状默默诉说着波澜壮阔的往事。距今约 10 万年前，济州岛下的岩浆湖猛烈爆发，制造出一个直径达 600 米的巨大火山口，岩浆凝固之后就形成了今天的城山日出峰。

长白山、城山日出峰、老富士山都是环太平洋火山带的一部分，而且经常在短时期内相继喷发，由此造成的环境灾难往往是巨大的、长期的。10 万—8 万年前全球气温几次反弹失败，可能就与太平洋火山群的集体爆发，导致大量火山灰进入大气层有关。

如果 8 万年前的人类已经受够了由太平洋火山群集体爆发引起的气候灾难，认为在这些火山安静之后，温暖、晴朗、湿润的好日子又会回来，那他们就大错特错了。其实，这些都还只是一场全球气候大灾难的序幕。

印度白色粉末的秘密

印度南部的贾拉普兰山谷，是一处异常肥沃的耕地。当地农民知道，在红土之下有很厚一层富含矿物质的白灰，就像是天然化肥，也可以用来制造混凝土。几百年来，向化工厂出售这种白灰一直是当地重要的经济支柱。虽然经过了几百年不停的挖掘，但目前这层白灰依然厚达2米。近年来，这里突然变成了南亚古人类学的圣地：印度次大陆已知最早的现代智人石器，就出土于这层白灰里。

与猿人不同，现代智人更倾向于住在离大海较近的地区。近年来，考古学界在红海两侧的厄立特里亚、吉布提、也门和沙特阿拉伯等国都发现了12万—7万年前的大量古人类遗迹，其中包括风格相同的石器、鱼骨和蚌壳。偏重海产品的食谱对大脑的发育无疑会起到十分积极的作用，也彻底改变了他们的生活方式。

既然现代智人是嗜食海鲜的动物，那么我们有理由相信，在他们从非洲到中国的迁徙过程中，位于两者之间又濒临印度洋的印度南部，理应是途中的重要一环。贾拉普兰山谷出土现代智人石器，完全合乎情理。

通过化学分析，地质学家发现，贾拉普兰山谷的这层白灰其实是火山灰，时间距今约7.5万年。火山在印度南部并不稀奇，贾拉普兰山谷位于庞大的德干火山群脚下，自身就是6400万年前德干火山群大爆发的产物。稀奇的是，贾拉普兰山谷火山灰的成分与印度本地火山灰不同，而且经地质研究，7.5万年前的德干火山群相当安静。那么，贾拉普兰山谷里如此之多的火山灰，又是从哪里来的呢？

苏门答腊岛上的地狱之门

在印度次大陆的东南方2000多千米处，一座长条形岛屿从海中赫然拔起，它就是世界第六大岛苏门答腊岛。在苏门答腊岛西北部的亚齐地区，荡漾着世界上最大的岛中之湖——水域面积达1130平方千米的多巴湖。在多巴湖中央，还深藏着世界上最大的岛中之岛，面积达630平方千米的沙摩西岛。

多巴湖的古怪形状是有原因的：整个多巴湖加上沙摩西岛，就是一个完整的火山口。由于苏门答腊岛降水丰富，很容易在火山口内汇集为湖泊，即火山湖。火山喷发出的残余岩浆则在冷却后隆起在湖面之上，这样就形成了罕见的地质奇观——岛中之岛。

作为全球最年轻的大陆，亚欧板块最不稳定的地区是它与印度和澳大利亚板块撞击的南部地区。几千万年来，这里已经陆续诞生了兴都库什山脉、帕米尔高原、青藏高原等众多壮观的地壳隆起，一直延伸到与太平洋板块交界的所罗门群岛，造成了一条漫长的"M"形撞击带。其中地壳运动最频繁的区域，就位于"M"形撞击带的中央凹陷处，即受力最大的穴位上——苏门答腊岛所属的"千岛之国"印度尼西亚。在那里，亚欧板块与印度-澳大利亚板块撞击出无数地壳裂缝，千百座海底火山喷涌了上万年的岩浆，终于形成了今日千岛之国的独特地质景观。这一带几乎每年都会发生强震和火山爆发。多亏了这里不断释放着来自地壳深处的庞大能量，地球上的其他地区才能保持相对平静。

多巴湖规模令人咋舌：包括多巴湖和沙摩西岛在内的多巴火山口面积达1760平方千米之巨，相当于北京市六环之内的总面积。它是地球上面积最大的火山口之一，而中国最大的火山湖长白山天池的面积仅有9.2平方千米。一旦这座巨无霸火山爆发，势必将成为全球生态系统几十年挥之不去的噩梦。

近年来的大量地质研究证实，7.8万—7.4万年前，多巴火山有过一次超级爆发，据信是2500万年来地球上最猛烈的一次火山爆发。由于多巴火山位于赤道海滨，它的爆发对地球环境产生了极为广泛的影响，是2.6亿年前峨眉火山群大爆发的小规模重现。这次8级火山大喷发释放的熔岩和火山灰超过5000立方千米，火山灰环绕地球飞行数十年不散，所过之处全都暗无天日。贾拉普兰山谷里的火山灰,就来自多巴火山喷发。当时,起码有数十亿吨火山灰越过2000多千米宽的孟加拉湾,降落在印度南部,落入海中和世界其他陆地上的就更多了。这次大喷发就发生在长白山和老富士山爆发之后不久,同时美国黄石火山、墨西哥和中东地区的一些火山也变得十分活跃。在短短的几千年内,发生了至少5次本应万年一遇的7—8级火山爆发。可以说,8万—7万年前,地球迎来了一个火山盛世。

巨型火山爆发对世界造成的影响,与地球上所有核武器同时爆炸的情景类似。核爆炸会产生放射线,火山爆发也会产生有害物质。就气候效果而言,两者相差无几。既然核物理学家针对全球核武器同时爆炸所导致的气温剧降提出了"核冬天"的概念,地质学家也就发明了一个新名词——"火山冬天"。不同的是,核冬天从未真实出现过,而火山冬天却曾经多次上演。科学家估计,距今8万—7万年前这些火山的集体爆发,导致北半球的年平均气温下降了10℃,这意味着冬季的极端气温将会比正常年份下降近30℃,此后5万多年无法回暖。如此剧烈的气温降幅肯定会导致大量物种灭绝,同时也终结了12万—8万年前的星轮虫海侵,而代之以剧烈的海退。

按照常理来说,当火山冬天降临,身体结构适应热带环境的现代智人应该躲在温暖的热带非洲,将时常被冰雪覆盖的高纬度地区让给身体结构更适应低温的尼安德特人和丹尼索瓦人。以往每一次冰期到来时,我们都能看到类似的情况。不过,这一次,历史的轨迹全然不同。某种强大的力量驱使现代智人冒着寒流走出非洲,走向本应属于尼安德特人和丹尼索瓦人的冰雪世界。

03
出非洲记

路在何方

火山冬天与普通冰期最大的区别,在于火山冬天除了气温大幅下降,还伴以严重的空气污染。正如6000万年前德干火山灰毁灭了南雄古生物群一样,多巴火山灰所到之处,植物即便没被完全掩埋,也难以在这暗无天日的环境中生长;植食动物就算没在火山灰中窒息而死,也面临着被饿死的危险,靠植食动物为生的肉食动物同样会随之大批死亡。遗传学家发现,在约7.5万年前的多巴火山爆发后,全球的老虎基因多样性迅速萎缩到极低的水平,说明这次火山冬天使全球大部分老虎灭绝,很可能只剩下一个具备繁殖能力的老虎种群。近现代的9个老虎亚种都是这同一个幸运老虎种群的后代,可见多巴火山爆发对地球生物的危害之恐怖。

与老虎命运相似的是人类。如前文所述,部分遗传学者和古人类学者相信,多巴火山爆发后,地球上只剩下了一对留下有效后裔的智人夫妇M168与L6,其余智人夫妇的子女最终都灭绝了。一旦这对夫妇死去,人类这个物种就将被自然选择彻底淘汰。面对遮天蔽日的火山灰,他们何去何从?

受地球自转和季风等因素的影响,火山灰以东西向飞行为主,与多巴火山同纬度的地区承受的火山灰最多,生态环境受到的影响也必然最为严重。因此,贾拉普兰山谷所在的印度南部受灾情况极为严重,印度北部和中国南部同样距多巴火山 2000 多千米，所受的影响就小得多。

多巴火山位于北纬 2.4°，如果我们沿着这条纬线横穿印度洋前往非洲，就会抵达肯尼亚北部——北临尼罗河、东临印度洋、西临刚果河、南临赞比西河的东非大裂谷。7 万多年前，当多巴火山喷发出的漫天灰尘沿着北纬 2.4° 线扑向东非大裂谷时，包括人类在内，这一带的无数动物立即呼吸困难，食物随之匮乏，只能尽快向外逃亡。由于多巴火山灰主要沿着北纬 2.4° 线环绕地球运动，所以东西向的迁徙无助于求生。东非大裂谷周边存在广袤的热带雨林，稠密的树冠可以承接和过滤火山灰，供各种动物在此避难。但是北纬 2.4° 北侧的埃塞俄比亚高原因为海拔高，本来就气候凉爽，植被稀薄，这时不可避免地深受火山灰之苦。由于多巴火山的纬度较埃塞俄比亚高原偏南，高原上的动物如果想要外迁逃避这场天灾，只能选择北上。

埃塞俄比亚高原被东非大裂谷分成东西两部分，东非大裂谷以西的高原居民能在尼罗河畔找到避难所，而东非大裂谷以东的高原居民则成为地球上最不幸的种族：他们北上不久便会被困在红海之滨。

好在天无绝人之路。7 万多年前的地球正处于冰期，海平面比现在低得多。红海狭长的形状暗示它本身就是东非大裂谷的一部分。早在几百万年前，在印度洋海水尚未涌入东非大裂谷，形成红海之前，早期猿人就曾经多次经这条道路前往亚洲，其中包括爪哇猿人和元谋猿人的祖先。如今，它们的后代理应有更为出色的表现。

悲伤之门，希望之光

红海最窄部分是其南部与亚丁湾相连的曼德海峡，曼德海峡的最窄处有一个浪漫的名字——"悲伤之门"。5000 年来，红海两岸的无数家庭和友人在这里体会了生命的悲欢离合。21 世纪初的"悲伤之门"宽 33 千米，被海峡中的丕林岛分成东西两条水道。丕林岛自身宽 3 千米，西水道宽 26 千米，最大水深 300 米；东水道宽 4 千米，最大水深 30 米，海底珊瑚礁密布，盛产珍珠。曼德海峡两侧出土的大量12万—7万年前风格相同的石器、鱼骨和蚌壳显示，有一批智人早在多巴火山爆发之前就生活在海峡周边，以珊瑚礁区域丰富的海产品为主要食物来源。他们可能是地球上的第一批职业渔民。对他们来说，穿越这道狭窄的海峡可能早已不是技术难题。

智人之所以能够在12万—7万年前就来往于曼德海峡两岸，倒不一定是因为他们已经学会了造船技术。首先，在类人猿家族中，智人是唯一能够游泳的。红海目前每年扩张2厘米，按照这一速度推算，7万多年来它扩张了1000多米。所以，古代的红海比现代窄得多，冰期海平面下降时更明显。7.5万年前的丕林岛与东水道都是大陆，西水道仅宽11千米，最深200米。对强壮的游泳选手来说，游过这么一道海峡绝非不可能完成的任务，如果能找到一段浮木趴在上面，再加上风平浪静的气候配合，连老弱妇孺也都有可能抵达肉眼可见的亚洲彼岸。当然，如果运气不好，他们也完全有可能被水流卷入一望无际的阿拉伯海。因此这样做并不稳妥。其次，红海是珊瑚的主产区。在没有人类干扰的史前时期，珊瑚礁会长到比现代珊瑚礁大得多的规模，当时一二百米深的曼德海峡可能被珊瑚礁几乎填满，智人和其他陆生动物可能踩着珊瑚礁跨越曼德海峡。

多巴火山的超级爆发，既令埃塞俄比亚的山民无以为生，也令曼德海峡的渔民苦不堪言。火山冬天的影响不仅限于大气和陆地，也波及海洋。曼德海峡的珊瑚礁看似热带雨林一样繁荣昌盛，却是一个极为脆弱的生态系统。珊瑚虫对温度极为敏感，海水温度的大幅上升或下降都会导致它们迅速死亡。在珊瑚礁里寻找庇护所的动物只能随之灭绝或离开，曾经生机勃勃的珊瑚礁在几年之内就会变成一片只剩下珊瑚虫骨骼的白色坟场。所以，曼德海峡的渔民为了养家糊口，同样需要逃离非洲。在这历史性的一刻，"悲伤之门"却是"希望之门"。

渡过"悲伤之门"以后，埃塞俄比亚和曼德海峡的火山难民们抵达了也门。现代遗传学研究显示，这批东迁者中的一个男人正是当今地球上近 60 亿人的男性祖先 M168。联系当时被漫天火山灰遮蔽的环境，逃离非洲的 M168 很有可能是个擅长夜视的红绿色盲。

除了这种目前较为流行的"走出非洲的火山难民"假说，我们也应该给"多起源说"留一点篇幅。生物基因突变往往是环境突变造成的，M168 与 L6 基因突变在 7 万多年前的出现，可能正是亚欧大陆的智人对多巴火山爆发等环境剧变的一种适应演化。贾拉普兰山谷的多巴火山灰之下也发现了石器，证明印度南部在多巴火山爆发之前就有人类生活，而且他们可能熬过了火山爆发。也就是说，火山冬天可能同时在不同的热带亚洲古人类部族中制造出 M168 与 L6 基因突变，这批拥有基因突变的新人类迅速取代了没有产生这些基因突变、不适应火山冬天新常态的亚欧大陆族群，并越过曼德海峡，进一步扩张到东北非的埃塞俄比亚等地。因此，亚欧大陆的人类是连续演化的多起源本地居民，7 万多年前并不存在什么"走出非洲"事件，反倒可能存在反向的"入侵非洲"事件。

无论哪种理论成立，7 万多年前的多巴火山爆发及其相关的环境剧变，都是人类演化史上的关键环节。

消失的波斯湾

按照目前主流的"走出非洲"说，现代智人受火山冬天所迫，约 7.5 万年前从埃塞俄比亚走出非洲。可供这批火山难民选择的道路有两条：沿着红海和地中海海岸北上以色列和叙利亚，或是渡过红海前往也门。但是，这两条路都要穿过没有任何大河或淡水湖泊的广阔荒漠。在那个尚未驯化任何家畜的年代，人类的迁徙注定十分艰苦。地质勘探显示，通向地中海的道路上泉水匮乏，而也门的海岸水源充沛，但这些泉眼几乎全部分布在如今的海平面之下。也就是说，只有在海平面较低时才能喝到这些荒漠甘泉。幸运的是，距今约 7.5 万年的多巴火山大爆发时代正是如此。

也门是 M168 部族走出非洲的第一站。如今，这个国家却是环境保护主义者的最佳反面教材：这是全球第一个耗尽地下水资源的国家，如果没有从外国进口的淡水，数百万也门民众就会立即面临被渴死的危险。7.5 万年前的先民尽管可以在这里的海岸线上找到充足的淡水，但位于北纬 15°附近的也门是多巴火山灰的重灾区，所以他们被迫沿着阿拉伯海的海岸线继续向东北迁徙，直到波斯湾（北纬 24°—北纬 30°）才算摆脱火山灰的困扰，暂时安定下来。

7.5 万年前的地球正处于冰期，海平面比现在低得多，现代水深不过 110 米的波斯湾当时是个淡水丰沛的盆地，称为"波斯盆地"。幼发拉底河与底格里斯河汇合成阿拉伯河之后，不同于现代在阿巴丹入海，而是在迪拜附近入海。这是一块肥沃富足的土地，生物和矿产资源都极为丰富，而且地处亚热带，没有海量的火山灰，难民们看来已经找到了可以安居乐业的新家园。

然而，7 万年前的现代智人似乎并未在波斯盆地久驻。当时他们还处于旧石器阶段，制造的工具并不比直立人的手艺强多少，既不会务农，也不会畜牧。对于这类以渔猎为生的古人来说，两河流域与尼罗河流域一样缺乏吸引力。河流水质混浊，水位变幻无常，令他们难以适应。他们最理想的生活，是围着一个像乍得湖一样水量稳定、野生动植物众多的大淡水湖而居。于是，沿着近 200 万年前直立人祖先的足迹，M168 的子孙告别两河流域，沿着印度洋海岸开始了东迁之旅。他们的人数虽然不多，却因为长久以来颠沛流离的生活而被锻炼得无比坚强，足智多谋，身体拥有极为强大的免疫系统，并拥有应对多种环境挑战的能力，高山和海峡都拦不住他们的脚步。

作为有史以来最为成功的父亲，M168 的子孙主要分化成 M89 和 M130 两支，M89 族群偏好在内陆高原生活，M130 族群偏好在沿海地区生活。他们在波斯盆地分道扬镳之后，M89 家族北上前往伊朗高原和安纳托利亚高原，去探索欧洲和中亚；M130 家族继续东进，前往南亚和东南亚，去开拓东亚和大洋洲。3 万年后，这两兄弟的后裔将在黄河之滨狭路相逢，开启三皇五帝时代的华夏族与东夷族之争。

基因研究显示，M130家族在不到2000年内，就穿越了整个亚洲，从红海一直走到了马来半岛。埃塞俄比亚高原养育了目前地球上最出色的中长跑选手。这里的高海拔固然有助于心肺功能和循环系统的发育，但似乎还存在其他有助于人类提升耐力的环境因素，否则西藏或玻利维亚也应该盛产中长跑选手才对。无论如何都有理由相信，7万多年前，来自埃塞俄比亚的人类祖先们也体能惊人。

与十几万年前第一批走出非洲，但因为冰期而惨遭失败的先驱者相比，7万多年前的多巴火山难民要强大得多。通过在西亚和尼安德特人的接触，他们掌握了制造火炉、木头房子和皮衣皮鞋的技能。如今，寒冷的气候已经无法阻止这些来自热带非洲的火山难民后裔，用不了几万年，整个地球都将被他们踩在脚下。

04
从爪哇岛走到爱尔兰

从海中升起的人间天堂

地球上有些地方似乎是原始人无论如何也无法抵达的区域，因为在它们与人类起源地非洲大陆和亚欧大陆之间，横隔着深不可测的海洋。与悲伤之门不同，它们不是可以靠游泳或抓住浮木便可涉越的狭窄海峡，而是宽达上百千米的开放水面，一望无际，有充分的理由被原始人当作世界的尽头。

当今地球上人口最多的岛屿爪哇岛，就是这样一个看似与世隔绝，应该同原始人毫无关系的地方。可是，偏偏这座海岛是全世界古人类化石发现最多的地区之一。每当全球气温骤跌、海平面大幅下降，爪哇及其附近的岛屿就会演变为比阿拉伯半岛和印度次大陆更开阔的巽他次大陆。对这块土地情有独钟的不仅是古人类，水深低于200米的浅海大陆架在冰期无法阻止陆生动物的脚步，那里原本就是魁人与巨虎的共同家园。

其实，7万多年前喷出蔽日浓烟的多巴火山并不是位于苏门答腊岛上，当时地球上没有这么一座岛，事情是发生在巽他次大陆上的。这里与原始人的非洲故乡纬度相近，气候相似，因而比西亚和南亚更受先民的青睐。在喷发的烟雾散去之后，这片覆盖着厚实火山灰的土地上生机勃勃，丰富的矿物质滋养了无数欣欣向荣的动植物。偏偏现代智人又是热衷于品尝海鲜、习惯于沿着海岸线迁徙的物种，这些魁人的矮个子近亲迫不及待地步行穿越已经变成陆地的马六甲海峡和爪哇海，展开了对巽他次大陆的征服。

当 M130 家族沿着印度洋海岸线迁徙的时候，地球上并没有马六甲海峡和巽他海峡，他们可以一直徒步走到爪哇岛，再搭乘枯木竹筏等简陋航海工具，抵达爪哇岛以东的帝汶岛。从帝汶岛继续向东，有一道约 100 千米宽的帝汶海峡，海峡对岸便是神秘的新大陆"萨胡尔兰"。它是因海平面下降，澳大利亚与新几内亚、塔斯马尼亚等岛屿连成一体而形成的。

2011 年，澳大利亚学者在帝汶岛的山洞里发掘出 4.2 万年前的人类遗迹，这里出土了大量金枪鱼、梭鱼和鲨鱼等深海鱼类的骨骼，证明当时这里的居民就已展开远洋捕捞了。不过，这些深海鱼也许是因为海平面下降，被困在浅海里的。在古代的某个特殊时期，帝汶海峡可能也是陆地（或者被珊瑚礁填满），导致巽他次大陆与萨胡尔兰连成一体，大洋洲成为亚欧大陆的一部分，因为澳大利亚还出土了一些毫无游泳技能的亚洲陆生动物化石，例如长臂猿。但这段特殊时期一定没有持续很久，否则澳大利亚的有袋类哺乳动物和大型不飞鸟恐怕早就被从亚欧大陆涌来的胎盘类哺乳动物消灭了。要知道，3000 年前才进入大洋洲的野犬现在就已经消灭了许多种大洋洲本地动物。

澳大利亚的古代长臂猿或许是被人类当作宠物带去的。作为萨胡尔兰大陆的一部分，新几内亚已经发现了 4 万多年前的智人化石，澳大利亚最古老的蒙戈人化石更可以追溯到 6 万—5 万年前。而且不要忘记，那个时代的多数人类迁徙证据如今还静卧海底，因为上万年来的全球气温变暖已经使海平面上升了 100 多米，把早期人类曾经生活的广大沿海平原都变成了浅海大陆架。这意味着，古人类学的未来不在陆地上，而在海底。

智人之所以能够扩展到整个地球，是因为他们与类人猿亲戚不同，不仅不怕水，反而很喜欢水，溪流、河流、湖泊都无法阻碍他们的活动。不过，直到最近几千年，智人才逐步开始掌握了真正能帮助他们跨越上百千米水域的航海技术，而其他灵长类动物，甚至包括智人最近的亲属，却不具备这种能力。以距离人类起源地不远的马达加斯加岛为例，这里与东非大陆仅相隔386千米宽的莫桑比克海峡。在第四纪海平面最低的时候，这道海峡的宽度不会超过200千米，但人类直到2世纪左右才开始在该岛上定居，反而比人类到达美洲的时代还晚得多。

对于6万年前的古人类而言，萨胡尔兰是一个真正的新大陆。由于长期与世隔绝，这座新大陆上的动物大多相当原始，但这并不意味着它们就不会对人类造成威胁。

火烧巨兽乐园

6万年前，智人在席卷了南亚和东南亚之后，在萨胡尔兰大陆登陆。在这片新大陆上，他们遭遇了许多独特的物种。自从恐龙灭绝之后，这座孤悬海外的新大陆已经几千万年没有外来大型陆生食肉动物入侵了，结果形成了地球上独一无二的有袋类哺乳动物天堂。除了现代人都熟悉的考拉、鸭嘴兽、袋鼠、极乐鸟、几维鸟、鸸鹋、楔齿蜥等珍禽异兽，6万年前这里还生存着与亚洲象一样大的双门齿兽、体重两倍于现存红大袋鼠的巨袋鼠、比鸸鹋重5倍的恐鸟和大澳大利亚鸟，以及它们的有袋类天敌袋狮、袋狼、袋獾和食肉袋鼠。不过，萨胡尔兰真正的统治者并非这些有袋类猛兽。

尽管恐龙时代早已被天外来客毁灭，但在第四纪的地球上，还有最后一个被爬行动物统治的大陆，这正是萨胡尔兰。这块新大陆的毒蛇种类之多冠绝世界。6万年前，此地还生存着一些异常庞大、模样怪异的爬行动物，将自命不凡的人类震惊得目瞪口呆。

在许多中国古迹中，经常有巨大的爬行动物石雕，模样像乌龟，但是头部长角，颈部、四肢和尾部都很长，背上扛着沉重的石碑。中国传统称之为"赑屃"，号称"龙之九子"之首或第六子。历来学者都将赑屃视为中国古人将多种动物混杂起来的一种想象，但他们并不知道，当东南亚古人类6万年前刚在萨胡尔兰大陆登陆时，他们最先注意到的动物可能就是活生生的赑屃——小汽车一般大、头上长角的陆生巨龟。

地图20　6万年前的大洋洲（罗三洋制作）

早在恐龙时代之前，龟类就开始在陆地上生活了。其中，卷角龟是地球上已知体形最大的陆生龟类，全长可达 2.5 米以上，体重接近 1 吨，两倍于当今地球上最大的陆龟加拉帕戈斯象龟。这种巨龟之所以得名"卷角龟"，是因为它们的头顶上、脖颈上部和尾巴上都长着许多角，其中头骨后面最长的角可长达 0.6 米，比一般的犀牛角或水牛角还长。显然，这些奇特的身体结构是为了抵御凶猛的掠食者，同时也使得卷角龟无法将头部和尾部缩入龟甲中。与加拉帕戈斯象龟不同，卷角龟的脾气很可能不太温顺，如果被它们布满刺角的尾巴打中，敌人的腿脚势必会受重伤。总之，卷角龟兼具角龙、剑龙和甲龙的装备，堪称陆龟中的重型战车，因此得以在生存竞争中长盛不衰，萨胡尔兰大陆及其周边岛屿都能看到它们的身影。这些不会游泳的巨龟之所以出现在海岛上，显然是因为它们的祖先曾经生活在这些海岛与大陆相连的时代——大洋洲正是冈瓦纳大陆被时间遗忘的角落。

卷角龟需要"武装到牙齿"，是因为它们需要时刻防御可怕的掠食者。如今大洋洲最巨型的爬行动物是体长可达 7 米、体重超过 1 吨的湾鳄。它们经常吃人，但是如果人类不走到水边，就没有被湾鳄攻击的危险。然而，大洋洲是鳄鱼的大本营，历史上曾经演化出上百种不同的鳄鱼，其中一些是与湾鳄体形相仿的水生猛兽，有些鳄鱼却独辟蹊径：6 万年前，萨胡尔兰还生活着另一种身材略小的鳄鱼，它们长着四条长腿，跑得比人类还快，看上去更像恐龙，这就是习惯于陆地生活、以有袋类哺乳动物为主食的金卡纳鳄。它们身长 2—5 米，牙齿不像现代鳄鱼牙齿那样呈圆锥形，而是刀片型，更适合撕裂猎物的皮肉，而非咬碎骨头。古人类肯定曾经与之发生过血腥的冲突。

金卡纳鳄还有一个旗鼓相当的对手，那就是 6 米长、1 吨多重的澳大利亚古巨蜥。澳大利亚古巨蜥与现今最大的蜥蜴，生活在努沙登加拉群岛上的科莫多巨蜥是近亲，体形却是后者的 4 倍，"萨胡尔兰龙"这个名字对它可能更加贴切。它的力量和速度虽然不如金卡纳鳄，却有着自己的撒手锏：与科莫多巨蜥类似，它的唾液含有大量剧毒细菌，一旦被它咬伤，就会很快因败血症死亡。第三种萨胡尔兰的巨型爬行动物捕猎不靠尖牙和毒液，而靠同样致命的缠绕力使猎物窒息。那就是比现存所有蟒蛇都更加壮硕的澳古大蟒（沃那比蛇）。卷角龟之所以需要浑身长角，主要就是为了防御这三种巨型爬行动物的攻击。

金卡纳鳄、古巨蜥和澳古大蟒这三种萨胡尔兰的巨型爬行动物都能吃人，而且肯定吃过人，石块、木棍和标枪等原始武器均奈何不了它们身上的坚固鳞甲。能帮助人类抵御这些史前怪兽攻击的工具只有火。自6万年前开始，澳大利亚的火灾突然频繁起来，原因无疑是人为纵火。在萨胡尔兰登陆的首批智人大约已经掌握了钻木取火的技术，他们可以随时随地制造火苗，并把它变成毁灭一切的丛林大火，严重破坏了当地的自然环境，终于使原本湿润肥沃的丛林和草原变成南半球最大的沙漠。

不过，爬行动物擅长应对火灾，真正对它们的种群造成致命打击的，很可能是人类长期收集并食用它们的蛋。参考其他大型陆生爬行动物，成年后几乎没有天敌的卷角龟、金卡纳鳄、古巨蜥和澳古大蟒习惯把蛋产在空旷的荒野里，要么造一个简单的巢，要么挖个浅坑掩埋。这些难不倒饥肠辘辘的智人。而这些巨型爬行动物繁殖很慢（卷角龟据信可以活到1000岁以上，也许要到100岁才能性成熟），人类持续的偷蛋行为对它们的种群是缓慢而致命的打击。经过两三万年的较量，在距今三四万年，这些巨型陆生爬行动物陆续宣告灭绝，人类终于用有些猥琐的手段夺取了萨胡尔兰大陆的王冠，同时也宣告了爬行动物对地球统治权的终结。

发现萨胡尔兰，对东亚智人也有重要的意义。因为这两地同属西太平洋，自然环境和动物种群也有相似之处，特别是巨型爬行动物和鸟类。这些塑造了萨胡尔兰早期居民的文化，尔后他们的文化又传回亚洲，影响了亚洲许多地区的古代文化。人类的大敌湾鳄甚至时常在大洋洲和东亚之间往返迁徙，而它并不是唯一这样做的动物，此外还有许多鸟类、鱼类，以及长期密切追踪它们的人类。史前东亚、南亚、东南亚和大洋洲的人类频繁地互动，促进大量物种和文化交流。

5万年前的现代智人在大洋洲、东南亚和东亚都站稳了脚跟，但在东半球上，还有一块大陆尚待他们发现。这块东半球最后处女地的名字或许令人吃惊——欧洲。

发现欧洲

既然现代智人早在约40万年前便出现于以色列，那么在他们发现万里之外的东南亚、东亚和大洋洲之前，就应该抵达距离以色列不过1000千米的欧洲才合理。然而，事实并非如此。已知欧洲最早的现代智人化石出土于罗马尼亚，距今只有4.5万年左右。当时现代智人的足迹早就踏遍了几乎整个亚洲，还登上了大洋洲。欧洲是包括考古学、古生物学、人类学、地质学、环境考古学在内的多种现代科学的发源地，化石勘探强度为各大洲之最，有鉴于此，未来这里出土比4.5万年前更早的现代智人化石并不太可能。是什么阻碍了现代智人发现欧洲的步伐呢？

肯定不是崇山峻岭。既然亚洲腹地的高山峻岭都没有阻止现代智人的迁徙步伐，那么相对更矮的高加索山脉和托罗斯山脉不可能形成真正的障碍。由于7万—5万年前的海平面比现代低得多，如今作为亚欧分界线的博斯普鲁斯海峡、马尔马拉海和达达尼尔海峡在古代叫作"希腊海峡"（赫勒斯滂特），这条黄金水道当时并不存在；小亚细亚半岛与巴尔干半岛连成一座完整的陆桥；黑海与地中海不相通，是一个标准的内陆湖。其实，自从恐龙时代以来，欧洲就不再是独立于亚洲的一块大陆了，它早已成为亚洲的一个半岛。

现代智人似乎完全有条件在十几万年前，甚至几十万年前就进入欧洲，那么他们为何迟迟没有染指这块如今地球上最富裕的地区呢？唯一合理的原因是气候。正如《创世记》指出的那样，现代智人原本赤身裸体，不穿衣服，所以生存空间严重受限于气温。像现代智人这样身材细高、体毛稀疏的物种，在裸体的情况下显然更适合在炎热地区生活。从化石分布情况看，直到5万年前，现代智人对北纬45°以北的地区都没什么兴

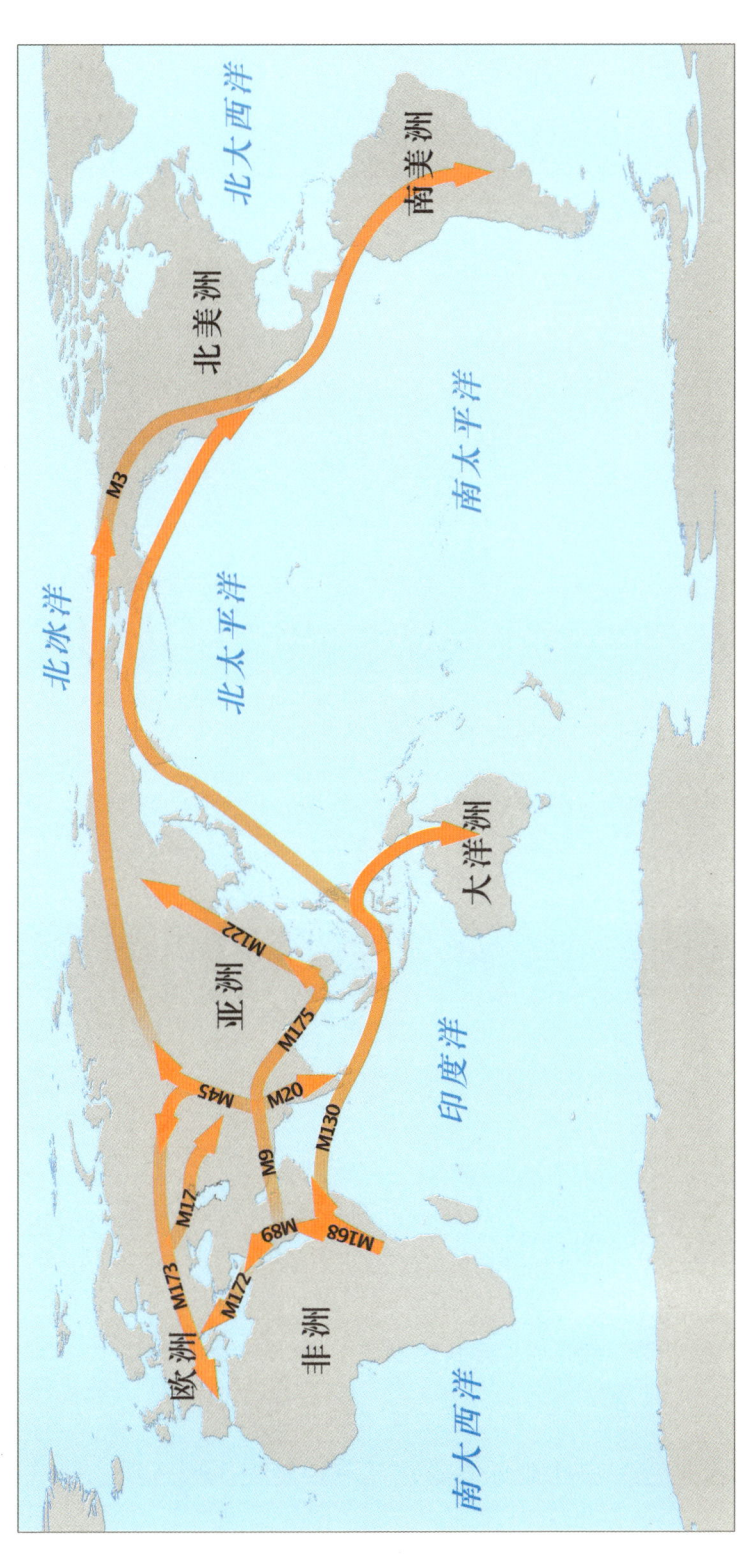

地图 21 现代智人的第二次迁徙（罗三洋制作）

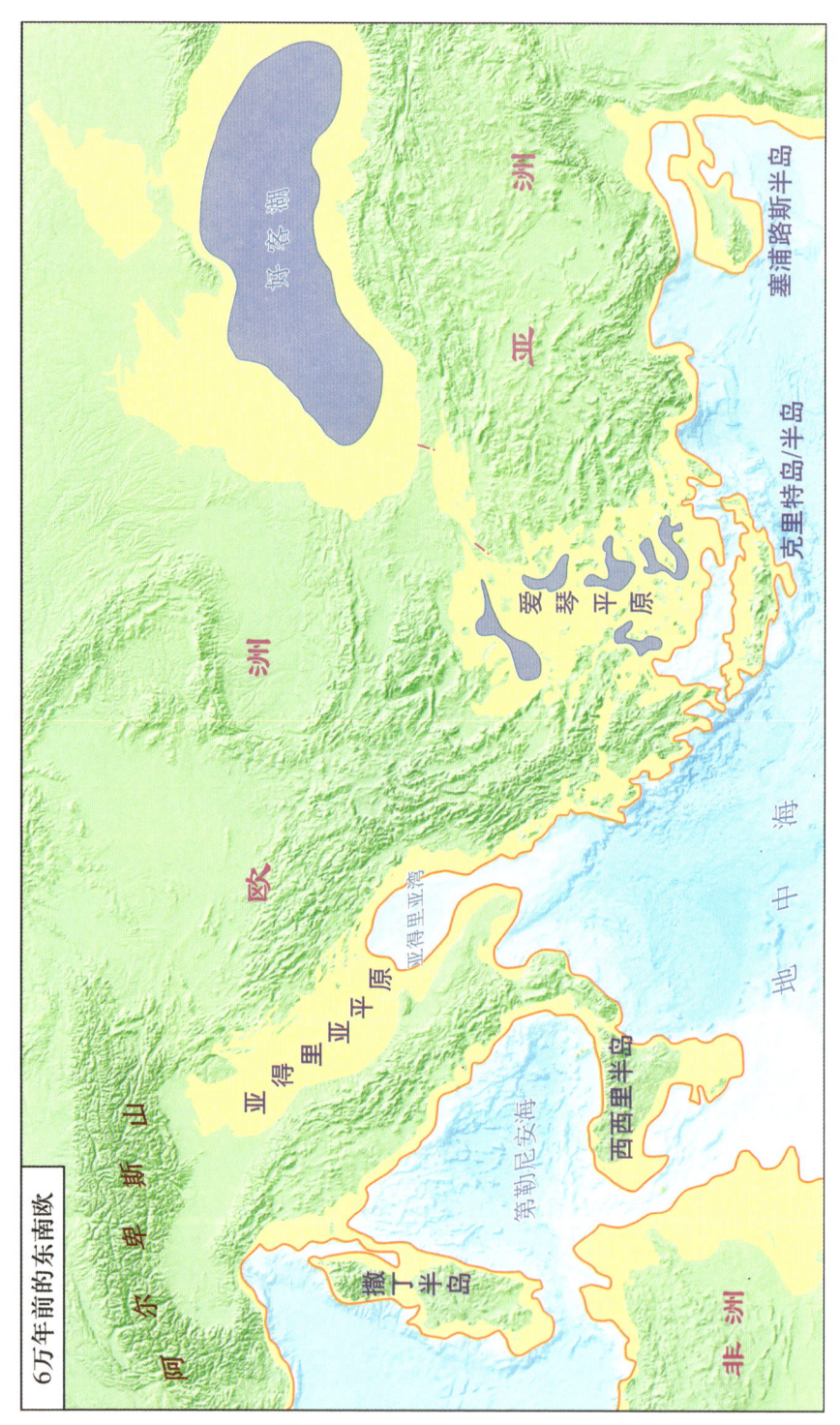

地图22 6万年前的东南欧（罗三洋制作）

趣，毕竟当时地球还处于冰期，气候比现在寒冷。250万年来，由于北大西洋暖流的形成，欧洲的气候变得温暖湿润，但是这在冰期就会变成可怕的湿冷，欧洲的冰川因此远比亚洲发达。8万—5万年前，从北极圈到小亚细亚，整个东欧基本上都是千里冰封、万里雪飘的景象。所以，怕冷的智人不会考虑越过高加索山脉和托罗斯山脉前往欧洲，这个任务属于他们的近亲尼安德特人。

但到了5万—4.5万年前，随着全球气温反弹，现代智人反过来进入尼安德特人的核心领地欧洲，而且以非常快的速度发展。从复原的头骨形状来看，这批"最早的欧洲人"刚刚抵达欧洲时，长得并不像现代欧洲的典型白种人，而是更像东南亚马来人种。

西亚首批移民欧洲的现代智人被称为"克罗马农人"，他们与尼安德特人在欧洲共同生活了1万多年。最终，3万多年前东欧诞生了一个新的人种——白种人（高加索人种），他们兼具尼安德特人的高大鼻子和现代智人的狭窄骨盆两种生理特征。高大鼻子使他们像尼安德特人一样适合在寒冷地区呼吸；狭窄骨盆使他们拥有像现代智人一样的良好耐力，但容易导致难产，也限制了胎儿大脑的发育。

随着一波又一波现代智人从东方和南方涌入欧洲，尼安德特人的势力范围不断缩小。如果当时欧洲的环境与现代相似，尼安德特人多半会搞一次"敦刻尔克大撤退"，将不列颠岛和爱尔兰岛变成自己最后的庇护所。可惜这个计划行不通，因为当时欧洲根本就没有不列颠岛和爱尔兰岛！

欧洲是浅海大陆架较多的一块大陆，主要分为两块：从亚得里亚海、爱琴海至黑海北部的环巴尔干大陆架，以及从爱尔兰经英吉利海峡与北海、波罗的海相连的西北欧大陆架。冰期时代的海平面经常比现代低100米以上，这不仅会导致小亚细亚半岛与巴尔干半岛连成一座完整的陆桥，而且使巴尔干半岛成为内陆；爱琴海与亚得里亚海的大部分都露出海面，巴尔干半岛与亚平宁半岛连成一体，爱琴海北部萎缩为几个咸水湖，伯罗奔尼撒半岛可能会与克里特岛相连，形成克里特半岛；墨西拿海峡同样消失了，亚平宁半岛南部与西西里岛联合，形成西西里半岛。

3万多年前,东南欧的地形变得面目全非,西北欧的地形变化则更加剧烈。只要海平面下降100米,整个北海、波罗的海、爱尔兰海、凯尔特海和英吉利海峡就会全变成陆地。结果,斯堪的纳维亚半岛、日德兰半岛、不列颠岛和爱尔兰岛都与欧洲大陆融为一体,挪威—设得兰群岛—不列颠—爱尔兰一线构成了欧洲大陆的西北海岸线。不过在冰期,这条海岸线经常被从北冰洋蔓延而来的冰川覆盖着,表面上看和陆地并无区别。在这种情况下,不列颠和爱尔兰无法给尼安德特人提供庇护所,在克罗马农人的步步紧逼下,他们只有翻越比利牛斯山脉,回到自己发源的故乡西班牙。

波罗的海的前世今生

随着海平面的下降,从当时斯堪的纳维亚山脉的冰川上,流出了一条大河。它顺着现代的波的尼亚湾南下,流经今日的整个波罗的海海床,并在接纳了诸多支流以后,穿过如今的基尔运河,注入现在已经变成北海的多格平原。看来,德国人与中国人一样,不自觉地沿着远古水道开凿运河。

尽管人类是个健忘的物种,但是对史前环境事件尚存记忆的,不仅有中国人。根据希罗多德等古希腊古罗马学者的记载,北欧地区曾经有过一条盛产琥珀的大河——"艾里丹诺斯河"。的确,波罗的海沿岸是世界主要的琥珀产地。因此,地质学家就将此名授予这条贯穿整个波罗的海海床的史前大河,它流入多格平原,与易北河汇合之后分为两道,一道向北注入挪威海,另一道向西流淌,又接纳了三条著名的支流——莱茵河、泰晤士河与塞纳河,最终在英吉利海峡西端注入大西洋。艾里丹诺斯河在地质史上的存在,说明了为什么波罗的海看上去酷似一道蜿蜒的河谷,因为它本来就是河谷。

尽管由于海平面的上涨,欧洲第一大河艾里丹诺斯河已经消失不见,但在260万年来的第四纪期间,它却断断续续地存在了上百万年,养育

地图23　4万年前的欧洲（罗三洋制作）

了欧洲最繁荣的生物圈，其中就包括尼安德特人和克罗马农人。从斯堪的纳维亚山脉的源头算起，直到英吉利海峡西段的河口三角洲，它的总长度超过4000千米。更有甚者，伏尔加河可能一度经芬兰湾注入艾里丹诺斯河，如果是真的，艾里丹诺斯河的正源就要变到乌拉尔山脉，从乌拉尔山到大西洋的全长超过6000千米，与尼罗河并驾齐驱。至于如今的全球第一大河亚马孙河，当时不是向东流入大西洋，而是向西流入太平洋，长度仅有可怜的几百千米，以至于被地质学家以嘲讽的口吻称为"孙马亚河"。

即便如此，艾里丹诺斯河仍然还不是玉木冰期的全球第一长河，尼罗河也与这顶桂冠无缘。究竟谁才是这个头衔的真正拥有者？

第五章　胜利大逃亡

第六章

山顶洞人的世界

(5万—2万年前)

01
大冰河时代

渡过母亲河

260万年以来,巨湖云集的中国一直对世界各地的动物有着强大的吸引力。尽管清水期事件使华北古湖等巨湖有所萎缩,但这个东亚的万湖之国依然比欧洲和南亚等湖泊匮乏的地区更受现代智人青睐。

已知中国最早的现代智人化石出土于广西柳江,距今约6.8万年,比多巴火山爆发的时间仅晚几千年。[①] 稍后,中国现代智人化石出现在四川资阳,之后则是北京周口店的山顶洞人和内蒙古萨拉乌苏河畔的鄂尔多斯人(河套人),年代均在距今5万—3万年。

同直立人在中国的分布情况类似,华南的现代智人年代早于华北,显示了现代智人在中国由南向北迁徙的历史。早期中国人的方位顺序并不是"东南西北",而是《山海经》中多处表述的"南西北东",这看似并不合理的方位顺序恰好体现了现代智人在中国首先出现在华南,后由华南迁往华西,再由华西迁往华北,最后由华北迁徙到华东的路线,以往几批进入东亚的猿人走的也是这一路线。之所以东方沿海平原被发现的时间最晚,是因为这里原本遍布着湖泊和沼泽。在15万年前清水期事件爆

---

① 有学者认为,广西崇左市木榄山智人洞出土的约10万年前人类化石属于早期现代智人。这一理论目前尚未获得广泛认同,即便最终被证实,广西崇左市毗邻越南的地理位置,也强烈暗示中国现代智人是从东南亚迁入的。

发引起各大湖泊萎缩之前，人类在这一带几乎无处落脚。

与猿人祖先相比，现代智人在中国的扩散速度要快得多。受益于清水期事件导致的湖泊和沼泽缩减、旱地增加，他们在1万年内便渡过贯通不久的长江与黄河，拓展到从广西到辽宁的整个中国东部平原。

早在12.8万年前温暖的末次间冰期，华北陆桥在黄河与黄海的共同冲击下彻底垮塌，形成今日的庙岛群岛。海水倒涌，灌满了原华北古湖的中北部地区凹陷区，形成了渤海。这次海水上涨事件称为"星轮虫海侵"，又叫"沧州海侵"，顾名思义，当时渤海海水一直淹到了今河北东部的沧州地区。这样，华北古湖的北部和中东部就因海侵和随之而来的淤积逐步消失，最终形成了华北平原和东北平原。华北古湖在黄河两岸的部分，即"北海"，还有近10万平方千米，与约5万平方千米的苏北古湖交相辉映。这应当就是6万年前现代智人在华北和华东所目睹的壮丽风光。

5万多年前，当现代智人刚刚出现在华北的时候，玉木冰期看上去即将结束。通过岩层分析、氧同位素测算和花粉统计等方法，科学家发现，5.8万—2.8万年前发生过5次气温反弹。这期间，全球气温从比现代低7—8℃上升到只比现代低3—4℃，同时发生显著的"沧海桑田现象"，海平面从比现代低100米左右上升到只比现代低不足50米。

中国科学家的研究显示了类似的结果，即在5.8万—2.8万年前，中国的气候也出现了明显反弹，导致3.5万—2.5万年前的东亚海平面上升，一度比现代海平面还高出10—20米。渤海的面积比现代大一半以上，苏北古湖也被海水侵入，重新变成了海湾。因为这次海侵在陆地上留下了大量海生动物假轮虫的化石，故而得名"假轮虫海侵"。中国地质学界称之为"献县海侵"或"泗阳-滆湖海侵"，因为当时华北的淄博-献县一线和华东的泗阳-淮阴一线以东地区完全被海水淹没。

气温回升，不仅导致海平面上升，还导致降水增加，全球气候开始从干冷转变为暖湿，大量喜水、喜热生物随之蓬勃发展，其中就包括现代智人。他们的分布重心，已经从正变得过于炎热的华南转移到温暖宜人的华北。甚至就连中国最寒冷的东北地区，也在温暖的假轮虫海侵期

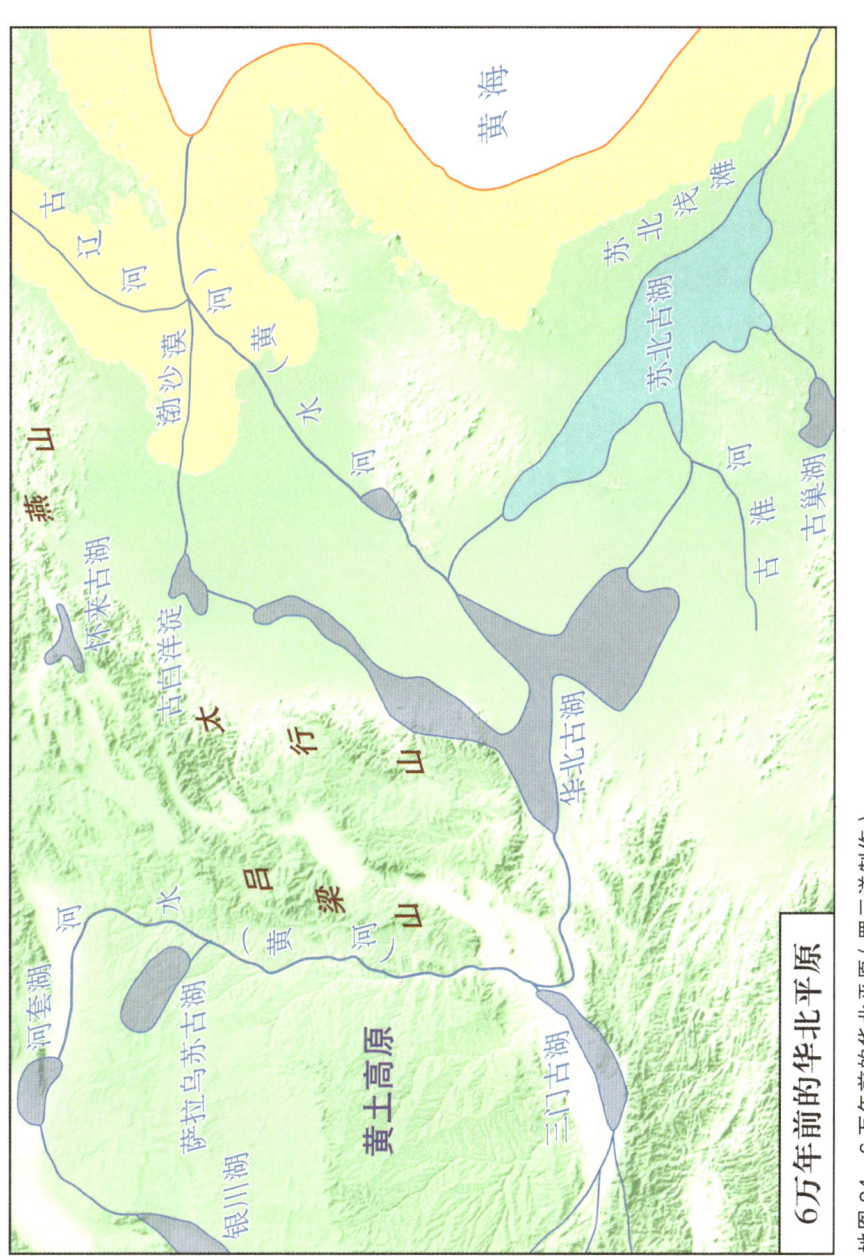

地图24　6万年前的华北平原（罗三洋制作）

间变得人丁兴旺。考古发掘显示，直立人从未涉足辽河流域以北的地区，这可能与他们不穿衣服有关。首批披上衣服的现代智人的生存空间大大扩展，在4万多年前已经进入西伯利亚。5万—2万多年前，松花江流域顺理成章地成为中国的另一块现代智人的乐土，吉林与黑龙江属于其中。这段时期的古人类遗址规模大，数量多，分布广泛，可谓遍地开花，在各方面均超过以往的东北人类遗址。东北的这些旧石器时代的遗址，都与晚玉木冰期的5次全球性气温反弹密切相关。

现代智人在移居东北的同时，也在向周围其他地区拓展。朝鲜和日本最早的现代智人遗迹同样出现在这一时期。朝鲜居民从北向南迁徙不难理解，而遗传学、古文献和文物考古都证实，日本列岛最早的居民是从库页岛南下迁徙的。这些先民并不是现代日本列岛的主体民族大和人，而是兼具黄种人和白种人体貌特征，被称为"阿伊努人"。他们发现日本列岛，与东北亚的环境变迁和人口压力息息相关。

继东北和日本这两块处女地被开发之后，现代智人的目光又盯上了另一块猿人极少光顾的宝地。近年来，台湾南部也出土了现代智人化石，即2万多年前的"左镇人"。

如今，台湾海峡最窄的地方也宽达130千米，而且常年风浪较大，绝非普通人可以游泳横渡，简易竹筏也难以穿航。2万多年前的台湾左镇人化石，可否证明他们是能够穿航于台湾海峡两岸的航海大师呢？这样的结论恐怕失之草率，因为当时台湾海峡并不存在！

最近的冰河时代

台湾海峡虽然隔绝了祖国大陆与宝岛台湾，但它其实相当浅，大部分海域还不足60米深。因此，在玉木冰期内，台湾海峡常常露出海面。这时的台湾不是一座岛，而是半岛。对广西柳江人的后裔来说，台湾之旅实在没有什么难度，直接步行就可以了。

但是，自古以来全球气温都是不固定的。玉木冰期持续4万多年后，东亚大陆又迎来了假轮虫海侵，献县-泗阳一线以东地区均被海水淹没，台湾海峡与渤海不可避免地再度被海水淹没，舟山群岛、庙岛群岛等近海岛屿也重新形成。如果这种情况持续，左镇人是肯定无法从大陆步行走到台湾去的。

之所以2万多年前左镇人会出现在台湾，是因为当时全球气候又发生了戏剧性的变化。2.9万—2.5万年前，寒潮突然再度来袭，而且比之前的玉木冰期更加严酷，即第四纪环境学界人人耳熟能详的"末次盛冰期"，也就是人们通常说的"冰河时代"。

末次盛冰期之所以得名"冰河时代"，是因为当时地球上出现了大量连绵不绝的冰川。260万年以来的第四纪本就是一个寒冷的时代，冰川在地球上反复出现，并不罕见。然而，除了南北极和高原，大面积的连续冰川并不多。例如中国唯一的连续冰川位于青藏高原，欧洲唯一的连续冰川芬诺-斯堪的纳维亚冰盖在北欧，6.3万年前一度覆盖了整个波罗的海地区（曾经雄踞世界前三位的艾里丹诺斯河因此消失不见）；北美有两片连续冰川，即阿拉斯加和加拿大西部的科迪勒拉冰盖、科迪勒拉山脉以东直至大西洋的劳伦太德冰盖，它们在6.3万年前最南扩展到北纬48°附近，即北美五大湖区北岸。

但是，末次盛冰期是个例外。在此期间，冰川扩展到了新生代史无前例的巨大规模，欧洲和北美洲的大约一半土地全都被冰川覆盖。大约2.5万年前，全球平均气温比现在低4—6℃，北半球的高纬度地区年平均气温要比现代低12—14℃。当时，英国的年平均温度只有-10——5℃，冬季的气温更可低至-25℃，结果不列颠岛上出现了一个全新的冰盖——不列颠冰盖。到了2.2万年前，除了今英格兰东南部一隅，整个不列颠地区都完全被冰川覆盖，当时英吉利海峡与北海几乎全都露出海面，所以它不再是一座岛。

在末次盛冰期的冬季，芬诺-斯堪的纳维亚冰盖与不列颠冰盖在挪威海上连成一体，向南直达德国中部，并且越过英吉利海峡继续向西南方拓展，延伸到今葡萄牙波尔图附近，然后横跨整个大西洋，与格陵兰冰

地图25 6万年前的欧洲北-美冰盖（罗三洋制作）

地图26 末次盛冰期的北半球（罗三洋制作）

盖和劳伦太德冰盖相连。与此同时，劳伦太德冰盖则越过北美五大湖区南下至纽约-芝加哥一线，并且东连格陵兰冰盖，西连科迪勒拉冰盖，成为硕大无朋的欧洲-北美联合冰盖。包括北冰洋在内，这个大冰盖的总面积超过 5000 万平方千米，平均厚度超过 2 千米（比泰山还高），等于是体积 1 亿多立方千米、重量超过 10 亿亿（1×10^{17}）吨的一整块冰，巨大得足够改变地球的地轴和自转速度。

我们可能会顺理成章地推测，当欧洲-北美联合冰盖形成之际，亚洲北部也会形成一个大冰盖，西连芬诺-斯堪的纳维亚冰盖，东连科迪勒拉冰盖，让地球北部的这个白色瓜皮帽看上去更完整一些；同时，南极洲冰川也会大大扩展，越过德雷克海峡和麦哲伦海峡，与南美大陆，甚至与澳大利亚和非洲南部相连，这样巨型的南半球冰盖足以抵消掉北半球冰盖的质量，使地球不至于失去平衡。该理论乍听上去很合乎逻辑，李四光就曾经这样设想过。

可惜，地球的运转并不遵循这种简单的逻辑。经过几十年来的研究，地质学家得出意外的结论：南半球几乎不存在末次盛冰期，2 万多年前，南极冰盖最多只扩张了 3% 的面积。末次盛冰期的冰川对北大西洋有着异乎寻常的偏爱，当半个北美洲都已经被冰川覆盖之际，北美洲气温最低的阿拉斯加西北部反而绿草如茵；天寒地冻的西伯利亚只在靠近北极圈一线有连续的冰川存在，但北纬 60° 以南仅有一些零碎的冰川发育，青藏高原除外。决定冰盖扩张和萎缩的因素不仅只有气温，它受多种气候和水循环因素影响，例如北大西洋暖流。

如此剧烈的降温和如此怪诞的冰川分布情况，绝不是地球上的正常环境现象。2.9 万—2.5 万年前，地球上一定发生过某种特殊事件，才导致了像末次盛冰期这种罕见的环境剧变。

水落石出

新西兰北岛中央的陶波湖，是地球上面积仅次于苏门答腊多巴湖和日本琵琶湖的第三大海岛湖泊。与多巴湖相似，广达616平方千米的陶波湖也是一座巨大的火山口。2.65万年前，陶波火山发生了8级大爆发，喷发物质多达1700立方千米，是10万年来地球上仅次于多巴火山的第二大火山喷发，将原先的火山锥体炸飞，从而形成了陶波湖。

无独有偶，近年来科学家在意大利南部发现，当地的火山群在3万—2.5万年前曾经集体爆发，其规模也足以制造出"火山冬天"，举世闻名的维苏威火山就是在这时才开始形成的。陶波火山与意大利火山群等火山几乎同时爆发，很可能就是地球在2万多年前突然进入末次盛冰期的重要原因。

同历次冰期相似，末次盛冰期制造的欧洲-北美联合冰盖将大量海水转化成冰川，导致全球海平面剧烈下降。当2.2万年前欧洲-北美联合冰盖面积最大时，全球海平面下降竟达160米之多。由于西北欧和北美大陆这时都被冰川覆盖，所以大陆轮廓变化最显著的地区是东亚、东南亚，以及波斯湾、爱琴海和加勒比海等热带和亚热带浅海。

海平面比现代下降160米，给中国大陆带来的海岸线变化可以说是"翻天覆地"。2.2万年前，渤海、黄海、台湾海峡和对马海峡完全消失了，东海的大部分和南海的近一半海域也成了陆地，南沙群岛和东沙群岛转变为几座大岛。日本海此时已经变成了一个庞大的内陆湖，而且一年四季终日冰封，人类和其他陆生动物均可在上面步行。于是，从华北和华东直到朝鲜和日本都是一马平川，从上海步行走到东京成为可能，左镇人也可以从华南或华东步行走到台湾。

台湾海峡如此，渤海、黄海和东海的大部分海域也是如此，它们在玉木冰期都必然会露出海面，成为中国大陆的沿海平原。这样就造成了一个很有意思的问题：如今流入这些海洋的中国东部江河，当时从什么地方出海，又有多长呢？

02
遥远的东方有一条河

黄河出龙羊

在距今 7 万—5 万年的玉木冰期中期,由于全球海平面下降了 30 米左右,现今平均深度仅有 18 米的渤海完全成为陆地,华北大平原一直绵延到今日黄海的中部。这样,原先流入渤海的各条河流就得在庙岛丘陵转一个大弯,南下流入黄海。此时,扎陵湖和鄂陵湖的水还流不出若尔盖盆地内的唐克湖(松潘草地),黄河仍然以大通河为正源,导致其上游缩短了 500 多千米,但从天津到黄海北部的出海口又使黄河下游增长了超过 800 千米,所以 7 万—5 万年前的黄河比现在长约 300 千米,全长达到了约 5800 千米,仅次于非洲的尼罗河与欧洲的艾里丹诺斯河,是全球第三长河。至于长江,它当时还止步于古洞庭湖,甚至无力与黄河争夺中国第一长河的宝座。

末次盛冰期的中国海岸线大幅东移,使陆地面积大幅增加,新增的部分都是沿海平原,且冰川没有在中国中东部地区连续发育。表面上看,此时中国古人类生存空间似乎会大大扩展,但事实并非如此。当时的中国气候非常寒冷,北方的年均气温比现代低 10℃ 左右,华中地区的年均气温比现代低 8—9℃,青藏高原的年均气温比现代低 6—9℃,而华南地区的年均气温也比现代低 3—4℃。年均气温如此,冬季的严寒则更加可怕,东北和华北地区的 1 月份气温比现代低 15℃ 以上。也就是说,末次

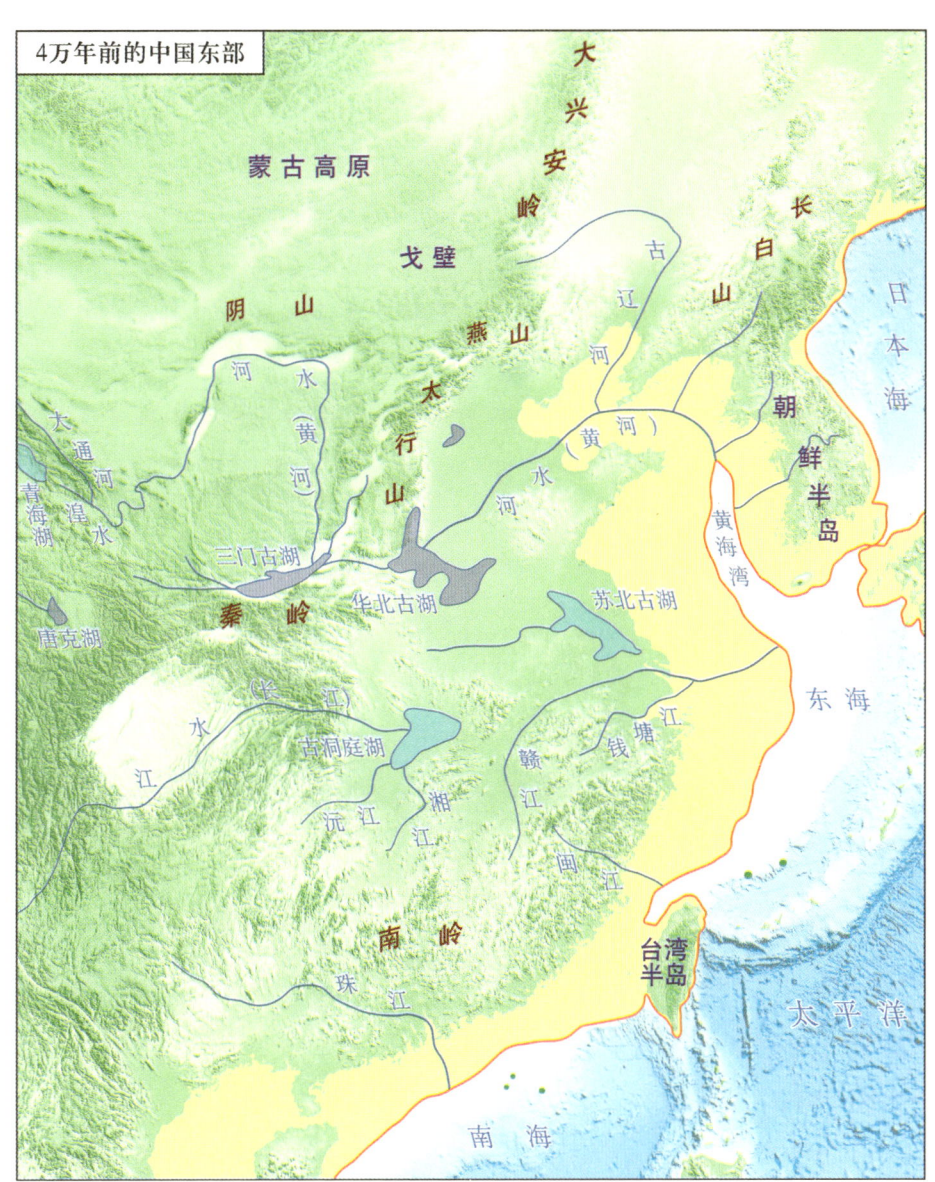

地图27 4万年前的中国东部（罗三洋制作）

盛冰期的东北地区1月份气温可达-70℃，堪比当代南北极；华北地区1月份气温也会低至-30℃左右，与现代东北相似。缺乏采暖设备和缝纫技巧的原始人难以在这样的寒冷环境下长期生存。

对生物最重要的气候因素，一是气温，二是降水量。末次盛冰期时的大量地表水分被固定在欧洲-北美联合冰盖里，全球空气异常干燥，中国无法独善其身。海平面下降使中国的陆地面积增加了近200万平方千米，同时海岸线长度减少了至少5000千米，导致近海洋流消失殆尽，进一步减弱了来自海洋的水汽，使中国的降水更加稀少。2.2万年前，超过一半中国陆地（600万平方千米左右）的年均降水量不足200毫米，属于典型的沙漠气候，而现代中国陆地年均降水量不足200毫米的地区只有约200万平方千米。整体而言，末次盛冰期时中国大部分地区的年均降水量不足现代的30%。

尽管末次盛冰期时的中国气候既干又冷，但就像几万年前的玉木冰期一样，由于蒸发量减少过快、西风带南移、季风加强等气候因素，中国中西部的湖泊水位反而显著抬升。因此，恰恰是在末次盛冰期期间，巴颜喀拉山的雪水第一次漫出若尔盖盆地内的唐克湖，穿越龙羊峡注入黄河中游，从而实现了黄河的全线贯通。

追寻古黄河三角洲

如果2.2万年前黄河全线贯通，那么它的出海口又在哪里呢？肯定不是渤海，因为当时根本不存在渤海，甚至连黄海都基本上不存在。受泰山等山峦限制，黄河入海历来有两条主干线：北路入渤海，南路经淮海平原入黄海。

从末次盛冰期的东亚地形图上看，黄河如果走北路入海，就必定在庙岛群岛折向南方，形成"九曲黄河"的"第十曲"，最终在靠近今韩国济州岛的古海岸流入已经极度萎缩的黄海；如果走南路入海，就必定注入苏北古湖，尔后受阻于东侧的苏北浅滩，转而从地势最低的东南角溢出苏北古湖，沿着今日的长江下游河道向东南方流淌，最终在今舟山群岛以东 200 多千米处入海。

如果从 2 万多年前的黄河正源——流入扎陵湖的卡日曲计算，黄河北线全长约 7600 千米，南线全长约 7100 千米。当时，正如古埃及祭司告诉希罗多德的那样，还不存在现代的尼罗河三角洲。埃及北部的地中海大陆架非常窄，所以尼罗河的长度与现代的 6671 千米基本相同，新形成的亚马孙河长度也差不多，欧洲的艾里丹诺斯河和北美的密西西比河已经被欧洲-北美联合冰盖完全消灭。用任何一条河道计算，末次盛冰期的黄河都以明显优势压倒尼罗河、亚马孙河、长江等巨川，成为世界第一长河。

在给黄河颁发金牌之前，还有最后一个关键问题需要解决：黄河在末次盛冰期能流进大海吗？有些学者对此持怀疑态度。他们指出，末次盛冰期中国气候干旱，蒸发量大，黄河中上游的降水量远比现代小，因此当时黄河的流量应当不足现代的一半。在华北平原和渤海、黄海大陆架进行的地质钻探，表明对应末次盛冰期的地层里没有典型黄河沉淀，反而大多覆盖着一层风成细砂，说明当时此地受干冷气候影响而沙漠化，这与末次盛冰期时华北的气候状况是相符的。因此，末次盛冰期时黄河势必解体断流，甚至不能流入今渤海地区的沙漠，更不要说经黄海大陆架流进大海了。

然而，事实胜于雄辩。20 世纪末，科研人员已经在黄海大陆架上发现了埋藏的古黄河河道，以及多个不同时期形成的黄河三角洲，其中最靠南的三角洲位于北纬 34°、东经 124°，即韩国济州岛西北 200 千米处的黄海大陆架上，完全符合他们对黄河北线入海口位置的预期。对海床沉积物所做的 ^{14}C 测定结果表明，古河道是在距今 2.8 万—2.4 万年前形成的，恰好处于末次盛冰期间，有力地证明当时的黄河是走北路入海的，全长可达 7600 千米。

21 世纪初，科研人员又在黄海大陆架上发现了更多的古河道与古三角洲，发现北纬 34° 以北的黄河三角洲存在东西向大幅摇摆的现象。他们还找到了穿过淮海平原、东流入海的黄河故道,印证了黄河在末次盛冰期经常改道、有时也走南线入海的估计。这时的黄河全长约 7100 千米,仍然是世界第一长河。

问鼎全球第一长河

更大的惊喜还在后面。北纬 34°、东经 124° 的大陆架水深不过 80 余米,加上 20 米深的古河道也仅有 100 米深,与距今约 2.2 万年的海平面最低点(较现代下降约 160 米)相比还有明显的差距。如果 2.8 万—2.4 万年前的黄河长 7100—7600 千米,那么在气温更低、海平面也更低的 2.2 万年前,黄河流入大海的三角洲一定在水深更低的地方。从东海大陆架等高线判断,最可能的位置是北冲绳海槽西坡。

经过长期协调,近年来中国科学家终于克服多方阻力,获准在冲绳海槽进行地质测量。结果,在北纬 29°—北纬 33°、东经 126°—东经 129° 之间,也就是日本九州岛西南部水深 110—200 米的海床上,真的发现了两个巨大的古三角洲,北部的古三角洲面积超过 3 万平方千米,南部的古三角洲面积约 7500 平方千米。经过长达数年的分析研究,科学家们得出结论:北部的古三角洲即约 2 万年前的黄河三角洲,南部的古三角洲即约 2 万年前的长江三角洲。

以北纬 31°、东经 128° 的三角洲位置推算,2.2 万年前的黄河将在今济州海峡向东转出第十一曲,尔后南下注入北冲绳海槽西坡。另一路可能继续向东流,在对马岛附近注入已经变成世界第一大内陆湖的日本海。这样,末次盛冰期时黄河的全长还要加上约 700 千米,达到惊人的 8300 千米,超过现代的黄河全长 50% 以上!这不仅使黄河成为末次盛冰期世界上最长的河流,甚至有可能使它成为整个地球历史上最长的河流!

如果长江在 2.2 万年前突破苏北古湖,实现全线贯通,以北纬 30°、东经 127° 的三角洲位置推算,当时长江的全长应当会超过 7000 千米,压倒尼罗河和亚马孙河,成为末次盛冰期世界第二长的河流。

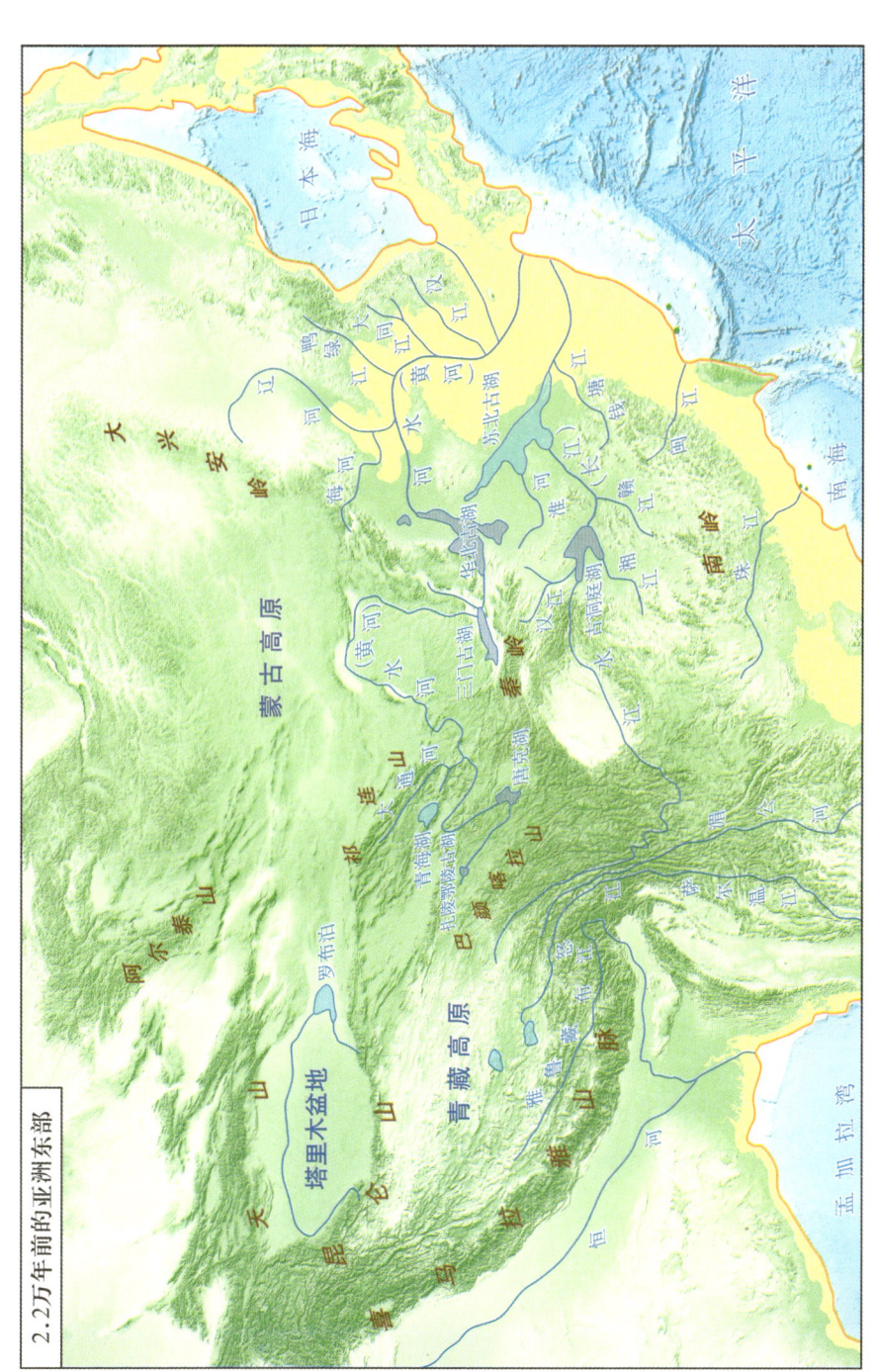

地图 28　2.2 万年前的亚洲东部（罗三洋制作）

冲绳海槽西坡的古黄河三角洲面积相当于现代黄河三角洲的6倍左右，说明末次盛冰期的黄河流量比现代黄河流量大好几倍，但是当时中国气候干旱，蒸发量大，黄河中上游的降水量远比现代小，河道里的这么多水是从哪里来的呢？

原来，末次盛冰期的黄河主要不靠中上游的空气降水提供河水，而是采取了一种很霸道的做法：夺湖。2万多年前，中国的许多湖泊都处于10万年以来的最高水位，例如2.5万年前滇池的面积比1万年来的最大面积还要大3倍。在这种情况下，唐克湖、兰州湾、银川湖、鄂尔多斯湖、河套湖、三门古湖、华北古湖等大湖以自己的充足水源补给黄河，帮助黄河穿越干旱的沙漠化大陆，流入渤海和东海大陆架，直到它们自己严重萎缩，甚至完全消失为止。在湖泊沉淀作用下，末次盛冰期的黄河河水相当清澈，自然也就不会留下现代这种多沙的典型黄河沉淀了。而在渤海和东海大陆架上，黄河不再依赖湖水——它在那里有足够多的支流注入。

末次盛冰期黄河河道的剧烈变化，不仅使黄河的长度大幅增长，也使黄河流域的面积迅猛扩张。在变成陆地的渤海和黄海大陆架上，海河、滦河、济水、辽河、鸭绿江、大同江、汉江纷纷注入黄河，变成了它的支流，使黄河流域的总面积达到了约180万平方千米，是现代黄河流域75万平方千米面积的2.4倍。

长河奔腾

黄河在末次盛冰期上游流量增加，因而得以全线贯通，长度随之增长，流域面积也随之扩大，这个情况并不是孤例。除了长江（但从三角洲和古河道的规模判断，当时长江的流量不如同期的黄河，也不如现在的长江），印度学者近年来发现，同样源自青藏高原的恒河与布拉马普特拉河（雅鲁藏布江）也是在2.2万年前才汇合并南流入海，后来逐渐在孟加拉地区创造出当今地球上最大的三角洲。此前，印度北部和中国一样存在许多湖泊，河流体系并不发达。

恒河流入孟加拉湾时，它的姊妹河印度河流入了阿拉伯海。同样流入阿拉伯海的，还有幼发拉底河与底格里斯河汇合而成的阿拉伯河。2万年前的末次盛冰期，波斯湾和阿拉伯海北部的大陆架变成了一片平原，阿拉伯河在今霍尔木兹海峡以东注入阿拉伯海，与印度河三角洲异乎寻常地接近，这两大河口的直线距离不过600千米。因此，印度河流域与两河流域的关系异常紧密，这一环境因素最终在四五千年前创建了相似度很高的古苏美尔文明和古哈拉帕文明。

蓬莱仙境

距今2万多年的末次盛冰期大大改变了中国的自然环境，消灭了世界上最大的几座湖泊，并创造出世界上最长的两条河流。当时的中华大地早已散布了众多人类聚落，由于冰川活动、湖泊淤积，特别是受黄河等江河大幅改道的影响，这些人类遗迹现在已经十分稀少，但依然有迹可循。例如北京山顶洞人、内蒙古鄂尔多斯人、四川资阳人、广西柳江白莲洞人、台湾左镇人等，他们的所属时代都在距今3.5万—1.8万年的区间之内，他们很可能是末次盛冰期的亲历者。实际上，除了东北和西北，几乎中国每个省都出土了这段时期的人类化石和石器。与更古老的时代相比，这时中国古人类遗迹虽然数量没有显著增长，却明显分布得更为均衡。主要原因应当是各大古湖的萎缩，导致东亚陆地面积越来越大，连成一体，便于人类迁徙。另一个显著特征是，在这段时间内，北方的遗址数量越来越少，南方的遗址数量越来越多，无疑是末次盛冰期造成的严寒所致。

既然两三万年前的中国境内存在大量古人类，而且分布得较为均匀，那么我们就有理由推测，他们应该会将自己在末次盛冰期所见所闻告知下一代，让这些环境巨变永世流传。事实果真如此吗？

尽管孔子对珍稀动植物颇有研究，但是自西汉起占据中国主流思想学界地位的儒家对史前时代并不感兴趣，反而经常斥之为"怪力乱神"——或者按照儒家"亚圣"孟子的话来说是"齐东野人之语"。

孟子所谓"齐东野人"，就是今胶东半岛上的原住民东夷族。这个民族在夏商周时期生活在从辽河流域到长江三角洲的整个华北和华东沿海平原上，曾经屡次与内陆的华夏族交战，互有胜负。据《左传》《史记》等古籍记载，西周初年，与周王室关系最为亲密的三大贵族被分封到今山东境内，即今山东西部的齐国（姜姓）、今山东西南部的鲁国（姬姓）和今山东北部的纪国（姜姓）。分封显然是为了让他们合力进攻"齐东野人"。春秋初年，纪国重创了东夷族最大的部落莱夷，但不久齐襄公便乘纪国内乱，吞并了这个盟友。从此齐国直接与莱夷接壤，很快便占领了莱夷都城，将其改建为齐国副中心，改名"即墨"（今山东青岛平度东）。战国晚期，齐国几乎被燕国消灭，全靠即墨孤城坚守才逆转战局，最终复国。可见齐国对莱夷等"齐东野人"的征服相当成功。

作为根正苗红的华夏族代表、姬姓贵族子弟（相传为鲁国孟孙氏家族后裔），孟子无疑看不起被征服的东夷族人。他在这方面的态度远比孔子保守。虽然孔子曾经在"夹谷之会"上指挥卫兵驱逐试图劫持鲁定公的莱夷，但他并不认为东夷文化一无是处，反而多次私下予以赞扬。例如，"孔子欲居九夷，或曰：'陋，如之何？'子曰：'君子居之，何陋之有？'"。孟子却认为，这些"齐东野人"并不是"君子"，作为战争的失败者，他们的知识体系既荒诞又落后，根本没有学习的价值。另一方面，也存在对东夷族文化比孔子更开放的先秦知识分子，这便是与儒家思想体系相去甚远的道家。

在道家代表人物庄子之前，道家还有另一位才华横溢的代表人物，那就是比庄子更为传奇的列子。据说列子兼通文理，甚至能够"御风而行"，因此去过非常遥远的地方，博闻多识。尽管《列子》一书的内容大部分已经失传，但是残存的篇章依然足够惊世骇俗，例如夸父逐日、愚公移山。除了这些，列子还构思了一个神奇而具体的玄幻世界。《列子·汤问》记载：

渤海之东，不知几亿万里，有大壑焉，实惟无底之谷，其下无底，名曰归墟。八纮九野之水，天汉之流，莫不注之，而无增无减焉。其中有五山焉：一曰岱舆，二曰员峤，三曰方壶，四曰瀛洲，五曰蓬莱。其山高下周旋三万里，其顶平处九千里。山之中间相去七万里，以为邻居焉。其上台观皆金玉，其上禽兽皆纯缟。珠玕之树皆丛生，华实皆有滋味；食之皆不老不死。所居之人皆仙圣之种；一日一夕飞相往来者，不可数焉。而五山之根无所连著，常随潮波上下往还，不得暂峙焉。仙圣毒之，诉之于帝。帝恐流于西极，失群仙圣之居，乃命禺强使巨鳌十五举首而戴之。迭为三番，六万岁一交焉。五山始峙而不动。而龙伯之国有大人，举足不盈数步而暨五山之所，一钓而连六鳌，合负而趣，归其国，灼其骨以数焉。于是岱舆、员峤二山流于北极，沉于大海，仙圣之播迁者巨亿计。帝凭怒，侵减龙伯之国使陀，侵小龙伯之民使短。至伏羲神农时，其国人犹数十丈。

与《庄子·逍遥游》一样，《列子·汤问》的这段记载可能也源于早已失传的先秦古籍《齐谐》，后者应当保存了大量东夷族的神话传说；另外，这段记载也可能来自列子本人在沿海地区的乡间采访，因此颇具群众基础。列子描写的"蓬莱仙境"在古代影响极大，秦始皇曾经为之着迷，派出庞大的舰队去外洋寻找。此后许多帝王也按照"蓬莱仙境"的结构设计自己的皇家园林（如圆明园与颐和园），还传入民间，创造了美轮美奂的苏州园林。历代文史学者认为，列子笔下的"蓬莱仙境"似乎纯粹是幻想的产物，或是对日本列岛以至美洲大陆的夸张描述，甚至是对"巨龟背大象、大象背宇宙天地"的古印度神话的变形复述。

同为先秦中国重要古籍，《山海经·大荒东经》记载，"东海之外大壑，少昊之国"，而以鸟类崇拜闻名的少昊之国历来被考古学界认为与史前山东地区的大汶口文化关系密切。可见，《列子·汤问》记载的大壑和蓬莱等五仙山应该都在今天的山东附近。联系东夷族祖先居住的东亚沿海史前环境变迁，不难发现，《列子·汤问》的这段记载是非常具体、准确且认真的，只是数字被严重夸大了。这在古籍中是常见的，因为史前人类可能没有"万"和"亿"的概念，或是起初用它们来代表其他小得多的数字。举例来说，直到周朝，"亿"的常见含义还是"十万"，而不是"一万万"。在古印度、古苏美尔和古埃及等文明中，也普遍存在类似的现象。

东夷族的祖先向子孙讲述的，究竟是一个怎样的世界？当具备了中国史前环境变迁知识以后，我们再来看《列子·汤问》的这段记载，一切都会变得豁然开朗。"渤海之东，不知几亿万里，有大壑焉，实惟无底之谷，其下无底，名曰归墟。八纮九野之水，天汉之流，莫不注之，而无增无减焉。""渤海之东"的大峡谷"归墟"似乎应该在海底，但在没有发明氧气瓶和潜水艇之前，人类无法探索深海海底，怎么知道海底有大峡谷？如果"归墟"在大海对面的某块陆地上，那么"八纮九野之水，天汉之流"注入之后，它看上去就不应该像一座大峡谷，而更像一个湖，"蓬莱"等五座山都是湖里的海岛。但是，这些岛还能"流"到"西极"和"北极"的大海里去，说明该水系并不封闭，有水道通向大海。在现代的地球上，找不到类似的地理环境。我们只有回到2万多年前的末次盛冰期，才能切实体会到东夷族祖先的切身感受。

2万多年前，全球海平面比现代低100多米，渤海全都变成了陆地，形成了渤海盆地，黄河从中流过，并且接纳了海河、济水、辽河等支流，流量变得更大。在渤海盆地东侧，今庙岛群岛变成了一片山岭，也就是华北陆桥。黄河从华北陆桥的低洼处（今北隍城岛北岸近海）涌出，形成一道至少47米高、1200米宽的巨型瀑布（今老铁山水道）。黄河水全部倾泻在因海平面下降而变成陆地的黄海大陆架上，尔后继续奔流向南，直扑济州岛附近的入海口。

所以，《列子·汤问》中记载的无底之谷归墟，大概就是华北陆桥上的黄河大瀑布。与当今地球上三大瀑布——非洲的维多利亚瀑布、北美的尼亚加拉瀑布和南美的伊瓜苏瀑布相比，"归墟大瀑布"的落差不算突出，宽度却是三大瀑布总和的两倍，水量更是远胜它们，如同现代整条长江从十多层的高楼顶上倾泻下来一般。可以说，"归墟大瀑布"的规模远比现今地球上任何瀑布都大，可能也是地球诞生以来规模最大的瀑布。面对这样壮观的自然景色，史前人类很可能无法在自己有限的词汇表里找到合适的表达方式。考虑到当时黄河的水量之大，"归墟大瀑布"的水流之急、激起的浪涛之汹涌、旋涡之澎湃，他们甚至未必能看出那是一道瀑布，"无底之谷"是一种很贴切的描述。当时，人类凭肉眼恐怕很难看到"归墟大瀑布"对岸的景象，对于那个世界，他们自然抱有神秘的崇敬心理。"八纮九野之水，天汉之流"指的大概是黄河及其下游支流（海河、辽河、鸭绿江等）。2万多年前东北、华北和华东的居民发现，自己熟悉的所有河流都汇聚到这个神奇的"无底之谷"，所以各部落经常在重要时刻到归墟大瀑布聚会，并将这里视为世界的中心。

对于末次盛冰期的中国东部平原居民来说，"归墟大瀑布"既是重要的政治聚会地点，也是神圣的宗教地点。这些人的后裔便是先秦的东夷族人。华夏族对"归墟大瀑布"并不了解，因为他们的祖先居住在远离沿海平原的亚洲内陆，这从华夏族经典《山海经》等古籍中可以看出来。在《山海经》中，世界的中心是昆仑山，作者最熟悉的动物是牛、狐、狗、马、猪、鸟、鱼、龟和蛇，对陆生哺乳动物的划分十分细致，而对水生动物的划分却较为粗略，特别缺乏描绘海洋动物的专有名词，可以推论这本书写作于远离沿海地区的亚洲内陆。当内陆居民最终战胜沿海居民之后，沿海居民的传统文化很容易被他们蔑视或误解。可以想象，列子、庄子当年抛弃民族成见，向东夷族长老们请教古代文化时遇到过多大的困难，东夷族人难免还要对他们嗤之以鼻："我东夷文化博大精深，岂是你们外族能搞明白的？"而华夏族也不认真对待这些知识（《齐谐》和《列子》的大部分篇章失传很可能是因为后人觉得内容荒诞而没有价值）。秦始皇之所以对"归墟"和"蓬莱仙境"特别感兴趣，不惜建造庞大舰队去海外寻找（秦始皇陵的内部构造或许也与此有关，里面可能还藏有完整版的《列子》——秦始皇的寻宝图），是因为他的祖先飞廉、方来（恶来）父子来自胶州半岛的东夷。方来在牧野之战中被周武王俘虏杀死、飞廉被周公东征击败后，他们的后代女防、旁皋等人被作为战俘掳到关中，因此寻找归墟和蓬莱仙境是秦始皇的"文化寻根"之旅。

不过,秦始皇注定将要失望了,因为《列子》描绘的那个神秘仙境早已不复存在。我们已经推测归墟是末次盛冰期华北陆桥上的黄河大瀑布,那么它"其中有五山焉:一曰岱舆,二曰员峤,三曰方壶,四曰瀛洲,五曰蓬莱",指的大概就是黄河大瀑布以下的五座山。它们分布在黄河下游,无法避免被上涨的黄海淹没的命运,不过至少还有两处遗迹:黄河入海口附近的济州岛,以及其东端海上的城山日出峰,甚至可能还包括对马岛。这三座现在看来并不高的海岛,在末次盛冰期却是黄河入海口平原上高高耸立的三座大山,被东夷族视为神奇的仙境。

可是,无底之谷归墟和五仙山等仙境后来都消失了。对于五仙山大部分消失的原因,东夷族的祖先们无法解释,于是便有了"巨鳌驮仙山,尔后龙伯国巨人钓走巨鳌,导致仙山飘走"的神话传说。这些神话传说并不是无中生有,因为东夷族经常与热带的亚洲沿海民族来往,由此听说过一些关于东南亚和萨胡尔兰大陆的情况,得知在大洋彼岸的世界尽头,既有能够驮起重物的巨鳌(卷角龟),也有身躯异常魁梧的"龙伯国大人"(魁人)。当然,它们都不是导致蓬莱仙境消失的真正原因。

到了21世纪,蓬莱仙境消失的真相才能被了解环境变迁奥秘的科学家揭开。人类的历史,是利用自然环境、改造自然环境的历史,更是与自然环境抗争的历史。在沧海桑田现象影响最大的东亚,末次盛冰期的中国古人,究竟将经历怎样的命运波折呢?为了回答这个问题,我们有必要造访4万—2万年前的著名中国古人类遗址。

03
重归周口店

3万年前的海景房

北京猿人消失约 20 万年之后，也就是约 3 万年前，周口店重新人声鼎沸，因为一批现代智人又选择了这里作为家园。由于此时"猿人洞"早已被碎石填满，他们选择居住在北京猿人遗址上方的另几个山洞内，因而得名"山顶洞人"。

现代的周口店周边是一片人口密度不大的农田，似乎并没有多少吸引力，当地的房价在北京市属于最低之列。几十万年前的北京猿人和几万年前的山顶洞人为何又反复选择在此定居呢？奥秘就在史前周口店独特的自然环境。

山顶洞人最初定居周口店的 3 万年前，正值玉木冰期中断，全球气温上升，这使得华北的冬天对山顶洞人不太难熬，同时也令全球海平面剧烈上涨，一度比现代海平面还高出 10—20 米，导致华北的淄博-献县一线和华东的泗阳-淮阴一线以东的陆地完全被海水淹没。当时，渤海的面积是现代的 1.5 倍以上，苏北古湖也被海水侵入，即假轮虫海侵，中国称之为"献县海侵"或"泗阳-滆湖海侵"。

假轮虫海侵时，海水一度曾漫至北京大兴-河北廊坊一线，海水在发生海啸或潮汐时还会继续向西深入。1987 年，王府井金鱼胡同曾意外挖掘出水生动物脊椎化石。经古生物学家鉴定，它不是金鱼，而是鲸鱼，所属地层年代距今约 3 万年。由于施工单位保护意识淡薄，导致化石破损严重，无法鉴定具体种属。数米长的鲸鱼脊椎，加上附在上面的皮肉组织，原先肯定重达好几吨，3万年前的人类并不具备将这么沉重的"货物"从沿海运到内陆的技术能力，所以金鱼胡同当年应当是海滩，这条鲸鱼是在海滩上搁浅的。看来，金鱼胡同不妨改名叫"鲸鱼胡同"。与鲸鱼化石同时出土的，还有许多海洋生物介形虫的化石，证明假轮虫海侵的确曾经波及北京市区。

鲸鱼在金鱼胡同海滩搁浅之际，也正是山顶洞人穴居于周口店之时。如果以王府井的海拔高度作为假轮虫海侵时的最高海平面，那么当时北京的海岸线就在昌平-海淀-丰台-大兴一线，与周口店相距不过30多千米。惯于野外运动的山顶洞人每天可以从家到海滨走两个来回，难怪山顶洞遗址会出土大量海生褐蚶壳。目前，褐蚶在中国主要生活在东海和南海的温暖浅海中，但在假轮虫海侵期间，由于水温较高，它们居然一直扩展到了渤海。山顶洞人与8万年前生活在曼德海峡之滨的祖先一样，嗜好海鲜的口味丝毫没有变化。原来，3万年前的周口店是海景房。

1996年，王府井又发现了约2.5万年前的人类遗迹，其中包括石器、骨器和许多有被人类屠宰、烧烤痕迹的动物化石，但这些动物全都是生活在温带草原的陆生动物，说明海水经历了3万年前的短暂上涨之后已经回落。到了2万年前，周口店再次人去山空，成为一片无人区。

根据周口店和王府井等地的古人类遗址发掘结果，参考同时期世界各地的环境考古和古人类学研究成果，现在已经可以复原出一部山顶洞人简史了。

山顶洞人掠影

5万多年前，现代智人抵达华北平原。当时，华北古湖已经因为清水期事件而大幅萎缩，露出广袤的平原。各种陆生动物纵横驰骋，智人当然也不例外。此时的气温已经开始转暖，华北的生活环境随之越来越舒适，但海平面也不断上升。

3.5万年前，假轮虫海侵开始，渤海形成并倒灌入华北古湖，使得湖面上涨，湖水变咸。对古人类而言，适应这样的环境剧变并不容易。他们的生活方式和食物结构必须做出改变，如果睡觉时选择错了地方，有可能在第二天醒来之前被淹死了。湖面和海面的大幅波动足以让这些先民刻骨铭心地体会到,像从前那样直接住在湖畔的平原上并不安全。他们开始转移到离水域较远、海拔较高的山丘地区定居。

山丘地区的自然资源不像平原地区那样容易获得,生活条件相对艰苦,在这里居住需要注意很多问题:位置不能太偏远,便于人类到平原区采集食物;要有多种石料,便于人类制造石器;要有丰富植被,便于人类制造木器,生火取暖;要有大量洞穴,便于人类晚上安静、安全地睡眠(其实,现代人住的楼房在很大程度上是在模仿山洞)。能够全部满足这些条件的山区并不多,周口店就是其中之一,而且其位置便于观察环渤海平原上的猎物动向,因此成为华北古人类的理想居所。

周口店不仅有北京地区最多的石灰岩山洞,而且靠近永定河。那里的古人类居民不仅可以享受华北古湖的自然资源,而且只要逆永定河北上约60千米,就可以到达延庆盆地的怀来古湖。当华北平原发生重大灾难之时,怀来古湖便是包括人类在内的各种动物避难的世外桃源。

地图29 3万年前的北京地区(罗三洋制作)

山顶洞人虽然已经是现代智人，但是与真正的现代人相比，还保留着一些较为原始的特征，如眉弓发达，外貌粗犷，可以被视为兼具白种人与南太平洋棕色人种的特征的原始黄种人。关于人种的起源，有一个广为流传的笑话：上帝决定造人之后，就在实验室建了一个烤箱，又和了些泥巴，按照自己的模样捏成人的形状，放进烤箱里烘烤。由于上帝很忙，把泥坯放进烤箱以后，就去办别的要事了。忽然传来一股焦煳味，上帝闻到后连忙跑回来，然而为时已晚，泥坯已被烤得如同黑炭——这就是黑种人。上帝看了不太满意，于是捏了第二批泥坯，放进烤箱里。鉴于前一次的教训，上帝这次不敢离开烤箱，感觉时间差不多就连忙把泥坯取出来，结果火候未到，颜色发白——这就是白种人。上帝看了还是不太满意，于是又做了第三批。上帝此时已经积累了丰富的经验，火候把握得恰到好处，烤出来的泥坯色泽金黄——这就是黄种人。这个笑话也许源于某位大厨，不过它确实符合古人类学家的研究成果，即三大人种出现的时间不同，黑种人最早，以克罗马农人为代表的白种人次之，以山顶洞人为代表的黄种人又次之。

山顶洞人的相貌已经同现代人相似，但是他们的喉咙结构与现代人有所区别，无法发出一些现代语言中的常用音。他们即便有语言，词句也肯定比较简单，不能表达复杂的思想。不过，他们的大脑结构已经与现代人相仿，使他们能够制造精细的工具和艺术品，例如用贝壳做成的项链。古生物学家还发现了一根来自山顶洞人的针，鉴定后发现，它竟是用老虎的阴茎骨磨成的。

能够用老虎的阴茎骨磨针，说明山顶洞人已经不再像巫山猿人和北京猿人那样，经常被猛兽捕杀。占领龙骨山之巅，并且久居于此，标志着山顶洞人依靠比直立人更加精良的工具制造技术和更加紧密的组织形式，成为猛兽的强劲竞争对手。人类登上食物链金字塔的顶端，有史以来第一次有了免于饥饿的自由，第一次有了免于恐惧的自由，第一次有了健康松弛的精神状态，也就有了大量的空闲时间可用于发明创造。当然，其他物种要为此付出惨痛的代价。

3万年前的假轮虫海侵期间，山顶洞人主要在永定河畔采集和狩猎，有时候也到位于现在北京市区的海滩上去捕鱼捉虾。一次，他们在现代的金鱼胡同附近发现了一条搁浅的鲸鱼，饱餐了好几天。但这样的日子没有持续太久，3万—2.5万年前，假轮虫海侵结束，海水迅速退却，海岸线东移至天津附近，留下业已严重萎缩并分裂的华北古湖，北京周边又成了旱地。这时，末次盛冰期已经开始在全球很多地区展现威力，但是在华北，除了气温和降水有所下降，一时还没有造成太多的负面影响。海水的退却和干冷的气候，使山顶洞人开始越来越频繁地离开周口店，到现代的王府井一带的平原上狩猎。虽然已经很难有海鲜可吃（从周口店到天津海岸路途太远，徒步行走的话，当天无法返回），但生活也还算轻松惬意。

可惜，这样的生活还是没有持续太久。2.5万—2.2万年前，随着末次盛冰期的发展，华北的气温进一步下降，降水进一步减少，华北古湖和怀来古湖进一步萎缩，永定河也越来越频繁地断流。周口店的年均气温已经降到冰点以下，在冬季可达-30℃，土地严重沙漠化和冻土化，导致植被退化，很多动物都随之消失，其中就包括山顶洞人。为了避免被冻死或饿死，他们随着猎物群离开周口店，迁徙到气候相对温暖宜人的南方去了。

与山顶洞人大致同时，也就是5万—3万年前，华北地区还生活着另一批现代智人，即出土于内蒙古乌审旗萨拉乌苏河畔的鄂尔多斯人。萨拉乌苏河流经毛乌素沙漠，这片干旱的土地在鄂尔多斯人生活的时代曾经是一个大淡水湖，即"萨拉乌苏古湖"。正如山顶洞人是华北古湖和怀来古湖养育的孩子，鄂尔多斯人也同样是大湖之子，而且他们居住的地方都位于北纬39°，气候相似。

在鄂尔多斯人生活的时代，萨拉乌苏古湖之滨草木茂盛，养育了繁盛的萨拉乌苏动物群，典型物种包括古菱齿象、披毛犀、王氏水牛、转角羚羊、河套大角鹿、马鹿、虎、最后斑鬣狗、原牛、野马、野驴、野骆驼、野猪、跳鼠、沙鼠、鸵鸟等。奇怪的是，这些动物的生活环境完全不同：披毛犀是寒带动物，马鹿是亚热带动物；野马、野驴、野骆驼、跳鼠、沙鼠、鸵鸟等是沙漠和稀树草原动物，古菱齿象、王氏水牛、野猪则是喜水动物。马鹿在披毛犀的家乡会被冻死，鸵鸟和沙鼠也不会与水牛和野猪一起在泥潭里打滚。它们怎么能生活在同一片地区呢？

原来，萨拉乌苏地区的自然环境发生了巨变，从5万—4万年前温暖的湖泊、沼泽和森林，变成了3万—2万年前的干冷草原荒漠。看来，随着末次盛冰期的发展，鄂尔多斯人与山顶洞人的遭遇相似。他们居住的地区和周口店的纬度相同，但位于燕山山脉西北，气候更加寒冷，所以鄂尔多斯人应该比山顶洞人更早离开家园，南下避难。山顶洞人离开周口店的时间是2.5万—2万年前，而鄂尔多斯人离开萨拉乌苏古湖更早，是在大约3万年前。

离开河套平原的故乡之后，鄂尔多斯人去了哪里呢？通过考古发掘，科学家逐渐拼接起了他们的迁徙路线图：约2.9万年前，人类遗址出现在山西北部朔州的峙峪村；约2.4万年前出现在河南北部安阳的小南海；约2.2万年前又出现在山西东南部晋城的下川……将这些大大小小的遗址按照时空顺序排列，北纬39°的古人类沿着秦晋高原上的各条河谷南迁的情景仿佛就在眼前。应该还有另一条南迁路线，也就是沿着黄河河岸穿越如今是渤海的大平原，前往当时气候温润、水量充沛的黄河三角洲，那里现在正躺在黄海之下。

迁徙可不是旅游。对于2万多年前南下逃离盛冰期寒潮的华北古人来说，这次南迁更是性命攸关的大逃难，一如他们的祖先在7万多年前逃离多巴火山遮天蔽日的烟尘。末次盛冰期是智人这个物种自诞生以来经历的最寒冷气候，所幸他们早已积累了丰富的经验，而且已经熟练掌握了缝制皮衣的方法，不至于被冻死。但寒潮迫使他们主动改变饮食结构，同时也改变了文化传统。

武器革命

通过考古发掘，我们知道，山顶洞人和鄂尔多斯人采食很多水果，捕猎的主要对象都是与自己体形相差不多的动物，例如鹿、羚羊、野驴、野猪、鸵鸟，以及更小的啮齿类动物。至于数吨重的大型动物，除非已经或行将死亡，比如那条在金鱼胡同搁浅的鲸鱼，他们是不会轻易去碰的，因为这些巨兽力大无穷，而且长着厚皮，很难对付。在捕猎中，他们主要使用木棍和石球，对付几十千克重的动物绰绰有余，但是要用来攻击几吨重的动物，就像在给对方挠痒痒，只会给自己带来生命危险。

末次盛冰期导致的气温剧烈下降，使智人赖以为生的动植物种群发生了巨大的变化。无法移动的植物最先受害，年均气温下降到0℃以下时，水果只能成为望梅止渴的传说。本土动物成群迁徙到温度适宜的南方，它们的奔跑速度大都比人类快，人类如果不能及时跟上，就只剩下披毛犀等寒带动物可以捕猎了。这些寒带动物的体形比它们的温带近亲大得多，也强壮得多。狩猎巨型动物很危险，然而此时滞留华北的人类已经没有更好的选择了。

工欲善其事，必先利其器。木棍和石球肯定不能杀死猛犸象和披毛犀，把它们结合起来怎么样？还是不行。但如果把石球换成石斧，效果就好多了。把石斧打磨得更尖更利，或者改用骨头来制造，再将其末端加工成槽，紧紧地捆绑或插在木棍上，效果将会突飞猛进！这就是史前的超级武器——标枪。

考古发掘结果显示，5支标枪就足以杀死一头8吨重的猛犸象，5支与标枪类似的鱼叉甚至足以杀死一头30吨重的座头鲸，更小的动物自然都不在话下。中国最早的标枪头和鱼叉头都出土于辽宁海城小孤山，年代为距今3万—2万年，比欧洲尼安德特人与克罗马农人开始使用标枪的时代晚很多。小孤山位于辽河下游平原，在末次盛冰期，当地气候严寒，夏季也只能勉强超过0℃，所以当年古人可能在一年的大多数时间都住在气温较高的渤海或黄海大陆架上，只在夏季北上到小孤山地区来捕鱼和狩猎。他们的武器和其他工具与同时期欧洲的克罗马农人所用的如出一辙，彰显了与时俱进的世界性风采。因此很多研究者怀疑，当时亚欧大陆两端就已经有了文化交流，"标枪之路"或许是2万年之后丝绸之路的先声。

在末次盛冰期，人类历史上的第一次科技发明浪潮，或者说第一次军备竞赛开始了。最终的竞赛奖杯获得者并不是标枪，因为随后出现了一种终极发明。它的射程比标枪的射程更远，杀伤力极大，直到滑膛枪和火炮已经普及的19世纪，它还在世界各地的战场上被广泛地使用着。

弓箭无疑是人类历史上最伟大的天才发明之一，特别是考虑到它首创于约3万年前的石器时代，更令后人不由得感慨发明者的智慧之精巧。恩格斯曾经就此评价："弓箭对于蒙昧时代，正如铁剑对于野蛮时代和火器对于文明时代一样，乃是决定性的武器。"弓箭的结构极其复杂，制造一把好弓需要两三年的时间，但绝对物有所值。优秀的弓箭手可以在上百米外射倒野兽，这意味着猎物往往还没有看到猎手，就已经一命呜呼。在40多亿年的地球历史上，此前从来没有出现过这样的捕猎场面，而且时至今日，也没有任何生物演化出能够抵御弓箭的能力。

但是，弓箭也有自己的弱点。它的动力构件弓背和弓弦都由弹性十足的生物纤维构成，既怕热，又怕潮。一旦因气候炎热而开胶，或是被雨水淋湿发涨，弓箭就几乎无法使用。不仅如此，射出的弓箭极易受到风力的影响，在逆风时最明显。因此，弓箭只有在干冷的气候和顺风的情况下才能发挥最大效能。弓箭也正是在气候既干又冷的末次盛冰期发明的。中国最早的箭头出土于山西朔州的峙峪村，约为2.8万年前，正值末次盛冰期的初始阶段。在此之后的2万多年内，弓箭主宰了地球上几乎每一处猎场和战场，这意味着，猎人和军人为了取得胜利，要时刻密切注意空气湿度和风向等环境因素。

箭头与标枪头、鱼叉头、针等大约3万年前出现的新式石器一样，需要能把石器打磨得特别尖细的精密技术，因此被考古学家称为"细石器"。细石器大约出现在旧石器时代的末期和新石器时代的初期，因此这段距今3万—1万年的过渡时代又被称为"中石器时代"。

中石器时代肇始于亚欧大陆的高纬度地区，时段上与末次盛冰期大致重叠，因为末次盛冰期的干冷气候迫使滞留在欧洲和华北的人类狩猎巨型动物，因而引发了武器革命。正是在中石器时代，热带地区由于环境受末次盛冰期的影响较小，第一次在技术上落后于寒温带地区。亚欧大陆北部的居民从此建立起难以动摇的军事优势，这似乎成为后来"南北差距"的先声。2 万年前的人类已经有了标枪，有了弓箭，这些武器能够杀死大象、鬣狗和剑齿虎，当然也能杀人，而且异常高效。伴随着第一支射向同类的飞箭，战神之鹰飞上了蓝天。

04
猛犸象的澎湖湾

出人意料的象牙

2万多年前的一天,澎湖湾里人影摇曳。这些来客并不是坐在船上,而是赤脚站在高出海平面几十米的陆地上,这片滨海的澎湖丘陵未来将完全被海水淹没,现代人称之为"台湾海峡"。他们正在寻找食物,但并不打算捕鱼,更不打算采摘,这从他们手里的工具可以看出:不是钓竿、渔叉、渔网或木铲,而是被打磨得无比锋利的标枪,也许还有进一步增强投掷威力的投矛器和弓箭。他们是古人类学家所说的"左镇人"——台湾的史前居民。

几条小鱼满足不了左镇人的胃口,尽管澎湖丘陵距离海洋并不遥远,但他们从离海更近的台湾半岛长途跋涉到这里来设下埋伏圈,是期待更丰厚的回报——陆地上最大的猎物。这时正值冬季,而且是末次盛冰期的冬季。澎湖丘陵由于地处亚热带,眼下反而气候温暖,草木繁盛,吸引着无数被寒潮驱赶南下的北方野生动物,其中就有左镇人梦寐以求的大猎物。他们很清楚,每年的这个时候,猎物都会准时来赴这场死亡约会,从他们的父辈、祖父辈,甚至曾祖父辈时便是如此。

2万多年后(1975年前后)的一天,澎湖湾里再度人影摇曳。这时的澎湖湾早已是台湾海峡的一部分,来客都是渔民,乘着装有新式拖网的大马力渔船。这些拖网底部安装着钢制拖板或下砣,可以沉至海底,便于打捞鲍鱼、海参、海胆、珊瑚等底栖生物。拖网从海底沉甸甸地拉上来了，里面装的东西却让有几十年海上作业经验的老渔民们目瞪口呆：象牙！

按照一般逻辑，象牙在海底出现，意味着此地一定有沉船。其中装载的货物大概不仅有象牙，还有其他的贵重商品，而且台湾海峡历史上确实有很多沉船的记载。在接下来的日子里，渔民都不再捕鱼，而是卖力地在附近频繁潜水，寻找装载珍宝的沉船。

十天过去了，一个月过去了，一年过去了，却连沉船的影子都没见到。但渔民们也不是一无所获，他们又捞到好几根象牙，以及大量动物骨骼。这些骨骼已经高度石化，看来年代很久。随后，它们陆续来到了自己的合理归宿——博物馆。

通过博物馆工作人员的耐心拼接，几十具近乎完整的动物骨架出现在惊讶的观众面前，包括诺氏古菱齿象、普氏野马、大连马、德氏水牛、杨氏水牛、达氏麋鹿、北京斑鹿、最后斑鬣狗、棕熊……这些动物生存的年代被鉴定为2.6万—1.1万年前，大部分在文明社会初期就已灭绝。它们死前不可能是装在货笼里的商品，而是在陆地上自由生活的野兽。更令科学家百思不解的是，澎湖海沟动物群与同时代台湾、福建、浙江的大熊猫-剑齿象动物群全然不同，反而与华北的萨拉乌苏动物群和周口店动物群相似，有些物种甚至源于东北。

澎湖湾渔民的意外发现并不是特例。大陆渔民也在海峡西岸的东山岛附近海底打捞出同样种类的史前陆生动物化石，甚至发现了一根1万多年前的人类右肱骨化石，并为它起名为"东山人"。台湾渔民后来又打捞出了众多的史前动物化石，以及一根人类股骨化石。许多动物化石表面都有被石器或骨器劈凿的痕迹，证明它们是古人类的猎物。猎手大概是2万多年前的左镇人和1万多年前的东山人。大批华北和东北的陆生动物，为何在2万年前左右不约而同地集中在汪洋之下的澎湖海沟里呢？

有象自远方来

2万年前,澎湖海沟根本不是海洋,末次盛冰期的台湾海峡完全成为陆地。不仅如此,露出海面的台湾地峡属于温带,气候酷似3万多年前的华北地区。相似的气候与地理条件,吸引了华北和东北的动物大批南迁到现代澎湖海沟周边的平原上。由此看来,左镇人和东山人说不定正是山顶洞人或鄂尔多斯人的直系后代。

谈到看似时空错乱的澎湖海沟动物群,不能不提其中的代表性物种诺氏古菱齿象。古菱齿象原本自成一属,但是近年来已经被古生物学家拆分到猛犸象和亚洲象两个属之中,诺氏古菱齿象被认为是一种猛犸象。所以,在关于澎湖海沟动物群的一些文献中,这个物种被介绍为"猛犸象",而不是"古菱齿象"。与真猛犸象、哥伦比亚猛犸象等名气更大的近亲相比,诺氏古菱齿象的体毛比较稀疏,门齿的卷曲程度较小,主要在温带草原生活。

尽管适应的温度不同,但所有种类的大象都需要大量的水,在诺氏古菱齿象向台湾和澎湖沿海平原的迁徙过程中,对水资源的需求可能起到了比气温的下降更大的作用。从化石出土位置来看,诺氏古菱齿象在中国原本主要分布在渤海盆地及其周边地区。但随着末次盛冰期干冷气候的发展,它们首先转移到山东至朝鲜一带,尔后又南下到今天的长江三角洲至对马海峡一带,向东一直扩展到如今日本的濑户内海区域,最终出现在古黄河三角洲所在的冲绳海槽。台湾海峡至琉球群岛一带是其分布范围的最南界。

如果连台湾海峡都成了喜冷动物猛犸象的生活区,那么当时长江流域的气候想必也不会很温暖。对地质和古生物化石的研究揭示,当时中国的气候比同时期的欧洲和北美更寒冷,例如猛犸象在中国最南分布在北纬25°,而在欧洲最南是北纬37°,在北美最南是北纬40°。末次盛冰期的中国之所以不存在像欧洲和北美那样的连续大冰盖,主要是因为当时中国过于干旱,海岸线太短,而欧洲和北美当时都有活跃的洋流给大陆

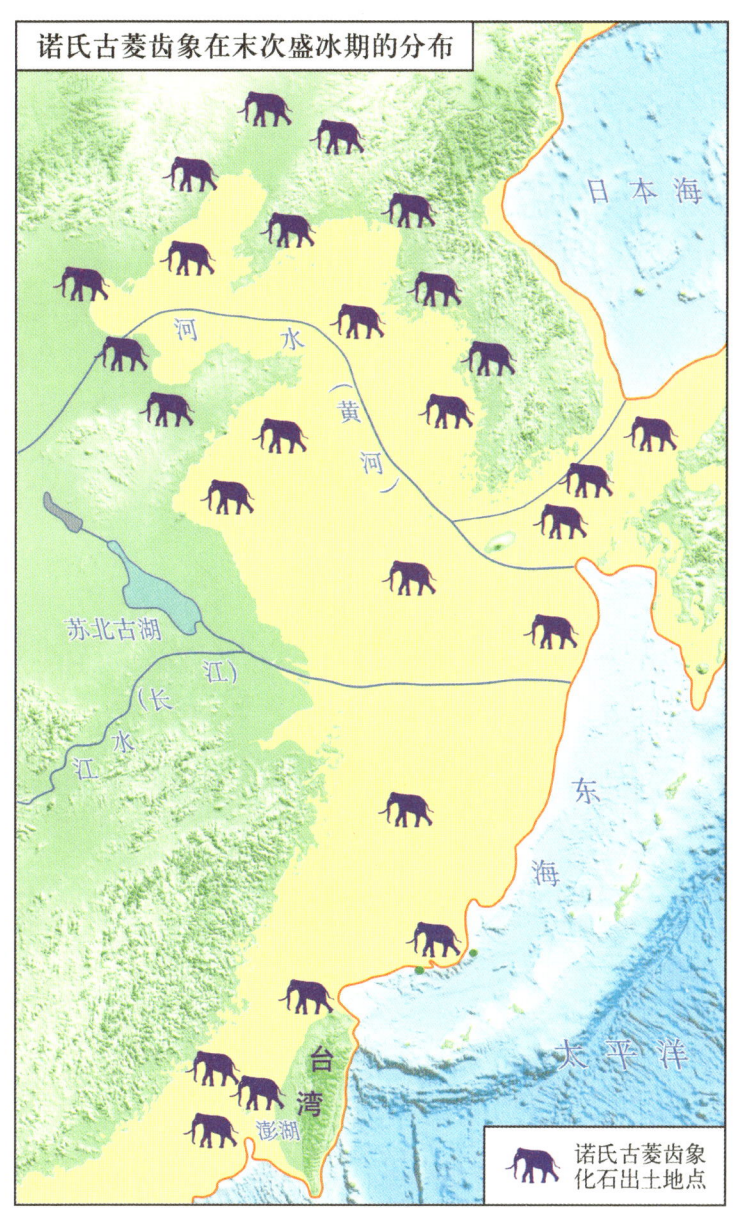

地图 30　诺氏古菱齿象在末次盛冰期的分布（罗三洋制作）

带来水分。

干冷的末次盛冰期给中国的地质环境带来了广泛的影响，除了从大兴安岭到武夷山的零散冰川擦痕石，长江中游还有另一种重要的冰川遗迹。鄱阳湖、洞庭湖和汉水下游等地的湖畔农田边往往耸立着一些上百米高的天然沙山，上面的沙子常年被当地人作为装修材料卖给建筑商。地质学家经研究，确定这些沙山形成于3.6万—1.3万年前，它们正是末次盛冰期时冰川在山岩上滑动时磨下来的。

在末次盛冰期，以左镇人和诺氏古菱齿象为代表的澎湖海沟动物群从东北和华北地区迁徙到如今的台湾海峡，绝非天方夜谭，而是地球历史上曾经多次重复的现象。每逢地球气温大幅变化，两极冰川剧烈扩展或退缩，海平面都会发生明显的改变，导致类似的"沧海桑田现象"。距今45万年至19万年前，也就是民德冰期末期或此后的小冰期，如今的台湾海峡里也曾经有直立人生活，即"澎湖原人"，他们是左镇人的先驱。

05
独有英雄驱虎豹，更无豪杰怕熊罴

鬣狗王朝的衰亡

2.5万—2.2万年前，冰河时代发展到了鼎盛期，欧洲-北美联合冰盖的面积达到了最大值。按照以往几十万年的经验，这种严寒气候应当不利于适应热带和亚热带生活的现代智人生存，而有利于适应寒带和温带生活的尼安德特人。然而，酷寒的末次盛冰期唱响了尼安德特人的挽歌。就在约2.4万年前，尼安德特人从地球上消失了，他们最后的据点位于西班牙最南端的直布罗陀，距离30万年前尼安德特人的起源地并不远。如今，由于英国人从北非引进了一群猕猴，直布罗陀是欧洲唯一有野生灵长类动物生活的地方。

针对尼安德特人的绝灭，科学家们提出过许多解释：智力较低、缺乏语言能力（从下巴的结构得出的结论）、文化交流匮乏、瘟疫、科技水平低下、被现代智人击败等等。这些解释陆续被否决：尼安德特人的智商不可能比现代智人低，他们的脑结构相同，而且尼安德特人的脑容量比现代智人平均大15%；即便尼安德特人的语言比现代智人简单一些，精神世界却并不匮乏，他们举办了世界上已知最早的葬礼，用装饰品展现细腻的感情；如果有瘟疫能够彻底摧毁尼安德特人，理应也重创克罗马农人，何况微生物在盛冰期很不活跃，暴发瘟疫的可能性远比温暖时代小；尼安德特人明显比现代智人强壮，力量更强，在肉搏战中会占据明显优势；实验表明，尼安德特人的工具比现代智人的更实用，而且人类最早的细石器标枪头就出土于尼安德特人的莫斯特文化遗址，帮助他们比现代智人更早地捕杀猛犸象等巨型动物。如果尼安德特人的肌肉力量、智力水平和武器工艺都不在现代智人之下，他们似乎完全没有灭绝的理由，尤其不应该在末次盛冰期衰亡。毕竟，他们曾经与现代智人共同在西亚生活了超过10万年，并没有落于下风。

尼安德特人在灭绝之前对人类文化做出了一项重要的贡献，这就是葬礼的发明。人类学理论认为，葬礼显示了人类对灵魂的理解程度。但从大脑结构来看，人类应当很早就具备了这样的思考能力，葬礼出现得这样晚，其实另有原因。作为史前人类的最大对手，鬣狗已经在无数遗址中显示了它们对人肉和人脑的喜爱。不仅如此，鬣狗还具备出色的挖掘能力，可以挖出深达数米的地洞。可想而知，人类的墓地对于这些天生碎骨机来说，简直就是免费的自助餐厅。与狮、虎、熊、狼等猛兽不同，落入鬣狗口中的人类遗骸都不会留下完整的骨架，而只能剩下残破的骨渣。

在亚欧大陆北部和北美流行的萨满教中，人类骨骼的地位特别高，因为萨满巫师相信灵魂藏在骨骼里，而灵魂是不会消亡的，前提是骨骼不朽。骨在则魂在，骨亡则魂亡。因此，葬礼不只是遗体入土，更是抛却肉身、传递灵魂的仪式。世界上的很多民族，包括传统的中国人，讲究"安土重迁"，主要原因在于家乡是祖先陵墓的所在地，也是祖先灵魂的安息之处。一旦后代背井离乡，坟墓中的祖先灵魂将会孤苦无依，不仅不会"祖坟冒青烟"，保佑自己的后代，甚至会因为长期无人祭祀，反过来诅咒自己的后代。但在鬣狗主宰大陆的时代，埋葬的人类遗体会很快被挖出来，嚼成骨头渣，这无疑会使葬礼及其相关文化丧失全部意义。没有标枪的蓝田猿人、北京猿人、长阳人和许昌人等中国上古居民不用土葬的方式处理同胞的尸体，因为当时中国的鬣狗实在是太多了。有太多鬣狗口中的孤魂野鬼未能入土为安，后代不免想要弥补祖先的缺憾，这可能是中国人崇尚厚葬的潜藏心理原因之一。

对古人类而言，鬣狗不仅是他们的天敌，不仅是一种食腐动物，更是灵魂终结者。晚期尼安德特人开始举办葬礼，说明当时欧洲已经很少有鬣狗活动了。鬣狗之所以会在欧洲退却，很可能是因为尼安德特人发明了标枪，从而在与鬣狗的争斗中占据了上风。标枪这种革命性的武器传播到哪里，哪里的鬣狗就望风而逃。

鬣狗从欧洲的消失，对人类本是好消息，为什么会造成尼安德特人的灭绝呢？尼安德特人似乎并不是消灭欧洲鬣狗的真正凶手，二者更可能是同时灭绝的。事实上，尼安德特人一直非常谨慎地处理与野生动植物的关系，可能从未消灭过其中任何一种，斩尽杀绝不是他们的狩猎作风。这在环保主义者看来是明显的优点，在残酷的生存竞争中却变成巨大的劣势，因为他们的对手并不打算公平竞争。

作为旧大陆几百万年来的优势捕猎者，鬣狗曾经经历了多次冰期，也具备在寒潮到来时向温暖地区快速迁徙的能力，所以末次盛冰期的环境骤变不会是鬣狗在亚欧大陆绝灭的主要原因。这时的人类正处于第一次武器革命期间，使用新发明的标枪和弓箭，是人类在正面冲突中战胜鬣狗的有利条件。然而，与鬣狗相比，人类的感官不发达，很难在林莽中找到鬣狗，即便找到了也不大可能追得上，因此需要一个感官灵敏的助手，或者说帮凶。

家犬革命

考古研究显示，家犬是人类驯化的第一种动物。目前已知最早的家犬化石出土于比利时，时间为距今3万多年，俄罗斯和捷克也发现了距今约3万年的家犬化石，三者都处于末次盛冰期初期。DNA研究显示，大部分已知的家犬种类都起源于中国西部内陆。

家犬是由野狼驯化而来的，早期人类之所以首先选择这种动物饲养，至少有五个方面的理由：一、野狼耐力极好，是地球上少数几种长距离奔跑能力强于人类的物种之一；二、野狼习惯群居生活，狼群的组织方式与人类部落相似，便于相互配合；三、驯化后的家犬对主人忠心耿耿；四、家犬的感官特别发达，可以弥补人类的生理不足；五、人与狼之间存在某种特殊关系，母狼时常收养孤儿（而且几乎全部是男孩），人类也喜欢收养小狼，这两个血缘相去甚远的物种之间互动如此紧密，在大型陆生动物之中极为罕见。

　　驯化的家犬与现代智人结成了极佳的互补共生关系。生物共同生活、相互协助的现象很常见，例如寄居蟹与海葵，而现代智人与家犬的关系可能是共生关系中的最高形式。有了家犬的宝贵帮助，再辅以新式武器弓箭和标枪，现代智人足以横扫亚欧大陆，持续了数百万年的"鬣狗王朝"短期内便轰然崩溃。而在此之前的几百万年里，无论是人类还是野狼，都显然不是鬣狗的对手。

　　据目前所见资料，史前时代家犬的出现与鬣狗的绝迹有很大的相关性。例如欧洲人在3万多年前就驯化了狗，欧洲的鬣狗在约3万年前绝迹；中国人在1万多年前驯化了狗，中国的鬣狗在约1万年前绝迹。目前，地球上只有非洲及靠近非洲的西亚偏远地区仍有鬣狗存活，因为这里的鬣狗被狮群压制，几十万年来从未对人类形成足够的压力，并非人类主要的打击目标，而且家犬引进非洲的时间又不长（可能不超过5000年）。虽然古代亚欧大陆上的一些剑齿虎、老虎和狮子种类体形超过现代非洲狮，但并不结成大群活动，所以绝非鬣狗群的对手。

　　主要天敌鬣狗的绝迹，给人类带来了全方位的影响。从生理结构上看，自鬣狗绝迹之后，人类的头盖骨便开始变薄，因为热衷于开颅食脑的吃人野兽已经不存在了。3万年来，人类的头盖骨变薄了约三分之一。同时，鬣狗绝迹使人类的生活状态变得稳定，可以越来越多地食用熟食，久而久之，导致人类的双颚和牙齿变小，智齿也逐渐退化。这些头部骨骼演化的结果，使人类的头部重量大为减轻。反过来看，直立人与尼安德特人、丹尼索瓦人等古人类的头骨都比现代人的头骨厚重得多，牙齿也大得多，颈椎的结构却没有显著区别，一旦头部长期不动（例如听课或阅读），必然使他们的颈椎不堪重负，很快导致病痛，进而对其生活产生巨大的影响。此外，厚重的头骨不利于散热，因此长期专注思考对古人类而言非常危险，有可能导致严重的发烧和神经病变。

智商与学习和研究能力，从来是两码事。智商取决于大脑结构，而学习和研究能力的前提则是长期的专注，专注度则取决于自控能力和生理结构。沉重的头骨使古人类不可能拥有现代人的高专注度，因此他们不具备现代人这样强大的学习和研究能力。即便尼安德特人和丹尼索瓦人的大脑给予他们比现代人更高的智商，但厚重的头骨严重地削弱了他们的学习和研究能力，因此始终未能建立起伟大的文明。

3万年前，人类才终于具备了创建文明社会的全部生理条件。在很大程度上，这一切可能都要拜"人类最好的朋友"——首批接受人类驯化的野狼——所赐。

现代智人能够取代尼安德特人和丹尼索瓦人的原因之一，很可能是现代智人与野狼的合作。野狼与尼安德特人和丹尼索瓦人的关系似乎一直相当疏远，尼安德特人和丹尼索瓦人看来从未驯化饲养任何动植物。他们极度敬畏大自然，不敢改造大自然，结果在毫无底线的亲戚竞争中走上了绝路。

现代智人对野狼的驯化，很可能源于现代智人经常有组织、有预谋地消灭自己的狩猎竞争者，例如杀死整个狼群，只留下几只幼狼，送给女性和儿童当宠物。其他食肉动物，如狮、虎、豹、鬣狗、狼，一有机会，就都会杀死自己领地里的其他食肉动物，现代智人的行为并非特例。残忍与怜悯是一块硬币的两面，在世界各地的猎户家庭中，至今仍能看到收养被杀猎物幼崽的现象，这是现代智人的普遍天性。反之，尼安德特人和丹尼索瓦人不够残忍，从未干出将整群狼都杀死的暴行，也就没有向幼狼施展怜悯的机会，所以永远驯化不出家犬，注定将成为现代智人与家犬联盟的牺牲品。

在现代智人与家犬联盟有组织、有预谋地加以消灭的狩猎竞争者名单中，最主要的当然是更新世亚欧大陆的主宰鬣狗，它也是猿人和原始人类的主要天敌。一旦人类在这场百万年的较量中占得上风，可能就下定决心将昔日的王者鬣狗斩尽杀绝。与在野狼身上发生过的故事相似，现代智人在消灭整群成年鬣狗之后，很可能也曾经考虑收养幼鬣狗，并尝试驯化它们为自己服务。众多考古和文献证据表明，几十万年来，现代智人从未停止过驯化鬣狗的努力。至今有些非洲人依然在为此努力，可惜这一切心血最终都付诸流水。

驯化家犬的巨大成功，不断诱惑着现代智人尝试驯养其他种类野生动物，最终发展出畜牧业。经过数万年的不懈努力，现代智人的驯化名单已经涵盖了大部分高等动物门类，甚至包括猛禽金雕。

驯养野生动物，不仅让人类获得了自身没有的多种能力，生存条件大为改善，防御和进攻能力大大提高，随之产生的畜牧业对人类的影响也极为深远。家畜不仅能够为人类提供相对稳定的高质量动物蛋白、脂肪等营养，促进了人类智力和体质的发展，而且极大地推动了军事、交通、商业的发展和各地区的交流，农业的发展也深受畜牧业的推动。自商朝甲骨文以来，汉字的"家"字一直是由表示房屋的"宀"和"豕"（猪）构成，其清楚地显示，驯养家畜在中国古人的心目中，地位是何等重要。

尼安德特人和丹尼索瓦人之殇

从环境史的角度看，尼安德特人和丹尼索瓦人的绝灭意味深长。他们的智力和技术都不在同时代现代智人之下，小心翼翼地与自然和谐相处，从不索求无厌。现代智人则不同，热衷于征服自然，改造自然。世界多地的史前遗址都显示，现代智人时常一把火将数百平方千米森林化作焦土，也时常一次性屠杀成百上千头动物，连母兽和幼崽都不放过，而自己只利用其中很少的部分。尼安德特人和丹尼索瓦人具备同等水平的生火和狩猎技术，但数十万年来，他们从未做出过类似的大规模毁灭自然环境行径。

从多巴火山喷发到陶波火山喷发的 5 万年内，现代智人走遍了旧大陆的每一个角落，所到之处，无不在自然中留下痕迹。从撒哈拉到澳大利亚，从尼罗河到黑龙江，森林变成草原，草原变成沙漠，土壤流失，物种绝灭……早在农业、牧业和工业出现之前，这类生态环境灾难便一直与现代智人的出现紧密相伴。对自然环境缺乏敬畏，敢于对自然环境动手，恐怕是现代智人最终击败其他竞争者，登上地球食物链顶端的原因之一。

随着尼安德特人、丹尼索瓦人的消亡和鬣狗王朝的终结，现代智人已经成为东半球无可争议的主人。不过，他们的雄心不仅于此，地球上还有更多的处女地等待他们去开发。在遥远的大洋彼岸，神秘的新大陆正向现代智人发出召唤。

第七章

新世界与旧图腾

(2万—1.16万年前)

01
最早的美洲人

谁是第一批抵达美洲的人类

众所周知,意大利人哥伦布于1492年渡过大西洋发现了新大陆,本应以他的姓氏命名其为"哥伦比亚"。然而,哥伦布自己放弃了这一机遇——他始终以为自己发现的是亚洲的一部分。后来,意大利航海家亚美利哥首次向欧洲公众证明,位于西半球的这两块大陆并非亚洲,而是不见于史书记载的新大陆。因此,它们最终被依照亚美利哥的姓氏命名为"亚美利加"。

哥伦布曾经长期被宣传为美洲的第一个发现者,但他发现的不是一块无人居住的处女地。当时,整个热带美洲人烟稠密,并不比欧洲逊色多少。哥伦布以为自己发现的是印度,所以称当地原住民为"印第安人",意思是"印度人"。

其实,哥伦布甚至算不上是第一个抵达美洲的欧洲人。就在哥伦布抵达美洲前几十年,北欧海盗刚刚放弃他们位于格陵兰、纽芬兰等北美洲东北部的据点。维京人之所以离开北美殖民地,一是因为物资补给不足,二是因为他们和瓜纳哈尼岛上的西班牙海员一样,遭到了原住民因纽特人的凶猛攻击。维京人称他们为"斯莱克林"(意为"丑八怪"),印第安人称他们为"爱斯基摩人"(意为"吃生肉的人")。

很明显,无论是北欧海盗,还是西班牙船员,都不是美洲最早的居民，他们对美洲的武装入侵遭到了更早来到当地的居民的顽强抵抗。从身体结构上看，印第安人和因纽特人等美洲原住民显然来自东亚，与中国人和日本人相似。

遗传学和解剖学研究都表明，美洲印第安人的大部分基因来自东亚、东北亚和大洋洲，例如在印第安人中，铲形门齿出现的比例和东亚人非常接近。始于距今1.15万年前、以美国西南部新墨西哥州的克洛维斯镇遗址命名的"克洛维斯文化"，长期被认为是美洲最早的人类文化。该文化的标志性物证是"克洛维斯标枪头"，这种大型开槽石制武器做工精良，足以杀死任何动物，包括猛犸象、剑齿虎和人类。此后，在北美又发现了许多更早的人类遗址，例如美国东北部宾夕法尼亚州的麦多克罗特遗址，它可以上溯到距今1.4万年前，智利南部的蒙特维德遗址也可以上溯到距今1.3万年前。所以，大部分古人类学家认为，来自西伯利亚的人类大约是在1.5万年前首度抵达美洲的。

然而，石器学者们却向我们描述了一段完全不同的历史。克洛维斯标枪头和2万年前东亚、东北亚和大洋洲的晚新石器和细石器相去甚远，很难想象它们之间存在继承关系。其实，与克洛维斯标枪头最接近的石器来自欧洲，即距今2.1万—1.7万年西欧地区的梭鲁特文化。古人类学家也发现，早期美洲人类的头骨带有明显的欧洲白种人特征（颧骨比黄种人窄、鼻梁较高等等），与现代印第安人差别较大，例如美国西北部华盛顿州出土的、距今9000年的肯纳威克人化石。

最早的美洲居民可能来自大西洋彼岸的欧洲吗？穴居原始人横渡大西洋的想法听上去有些荒谬，毕竟这项工作对哥伦布这样极富经验的航海家来说都是艰巨的考验，甚至20世纪初的远洋巨轮"泰坦尼克"号也在处女航时沉没了。除非，梭鲁特人无须造船横渡大西洋，就能抵达美洲。

追捕海豹的意外收获

2万年前的地球仍处于末次盛冰期，虽然最寒冷的时代已经过去，但气温依然极低。全球冰量在 1.8 万年前达到了第四纪的最大值，同时全球海平面下降到第四纪的最低点。1.8 万—1.6 万年前，随着南意大利火山群再度爆发，欧洲气候恶化，欧洲-北美联合冰盖迎来了又一次扩张，将北大西洋变成了一片白色的陆地。至少在冬季，人类完全可以从今天的葡萄牙波尔图步行到纽约，或是从爱尔兰步行到加拿大，只要有一双适合在冰面上行走的鞋。

所以，欧洲的梭鲁特人完全可能在 1.8 万—1.6 万年前发现美洲。即便是在末次盛冰期，冰盖的边缘也十分脆弱，很容易破裂或融化；冰盖的内陆地区又气候恶劣，几乎没有生物能够生活在几千米厚的冰层上。这些先驱者为什么要冒着如此巨大的危险，离开欧洲西进呢？

最可能的原因是觅食。末次盛冰期的欧洲北有欧洲-北美联合冰盖，南有阿尔卑斯-比利牛斯冰川，植被严重退化，陆生动物数量大减，这迫使西欧和南欧的居民把觅食的区域从陆地转向海洋。梭鲁特文化在西欧和南欧留下了大量精美的壁画和雕塑，初期描绘的对象都是陆生动物，但后期出现越来越多的海豹和鱼类，说明梭鲁特人已经不限于捕杀猛犸象、大角鹿、野牛和野马等陆生动物，也成了熟练的渔民。

在末次盛冰期之前，现代智人过着类似洞熊的生活；在末次盛冰期期间，现代智人又过起了类似北极熊的生活。动物是人类最好的老师，依赖古往今来无数源自仿生学的发明，我们如今才可以像鸟一样飞上天空，像鱼一样潜入深海。不过，为什么总是熊？

首先，熊的身体结构接近人类，甚至比许多灵长类动物更加像人，还可以双足行走，这使得熊，特别是小熊在人类看起来十分可爱。有些猎人声称，被扒掉毛皮的熊几乎和人类一模一样。许多原始部落将熊视为一种人，甚至尊为神祇。欧洲的尼安德特人崇拜洞熊，为死去的熊修建灵堂，把熊骨和人骨放在一起膜拜。北欧的狼人文化源自熊文化，因为熊科动物很像粗壮化的犬科动物，而且兼具很多与人相似的特征。日本北海道的原住民阿依努人非常崇拜熊，并饲养小熊作为宠物。不过小熊长到两岁之后就过于危险，不再适合当宠物，这时阿依努人会举行宗教仪式"熊祭",把熊杀死吃掉,这类习俗在古代东北亚非常普遍。华夏民族的人文始祖黄帝号"有熊氏",说明他很可能来自一个以熊为图腾的部族。"泰迪熊"畅销全球的例子说明,人类对熊的喜爱堪比对猫狗等常见宠物的喜爱,只是由于熊在成年后过于危险而无法饲养。大熊猫这种食谱狭窄、生育能力低下的熊类之所以能够一直幸存至今,很大程度上也是因为人类的喜爱。

其次,熊的嗅觉非常灵敏,甚至在家犬之上。原始人类的嗅觉虽然不佳,但只要跟着熊的足迹走,就往往能够找到散发着微弱气味的食物。

最后,熊是典型的杂食动物,其食谱与人类的食谱高度重叠。这就使得人类在觅食的过程中频繁地与熊接触,更何况双方都喜欢住在山洞里。这种接触有时表现为血腥的战斗,但看来多数时候双方还是能够友好相处。洞熊虽然体形庞大,但几乎完全食素,而尼安德特人栖身的洞穴中出土的兽骨八成以上都属于洞熊。我们不难想象尼安德特人跟随着熊的脚印觅食的情景,一如北京猿人与鬣狗之间若即若离的复杂关系。人类在末次盛冰期酷寒的气候下热量损耗极快,对脂肪的需求量非常大,而北极熊的主食海豹能够提供远多于任何陆生动物的脂肪(许多海生哺乳动物都是如此)。梭鲁特人一旦吃过海豹,就不会再想捕杀肉质又干又硬的野马和野鹿了。海豹最喜爱趴在浮冰上,因而浮冰也成为人类和北极熊的最佳狩猎场所。沿着北大西洋上的冰盖边缘一路向西,寻找和猎杀海豹,就成为梭鲁特文化顺理成章的选择。

1.8万—1.6万年前,由于南意大利火山群再度爆发,欧洲气候恶化,陆地上缺乏食物,大批梭鲁特人放弃狩猎和采集,转而从事渔业。结果,其中一些人在沿着冰盖追捕海豹时,意外地成为最早登上美洲大陆的人类。

引路的海底森林

梭鲁特人独享美洲的时间并不长。当末次盛冰期结束,大西洋冰盖裂开之际，北美冰盖沿着落基山脉东麓裂开，形成包括阿拉斯加和加拿大西部的科迪勒拉冰盖，以及科迪勒拉山脉以东直至大西洋的劳伦太德冰盖。于是在1.35万年前，落基山脉东麓出现了一条沟通阿拉斯加草原和密西西比河流域的无冰通道。当时的海平面仍然比现代低90—120米，如今宽达84千米的白令海峡并不存在，而是一道平坦的白令陆桥，与阿拉斯加合称为"白令吉亚"。东北亚的陆生动物完全可能经白令吉亚和北美西北部的无冰通道，深入气候温暖的美洲内陆。

2万年前的北美是许多大型食肉动物的家园，其中包括有史以来最大的猫科动物北美拟狮，剑齿虎家族中最晚也最大的成员刃齿虎，外观如同巨型猎豹的惊豹，比灰狼更大的恐狼，比非洲鸵鸟更魁梧的不飞猛禽泰坦鸟，以及北美大陆的兽中之王短面熊，它比北美拟狮强壮，比恐狼跑得快。不过，随着无冰通道的开启，一种终极猛兽来到新大陆，它的体形与梭鲁特人祖先熟悉的欧洲洞熊接近，但凶猛程度更甚，食谱比短面熊宽泛得多，也更为粗壮。

1.3万年前的一天，北美的梭鲁特人发现，在他们熟悉的土地上出现了一种陌生的动物，谁都无法对它视而不见。它就是原产于东北亚的棕熊，在北美被称为灰熊。

首先发现灰熊的梭鲁特人大概万分恐惧，这种恐惧并非全部来自灰熊本身。几万年来的生活经验告诉他们，有熊的地方往往有人，而能够与灰熊共处的人类族群一定异常强大。的确如此，与灰熊一同进入北美大陆的还有亚洲人，他们不仅文化发达，而且数量庞大，源源不绝，与缺乏后援的梭鲁特人形成了鲜明的对比。这些亚洲人还带来了家犬。虽然梭鲁特人在欧洲故乡接触过家犬，但作为渔民，他们不太可能带着家犬穿越大西洋上的浮冰，因此在与亚洲人的对抗中处于劣势。

然而，1.5万年前，无冰通道尚未开启，要再等1500年亚洲人才有可能从阿拉斯加步行进入北美腹地。那么，1.5万—1.4万年前已经遍布美洲的前克洛维斯文化遗址又是怎么回事？其实早在无冰通道开启之前，东北亚的渔猎部落就经常离开日本海滨的家乡，划着小船沿北美冰盖的西侧边缘航行，和美洲东海岸的梭鲁特人一样，在美洲西海岸撒播下亚洲文化的第一批种子。如今，从加拿大到智利绵延的美洲太平洋沿岸发现了众多前克洛维斯文化遗址，时间集中于1.5万—1.2万年前，并表现出一致的文化特征，向后人无声地歌颂着这些来自东北亚的早期美洲开拓者。

这趟旅程既漫长又艰辛，阿依努人何必要迎难而上呢？原因大约和几千年前梭鲁特人沿着北大西洋冰盖西进美洲相同——觅食。为了这个目的，阿依努人或早期的印第安人需要穿越一片如梦如幻的地域，那里曾经是地球上最大的森林，也是一个真正的巨兽国度。

与南海、珊瑚海和加勒比海等热带海域相比，北太平洋的海洋物种似乎稀少得多，但对渔民而言，情况并非如此。北太平洋的海水昼夜温差大，洋流规模大，养育出了地球上最大的海生植物——巨藻。与身长可达300米的巨藻相比，就连加利福尼亚巨杉都像侏儒，正如大象在蓝鲸面前显得渺小。300米是浅海大陆架的最大海水深度，保证巨藻可以从大陆架海床的任何位置生长到海面，沐浴阳光的能量流。如果说普通的海藻群如同海底草原，那么巨藻群就如同海底森林。巨藻喜欢水温14℃之下的冷水，过热的海水会使它们死亡，所以末次盛冰期是巨藻的黄金时代，它们遍布从日本到墨西哥的整个北太平洋浅海区。北太平洋巨藻森林是当时地球上最大的森林，面积超过西伯利亚针叶林和南美亚马孙雨林，并几乎将这两者连为一体，向大气中释放大量氧气。它还是地球上最大的海洋动物庇护所。

但这座巨大无匹的森林同样会制造环境问题。巨藻是地球上生长速度最快的植物，它的寿命不过12年，却能高如摩天大厦，而且繁殖能力惊人。如果放任这样的植物自由生长，那么整个浅海都会被它们窒息。所幸，北太平洋还生活着地球上最大的海生植食动物，它们日夜不停地进食巨藻，使海洋得以保持生态平衡。

1741年12月19日，受雇于俄国女皇伊丽莎白一世的丹麦航海家白令由于身患坏血病，躺在堪察加半岛与阿留申群岛之间的科曼多尔群岛上，痛苦地度过人生的最后几个小时。几天前，他率领的考察队刚刚发现了从西伯利亚通往阿拉斯加的海峡，这里未来将被命名为"白令海"和"白令海峡"，但白令本人无法在生前接受这份荣誉了。临终前，白令惊异于大脑里产生的幻觉：周围似乎美女如云，她们自腰部以下长出了鱼尾巴，竟然是美人鱼……不过这些美人鱼的身材也太魁梧了，好像和鲸鱼一样大。

白令去世后接管考察队的德国学者斯泰勒没有患上坏血病，他知道白令临终前看到的巨型美人鱼并不是幻觉。这就是地球上最大的海生植食动物斯泰勒大海牛，又称巨儒艮。其身长可达 10 米，体重可达 6 吨，超过大象。在科曼多尔群岛逗留期间，斯泰勒仔细观察了这些令人惊叹的动物，并指挥队员捕杀了几头以供食用。按照他的记载，巨儒艮是地球上最温顺无害的动物之一。它虽然身材巨大，却没有任何攻击性，完全以海藻为食，群体生活，游速缓慢，易于捕杀。当一头巨儒艮被渔叉刺中后，它的同伴会游过来，试图用嘴把渔叉拔掉。巨儒艮严格遵守一夫一妻制，当雌巨儒艮被捕获后，雄巨儒艮会在附近徘徊多日不肯离去。

巨儒艮这样温和的动物，能够生存数百万年，其实本来就是个奇迹。有理由相信，环北太平洋地区之所以生存着这么多巨型食肉动物——地球上最大的海生食肉动物抹香鲸和虎鲸，最大的掠食鱼类大白鲨，最大的陆生食肉动物灰熊、北极熊和短面熊，最大的猫科动物北美拟狮和东北虎，最大的节肢动物巨螯蜘蛛蟹，是因为与以巨藻为主食的巨儒艮存在某种食物链上的联系。巨儒艮的身材与猛犸象相仿，可以提供数倍于猛犸象的脂肪，这对于冰期中亟需能量的食肉动物尤为重要。18 世纪之前，虎鲸、大白鲨、灰熊等猛兽无疑会经常捕食巨儒艮，巨螯蜘蛛蟹则受益于这些捕猎的食物残渣。更何况与捕杀猛犸象、披毛犀等大型陆生动物相比，捕猎巨儒艮简直没有任何风险，巨儒艮丰富的血肉就这样将环北太平洋地区的食肉动物养得膘肥体壮。人类当然不会放过如此完美的猎物，在被白令与斯泰勒发现时，巨儒艮其实已经濒临灭绝，全球数量不足 2000 头。仅仅过了 27 年，世界上最后一头巨儒艮便于 1768 年被渔夫射杀，这个温和的植食物种绝灭了，连一个完整的标本都没有留下。

巨儒艮对浅海的生态平衡有着决定性意义。它们不仅控制着巨藻的数量，也为海獭、海狗、海豹和鱼类等北太平洋巨藻森林居民提供庇护。大型食肉动物往往担心被巨藻缠住，窒息而死，所以不敢深入稠密的巨藻森林。海獭等小型海生动物的天敌限于体形，通常又不敢攻击巨儒艮这样的巨兽。所以，海獭只要躲进巨儒艮群中就安全了，这与现代非洲草原上小型食草动物躲入大型食草动物群中而避免被猛兽捕食是一样的。海獭的主要食物是海胆、鲍鱼等底栖动物，这些底栖动物以海水底层的巨藻为食，正如巨儒艮以海水上层的巨藻为食一样，对控制巨藻的数量至关重要。然而，这些海底食藻动物的繁殖能力比巨儒艮强得多，如果没有海獭这样的天敌，其数量很快就会失控，从而给巨藻森林带来毁灭性影响。一旦巨儒艮数量下降，以巨儒艮为食的巨型食肉动物就会随之减少，同时海獭和鱼类丧失了庇护者，数量也会下降，导致海胆、鲍鱼等海底食藻动物数量爆炸式增长，结果便是整个巨藻森林生态系统的彻底崩溃。这场因为人类过量捕杀巨儒艮造成的生态灾难持续了上万年，如今，北太平洋巨藻森林的面积已经不足末次盛冰期的千分之一。

谁应该对巨儒艮的灭绝负责呢？不是斯泰勒和白令考察队，他们只捕杀了几头巨儒艮，不足以威胁整个巨儒艮种群的生存。化石显示，巨儒艮的分布范围曾经很广，遍布从日本到墨西哥的整个北太平洋浅海区，只要有巨藻的地方，就有它们的身影。在末次盛冰期，巨儒艮还在位于冲绳海槽西坡的黄河三角洲一带生活过很长时间。史前华北沿海居民对它们应当相当熟悉，《山海经》《列子》《庄子》中提到的某种水生巨兽可能就是巨儒艮。史前的中国人、阿依努人和后来的印第安人、日本人、朝鲜人都热衷于捕杀巨儒艮，它们最终被迫逃到远离大陆的海岛附近避难，但最终还是无法避免绝灭的命运。

这样看来，阿依努人很可能是在跟踪易于捕杀、肉味肥美的巨儒艮时发现了美洲。化石分布情况显示，日本海周边的巨儒艮种群在末次盛冰期就已被阿依努人消灭殆尽。为了捕猎巨儒艮，他们冒着严寒北上鄂霍

地图 31 人类发现美洲（罗三洋制作）

次克海和阿拉斯加南部沿海，又灭绝了那里的巨儒艮种群，尔后又继续沿着科迪勒拉冰盖南下到加利福尼亚和墨西哥沿海，直到大陆沿岸的所有巨儒艮都绝迹。阿依努人的这趟发现新大陆之旅其实不太困难，他们一直在北太平洋巨藻森林上航行，这条连绵万里的绿色厚垫子从水下指引着航海先驱们的探险方向，同时也敲响了自己的丧钟。最终，人类灭绝了巨儒艮，将海獭逼入绝境，也摧毁了北太平洋巨藻森林。

1.5万年前，热衷捕杀海豹的梭鲁特人与热衷捕杀巨儒艮的东北亚人在北美大陆相聚了。但是，与后继无援的梭鲁特人不同，东亚和东北亚的黄种人即将沿着无冰通道和北太平洋巨藻森林大量涌入美洲，征服数量稀少的早期移民，从而构成未来美洲印第安人的主体。

作为最晚发展出来的人种，黄种人在末次盛冰期兴起，这个变幻的时代给黄种人制造了众多环境问题，同时也启发他们制造出精巧的细石器，并最终引导他们彻底改变生活方式，创造出世界上最古老的农业社会。至于最早发现美洲的梭鲁特人，由于帮助他们来到美洲的欧洲-北美联合冰盖即将解体，他们只能与欧洲的同胞从此天各一方，因此迅速被数量占压倒性优势的黄种人消灭或同化。要再过1万多年，欧洲人才具备足够的航海技术渡过浩瀚的大西洋，重新"发现"美洲。

02
置之死地而后生

冰河时代的终结

1.5万年前,包括东亚在内,北半球的许多陆地突然成了一片汪洋。末次盛冰期结束时,庞大的欧洲-北美联合冰盖迅速消融,巨量冰水注入大海,使海平面迅速上涨数十米,陆地面积随之大幅减少,黄河河口也从冲绳海槽退回济州岛以西,黄海从无到有,面积迅速扩大。在内陆,冰盖的消融导致冰原上出现许多堰塞湖,一旦冰坝垮塌,海量的冰水就会一涌而出,横扫陆地奔向海洋,这对于沿途的所有生物都将是灭顶之灾。同时,冰川活动制造出的大量洼地,在冰川消融之后又成为新的湖泊,北半球高纬度地区的许多湖泊都是这样形成的,在俄罗斯、加拿大、瑞典、芬兰等靠近北极圈的国家尤为常见。在这个大洪水频发的时代,可想而知,住在平原上并不是明智的选择,除非你会造船并划船。

1.5万年前的聪明人不住在平原上,而住在山里。在这些高海拔地区,他们不太容易被突如其来的洪水淹死。然而,山区的生活比平原上艰难,觅食是个大问题,崎岖破碎的地形限制了人类的活动。对猎人而言,追击猎物变得困难,即便将其杀死,战利品也经常无法找到。对采集者而言,山区土壤过薄,很难找到大量可口的植物块根,果树的分布又太散,寻找和运输都耗费太多的精力。人类每日所得有限,因此难免经常饿肚子。好在山区空气清新,负氧离子能够有效地促进思维活跃,通过对

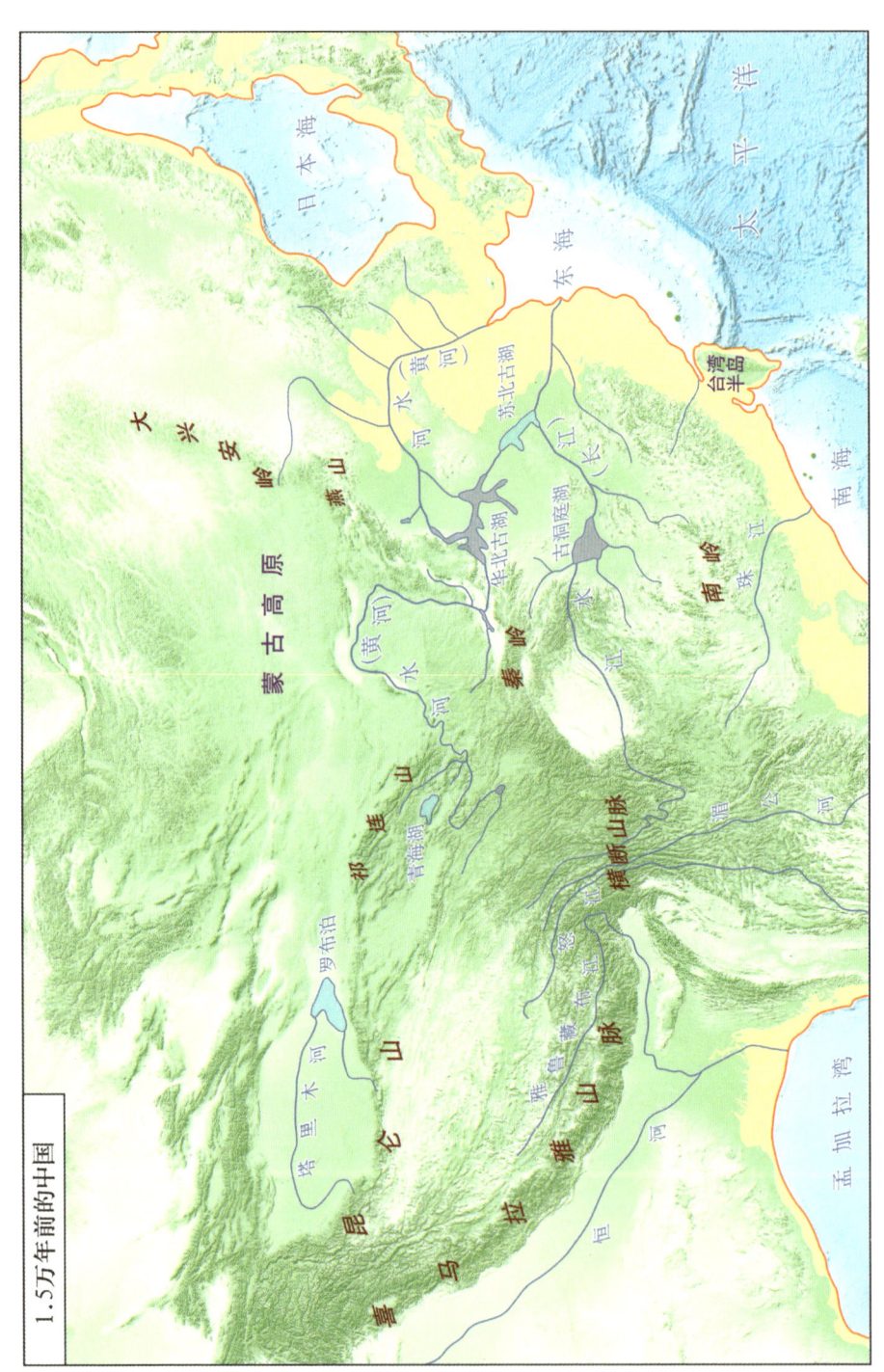

地图 32　1.5 万年前的中国（罗三洋制作）

自然界的细致观察，人类历史上最伟大的一次科技突破终于诞生了——农业。

农业的萌芽

关于农业的起源，学术界提出过大量的观点，这些观点又不断地被新的考古发现颠覆。西方学者曾认为，他们的主食小麦和大麦是世界上最早的栽培作物，但这种观点已遭到否决。早在末次盛冰期之前，也就是至少 4 万年之前，非洲腹地的黑人就开始种植甘薯了。但对大部分农业史学者而言，"农业"一词被严格限制在禾本科作物的规模化种植范围内，它的最早起源地目前来看是中国。

江西东北部有一个万年县，这个名字很贴切，因为早在 1 万多年前，当地就已经有人类居住了。万年县的仙人洞出土了距今 2 万—9000 年的水稻化石，其中，早于 1.5 万年前的水稻化石全部为野生稻，而晚于 1.2 万年前的水稻化石则以栽培稻为主。这说明江西的水稻栽培始于 1.5 万—1.2 万年前，万年县一带是迄今已知世界上最早的农业区。

几百万年来，人类一直热衷于采食禾本科植物的果实，人类的双手因此进化成了现在这种拇指可以与其他四指对握的样子。野生水稻其实是一种生活在沼泽里的杂草，外观和味道都与现代栽培水稻相去甚远，更不用说当时还没有煮米饭的技术条件。万年县位于一片山水环抱的丘陵之间，末次盛冰期时这里气候寒冷，包括鄱阳湖西北岸的庐山在内，万年县周边的高山顶上都有冰川发育，夏季气候炎热时，融化的雪水相当充沛。这种湿润环境在干冷的末次盛冰期非常难得，要知道当时就连鄱阳湖都完全干涸了。

如今，江西北部所在的长江中下游地区属于亚热带气候，而在 2 万年前，这里的气候更接近现代的燕赵大地。对不擅长制造衣服、多数情况下只能以兽皮御寒的史前人类来说，这里几乎已经到了他们能够生存的最北界限。当时，仙人洞还淹没在湖水里，人类居住在海拔更高的吊桶环山区，不时到仙人洞周边的浅水沼泽里采摘野生水稻。1.8万—1.5万年前末次盛冰期终结，在冰盖消融导致的全球性大洪水结束以后，江西东北部的水位下降，仙人洞露出水面。人类发现这个新出现的石灰岩溶洞很适合居住，而且离采食区很近，于是搬了进去。但随着水位的进一步下降，仙人洞周边地区相继成为旱地，野生水稻赖以为生的浅水沼泽消失了，野生水稻日渐稀少。人类要想继续吃稻米，最好的办法是搬到水量充沛的平原上去。但出于对大洪水的恐惧，他们不愿离开仙人洞，于是在一些低洼地区挖掘人工沼泽以供野生水稻生长，这大致就是东亚水稻农业的起源。

人性都是相通的，就在水稻在东亚被驯化后不久，另几种禾本植物也得到了人类的青睐。考古证据显示，小麦和大麦的种植发源于1万多年前土耳其和叙利亚的山谷。当西亚的冰川刚刚后退到北方的高加索山区时，最早的小麦和大麦农业就在这片自然环境与江西万年有些相似的土地上，养育出地球上已知最古老的城市和神庙。不难看出，这几种最重要的谷物都是在末次盛冰期结束时，在北半球冰川南缘的丘陵地带培育出来的。

由于现代智人表现出杰出的环境适应能力，在末次盛冰期前后，全球人口并没有减少，反而明显增加，在1.5万年前已接近1000万。造成人口增加的原因并不完全是新兴的农业，当时全世界的农民也许不过几千人，其他几百万人还过着传统的渔猎和采集生活。在末次盛冰期，人类为了应对极端严峻的环境挑战，被迫改进工具（特别是细石器），由此增加了食物来源种类（例如禾本植物、巨型食草动物和海洋动物）。他们一方面发明了农业，另一方面提高了渔猎和采集效率，并且拓展了生存空间，增加了可供利用的自然资源。现代智人是末次盛冰期最大的赢家。

气温和降水的波动引导江西的山民发明了农业，而对沿海平原上的居民而言，末次盛冰期结束后的环境剧变影响则更加剧烈。当史前的江西人蹲在仙人洞外研究水稻种植技术时，他们的平原同胞正受环境的驱动，忙着发现新大陆，理由很现实：1.3万年前，东北亚的自然环境已经不再适合人类生存。

向新大陆进发

1.5万年前,日本富士山还根本不存在,巍然耸立在伊豆半岛北端的还是老富士山。然而,老富士山已经年华老去,它的生命之火即将像盛夏的樱花一般枯萎。

1.3万年前的老富士山的末日爆发,是10万年来东亚和东北亚最猛烈的火山喷发。经过这次喷发,海拔近3000米的老富士山几乎夷为平地,相伴而来的是强烈的地震与海啸,还有伊豆熔岩湖的再度喷发,最终富士山在老富士山的遗骸旁拔地而起。与此同时或略早,向来与日本火山联动紧密的长白山也剧烈喷发,导致火山口顶部坍塌,形成天池。

就规模而言,这次喷发尚不能与7万多年前东南亚的多巴火山喷发相比,但也足以让整个东北亚日月无光。同样恐怖的是,随着末次盛冰期的结束,欧洲-北美联合冰盖逐渐消融,海平面在几百年内上涨了约50米,对马陆桥被淹没,日本从半岛变成了岛屿,今东海和黄海的大片沿海平原没入海底,无数陆生动植物丧命。由于这次海侵在陆地留下了大量海生动物卷转虫的化石,环境史上称之为"卷转虫海侵"。

1.3万年前,东北亚居民面临的灾难是今人难以想象的:家园被上涨的海水淹没,家人被地震夺去了生命,火山灰让他们无法呼吸……除了拼命逃离,他们别无选择。可是,他们能到哪里去呢?1.3万年前的东亚大陆上已经有了几十万居民,他们早已形成了各自的势力范围,随意犯境的外来者会被毫不客气地当作敌人,而且原住民也面临着各种环境灾难带来的压力。

经 ^{14}C 测定,周口店山顶洞最晚的古动物化石的年代为1.32万年前,在此后数千年内,周口店再没有古人类和动物活动的遗迹。可见,新老富士山和长白山的连续喷发,导致今天的北京地区在末次盛冰期气候转暖后反而成为一片生命禁区。受影响的还有曾经繁荣的东北古人类文化,它们在约1.3万年前消失得无影无踪。

在长白山和新老富士山相继喷发、卷转虫海侵来袭的环境灾难背景下，东北亚的黄种人在 1.3 万年前被迫四散逃命，其中一些人沿着无冰通道进入美洲。然而，顺着无冰通道进入美洲的迁徙绝不是轻松的旅游。当时，这条路非常难走，路两侧高耸着数百米厚的冰川，碎冰和碎石经常堵塞道路，刺骨的寒风在冰谷里呼啸着，寸步难行。所幸，当时无法在东北亚生活下去而被迫迁入北美的动物并不止人类，灰熊也走过了无冰通道，人类只需要紧紧跟随它们在雪地上留下的脚印，捡拾它们吃剩下的食物，就可以发现新大陆。

富士山隆起之后，任性的气候女神意犹未尽，下一波环境剧变又在眼前。当几批东亚黄种人从白令吉亚进入美洲腹地之后，他们蓦然回首，发现刚刚穿过的无冰通道居然闭合了。

仙女起舞，冰河再临。

03
冰火两重天

磁极再转

在亚欧大陆北部的苔原上，广泛生长着一种蔷薇科的灌木，它长着柔弱的茎叶和美丽的花朵，故而得名"仙女木"。作为一种寒带植物，仙女木的分布范围本应在末次盛冰期之后的温暖时代大幅萎缩，但地质学家和古生物学家吃惊地发现：1.37万年前，亚欧大陆的仙女木分布范围较之前有所扩大，这种反常现象持续了将近200年，然后萎缩了大约300年，随即再度扩张达200年之久，尔后又出现了第三次持续约800年的萎缩，继之以最猛烈的扩张，这一次仙女木在北半球的繁荣持续了超过1000年才终结。

末次盛冰期之后的时代，是 ^{14}C 测年技术可以大展身手的领域，因为这种技术测量1.5万年内的物质所得的数据被公认比较准确。在 ^{14}C 测年技术的帮助下，环境考古学界很快意识到，仙女木的分布范围变化显示了末次盛冰期之后距今1.4万—1.1万年的几次气候剧变，即仙女木分布范围的扩张标志着气温的下降，萎缩则标志着气温的上升。后来，科学家对岩层、冰芯、花粉和昆虫化石的各项研究结果进一步证实了依据仙女木分布范围发现的这些气候剧变。

这几次气候剧变因而也被命名为仙女木事件。环境考古学界将仙女木事件分为三个阶段：旧仙女木事件、中仙女木事件和新仙女木事件。

表7 仙女木事件分期表

分期	时间	气温变化
旧仙女木事件	1.37万—1.36万年前	下降
博令间冰阶	1.35万—1.33万年前	上升
中仙女木事件	1.33万—1.32万年前	下降
阿勒罗德间冰阶	1.32万—1.3万年前	上升
新仙女木事件	1.29万—1.16万年前	下降

注：按照 ^{14}C 测年结果（经树轮测年结果校正）。

其中，最引人注目的是新仙女木事件，因为其间的气温降幅最大，持续时间最长（1300年），对人类和地球生物的影响也最大。在环境史上，新仙女木事件制造了最后一个冰期，标志着更新世的结束和全新世的诞生。

仙女木事件爆发，导致全球气温在短时间内迅速下降，全球平均气温比1.5万年前末次盛冰期结束时低12—13℃。结果，欧洲-北美联合冰盖再现，并在北大西洋重新推进至波尔图-纽约一线，葡萄牙西岸的海水温度在不足40年内下降了8℃，欧洲北部大部分地区的1月气温低于-20℃，挪威海和北海的水温比之前下降了超过20℃，英国与荷兰的7月气温下降了7—8℃，美国缅因州的夏季池塘水温下降了7—13℃。生物遗骸显示的景象更加恐怖：西伯利亚和阿拉斯加的冰雪中保存着大量在新仙女木事件期间被冻死的猛犸象尸体，它们口腔和肠胃中的植物表明，在毁灭性的寒潮到来之前，这里绿草如茵。动物尸体堆积的状况显示，远比台风更猛烈的风暴席卷北半球，成千上万头猛犸象、野牛和成片的树木像气球一般被卷上天空，然后又被随意地拢到一起。自从末次盛冰期以来的1万多年内，可怜的猛犸象时而被迫在海底漫步，时而被迫在天空飞翔，这样的生活方式绝非所有动物都能承受。

在新仙女木事件中，北半球的寒带和温带地区遭受了近乎毁灭性的打击，但是热带地区和南半球受的影响明显较小，主要是旱灾，例如维多利亚湖当时基本干涸，从而导致尼罗河断流。亚欧大陆上的人类为了应对新仙女木事件，被迫进行技术创新，而非洲等热带和亚热带地区的人类则没有这样做的动力,还在继续按照传统渔猎采集方式生活。

在新仙女木事件期间,中国的情况与同处北半球的欧美类似:全国气温在短短几十年内就从暖湿转为干冷,季风活动加强;新疆地区沙漠化加剧;青藏高原的湖群水面普遍下降,湖水盐度上升;河西走廊及青藏高原东部的针阔叶混交林转变为稀树草原和沙漠;黄土高原上的针叶林也退化成荒漠草原,年均气温比现代低8℃左右;河北平原的年均气温比现代低8—12℃;华东地区的气温和降水量全都显著减少。同时,由于欧洲-北美联合冰盖再现,全球海平面下降,陆地面积有所扩大,渤海、黄海和东海大陆架上出现阔叶林、沼泽和潟湖,说明这一带当时又变成了沿海平原。

仙女木事件期间的另一大环境变化,是1.4万—1.2万年前的磁极倒转事件——"哥德堡反极性事件"。这是距今最近的一次磁极倒转事件,因首先发现于瑞典哥德堡而得名。在中国,目前北京、江苏、浙江等地已发现哥德堡事件的土壤和岩石证据。

磁极倒转事件对环境会产生多重影响:它改变地球自转和公转的速度,以及地球公转的轨道,地球接收的太阳光和宇宙射线等辐射量也都会随之变化,引发生物遗传基因变异,导致旧物种的灭绝和新物种的产生。此外,磁极倒转事件会直接影响动物的精神状态,数以亿计的候鸟和其他有季节性迁徙习惯的动物可能会因为方向判断错误而死于迁徙路上。不过,260万年来,每次磁极倒转事件都促进了人科动物的发展,哥德堡反极性事件则催生了人类文明。从环境史和生物发展史的角度看,现代人是地球磁极倒转事件的最大受益者。

给1万多年前的全球环境带来如此剧烈变化的新仙女木事件,究竟是什么原因引起的呢?这是第四纪环境考古研究中最大的热点之一。目前较有说服力的理论有两种,即北美阿加西斯古湖溃坝理论与日本富士山喷发理论。

在末次盛冰期,北美大陆北部被欧洲-北美联合冰盖覆盖,随着1.5万年前气温转暖,冰盖逐渐融化,于是在冰盖边缘形成了一些大湖。它们往往因冰坝阻塞，湖水无法流向大海，以发现"雪球地球"和"寒武纪生命大爆炸"理论的伟大博物学家阿加西斯命名的阿加西斯古湖即是其中之一。它是北美五大湖的前身，也是当时全球第一大淡水湖，1.3 万年前面积达到 44 万平方千米，接近于鼎盛时期的华北古湖。

可惜，阿加西斯古湖的辉煌没有持续多久。当气温上升到一定程度，或发生地震之类的环境剧变时，冰坝就会垮塌，巨量湖水会在极短时间内喷涌而出，从而戏剧性地宣告巨湖的消亡。1.29 万年前，阿加西斯古湖的东侧冰坝垮塌，同时欧洲-北美联合冰盖又分裂成数块，导致阿加西斯湖水奔涌而出。目前北美洲的三大河——密西西比河、马更些河与圣劳伦斯河，以及北美五大湖、大熊湖、温尼伯湖等大湖的形成，很可能都与此次事件有关。在 1 年之内，阿加西斯古湖将 9.5 万亿吨的淡水注入北大西洋，导致北大西洋的盐度迅速下降，最终通过大气环流触发了新仙女木事件。

不过对全球海洋来说，9.5 万亿吨淡水并不算多，而且这类大湖溃坝的情况在地质史上并不罕见，例如规模更大的华北古湖溃坝事件，但当时似乎并未导致全球气温骤降。此外，与阿加西斯古湖面积相当的苏北古湖也可能是在新仙女木事件初期溃坝萎缩的，从而导致长江的全线贯通。如果新仙女木事件确实是阿加西斯古湖溃坝导致的，那么更有可能的是这股注入大洋的冰冷淡水恰好命中了北大西洋暖流的"穴位"，导致其流量减弱，引起西欧、北欧和北美东北部的气温和降水骤降。

日本富士山喷发理论在上文中已有介绍，而且在距今约 1.1 万年，美国、德国和北大西洋都有火山喷发的记录。就时间、猛烈度和突发性而言，火山的确有可能是触发新仙女木事件的主要原因之一，但由于东亚在全球环境考古学界的地位不高，相关文献发表得也较少，目前支持该理论的学者还不多。主宰全球环境考古学界的西方学者更乐于看到，决定地球命运的重大环境事件发生在北大西洋周边，例如陨星撞击尤卡坦半岛导致恐龙灭绝。

说到陨星撞击地球，近年来有学者提出，新仙女木事件可能是由 1.29

万年前一颗大型彗星进入地球大气层后爆裂引起的。不过因为证据欠缺，特别是主陨石坑的位置及其年代尚无准确数据，所以目前这个说法只能被看作是一个有趣的假说。

陶器与熟食

在仙女木事件这段气候快速大幅波动的时期，人类再度展现了出色的环境适应能力。200万年以来，邻近东南亚的云贵高原一直是中国古人类的根据地。这里复杂的地貌和稳定的气候条件为许多珍稀物种提供了天然的庇护所，古人类也受益匪浅。每当冰期降临，北方的族群就会离开大平原，重新回归这片暖湿的高原。其中不仅有直立人、丹尼索瓦人和现代智人，也有一些可能被边缘化的古人类，例如20世纪末在云南和广西发现的马鹿洞人。

马鹿洞人生活在1.75万—1.15万年前，其生活年代几乎完全与仙女木事件的时代重合。这个在末次盛冰期和仙女木事件期间繁盛于云贵高原的族群，用自身的活动范围生动地诠释了气候环境变化对古人类的影响。

回到同属华南的江西万年仙人洞。随着气候的一再波动，野生稻在这里近乎绝迹，自1.2万年前开始，当地人的主食几乎全部是栽培稻。随着稻米产量的提高，当华北和东北的广大地区在仙女木事件期间变成无人区之时，这个位于华东的小社会反而变得更加繁荣，不排除有外地难民加入。同时期长江以南还出现了另一个重要的人类聚居地，即与仙人洞的自然环境很相似的湖南道县玉蟾岩遗址，该遗址也出土了距今1.2万年的栽培稻化石。由此看来，江西与湖南的史前居民在仙女木事件期间有文化交流，甚至不排除玉蟾岩是仙人洞居民因人口过剩而外迁建立的殖民地。

仙人洞、玉蟾岩等遗址不仅出土了稻谷化石，也出土了大量石器。这些石器的制作方法与以往的石器有所不同，其中一部分是磨制而成的，因此看上去更加细腻，种类也更加丰富。一同出土的骨器与蚌器也有明显的磨制痕迹。

与传统的石器、骨器和蚌器相比，玉蟾岩遗址出土的陶器是更具划时代意义的新工具。诚如许多科技史学者的断言，陶器没有单一的起源地。儿童都喜爱捏泥巴，把捏成一定形状的泥巴扔进火里烤，就会形成陶器。从技术上讲，任何掌握了生火技术的族群都可能发明陶器。但是从掌握生火技术到发明陶器，人类还要花上许多万年的时光。经 ^{14}C 测年，仙人洞、吊桶环和玉蟾岩遗址出土的原始陶器诞生于 1.3 万—1.2 万年前。有趣的是，日本、西亚和欧洲出土的早期陶器年代也与此接近。也就是说，已知世界上最早的陶器全都制作于仙女木事件期间。这些 1 万多年前的原始陶器制作方法和材质都很不同，明显是本地产品，而非舶来品。

陶器没有单一的起源地，却有大体一致的起源时间，对此的合理解释是：仙女木事件期间，气候以极快的速度变化，忽冷忽热，迫使人类频繁生火以供取暖之需。把盛放食物的泥制器皿放进火里烧烤，食物熟了的时候，泥制器皿就会变硬，继续烤下去，陶器便形成了。作为烹调器皿，陶器的出现使人类越来越多地吃熟食，这一饮食习惯进而又促使人类颚部、牙齿和喉部演化成现代的模样，促进语言的最终定型。新仙女木事件之后的人类，已经来到了文明时代的门槛前。

陶器的起源并不是某个天才的杰作，而是亚欧大陆各个人类聚落对动荡的气候环境的自然回应。不过，受土壤矿物的特点所限，并非任何地区都具备发明陶器的条件。中国最早陶器的出土地万年县紧邻盛产高岭土的瓷都景德镇，可以看出自然资源对技术发展的影响。

磨制石器、陶器和植物驯化这三场技术革命相继在仙女木事件期间出现，从此亚洲多地进入了农业社会，西亚出现了世界上最早的城镇，中国也紧随其后。这些早期亚洲城镇多为半地下建筑，其建筑密度甚至比现代都市更大，看上去并不宜居。各建筑之间共享墙壁，没有窗户，没有街道，房门古怪地开在天花板上，住起来感觉如同黑牢，最大限度地避免了通风，这说明当地居民如同南极企鹅一样，在酷寒的新仙女木事件期间抱团取暖。

对考古学家而言,新仙女木事件标志着中石器时代的结束和新石器时代的开始;对地质学家而言,新仙女木事件则标志着更新世的结束和全新世的开端。当1.16万年前新仙女木事件结束时,全球气温急速上升,其速度之快甚至超过了新仙女木事件期间全球气温的下降速度(北大西洋海水的年均温度在半个世纪内上升了9—10℃),并在此后的1万多年内一直维持温暖,环境考古学家称这段时期为"全新世大暖期"。

毋庸置疑,全新世是人类的黄金时代。但对于众多与人类共享地球的生物而言,全新世是一个噩梦般的时代。与人类生活在同一个时代,大概是许多野生物种的悲剧。而更大的讽刺或许在于惨遭物种灭绝以后,还被凶手以或庄重,或戏谑的态度送上祭坛,当作图腾予以崇拜。

04
图腾中的圣兽

绝笔于获麟

　　从古生物学的视角看,仙女木事件及其之后的一段时间,是第四纪最残酷的时代。截至公元前8000年,有超过200个属的动物从地球上消失,其中90多个是哺乳动物,而且以大型哺乳动物为主。古生物学家称这次事件为"第四纪动物大灭绝"或"更新世动物大灭绝",它标志着更新世的结束与全新世的开始。

　　更新世大灭绝中经常提到的牺牲品包括北美洲的猛犸象、乳齿象、刃齿虎(巨颏虎在北美的巨型后裔)、短面熊、北美拟狮、惊豹、恐狼、巨足驼、泰坦鸟等,南美洲的后弓兽、箭齿兽、大地懒和雕齿兽等,欧洲和中东地区的洞熊、洞狮、河马、西瓦兽等,大洋洲也失去了多数大型有袋类哺乳动物和大型鸟类。

　　在盛产珍稀物种的中国,更新世大灭绝的受害者同样非常独特。公元前481年春季的一天,孔子家里来了一位稀客——大贵族叔孙州仇的虞人(负责管理庄园和林场的官员)。孔子是叔孙州仇的政敌,两家很少来往,因此这次拜访显得有些突兀。

　　原来,当天叔孙州仇陪同鲁哀公在大野(今山东巨野)狩猎,叔孙州仇的车夫捕获了一头长着奇怪双角的野兽。叔孙州仇从没见过这种野兽,认为是不祥之物,禁止将它带入鲁国首都曲阜城内,并将它交给负责管理林场的虞人处理。虞人出于职业习惯,自感有义务了解鲁国的各种动物,却找不到能辨认这种动物的人,只得抛弃门户之见,向博学的孔丘请教。

当时孔子刚刚过完七十大寿,已经到了"从心所欲,不逾矩"的年龄,可以放下各种顾忌,自由地表达内心情感。看到这头野兽的尸体,孔子放声痛哭起来,并哀叹道:"麟也,胡为来哉?胡为来哉?"后来,他向弟子子贡解释自己痛哭的原因:"麟之至,为明王也,出非其时而害,吾是以伤焉。"孔子又感叹:"凤鸟不至,河不出图,洛不出书,吾已矣夫!"

麒麟和凤凰均是古代中国著名的图腾圣兽(禽),河图与洛书也都与图腾圣兽有关。据孔子的后裔孔安国记载,河图是伏羲在黄河里一种叫"龙马"的动物背上发现的,洛书则是夏禹在洛河里一只巨龟背上发现的。所以,在上面短短的几句话中,孔子总共提到了四种神圣的动物,即麒麟、凤凰、巨龟和龙马,正如《礼记·礼运》所述:"麟凤龟龙,谓之四灵。"

河图是原始的八卦,洛书是原始的九宫图,两者构成了《易经》的核心内容。孔子晚年酷爱《易经》,读到"韦编三绝",所以他很自然地在与子贡的谈话中提到了河图与洛书。他为麒麟之死而悲,反映了人类文化与野生动物之间的密切关系:龙马为人类带来了河图,巨龟为人类带来了洛书。由此而论,《易经》大概源于仿生学,《易经·系辞下》对此也毫不隐晦:"仰则观象于天,俯则观法于地,观鸟兽之文与地之宜,近取诸身,远取诸物,于是始作八卦,以通神明之德,以类万物之情。"但人类社会的发展不断剥夺野生动物的生存空间,到孔子时期,黄河里已经没有龙马,洛河里没有巨龟,天空中没有凤凰,大地上难得出现一头麒麟,却被猎人杀死。有道是"麟凤龟龙,谓之四灵",而如今四灵绝灭,以《易经》为代表的中国传统文化自然就成了无根之木、无源之水,越来越难以被后人理解。在孔子看来,像叔孙州仇这种无知的贵族,看到珍稀动物后的第一反应不是设法加以保护,而是将其猎杀,实在不仁不孝至极,哪里有资格去治国?

调和人与自然的关系，并不只是道家思想的专利。孔子曾经多次呼吁保护野生动植物，甚至将这一行为提升到"孝"的高度上："断一树，杀一兽，不以其时，非孝也！"在春暖花开时节滥砍滥伐，在鸟兽发情怀孕之际滥捕滥杀，会导致生态环境恶化，自然资源减少，遗祸社会，这种人既没有资格谈孝敬父母，也不配接受子孙的孝敬。

孔子的学术创作灵感似乎随着鲁国最后一头麒麟的惨死而烟消云散，他的集大成之作编年史《春秋》在叔孙州仇猎杀麒麟的这一年戛然而止。"我志在删述，垂辉映千春；希圣如有立，绝笔于获麟。"

自孔子去世以来，关于麒麟的记载偶尔还能见诸文献，但都查无实证，以至于汉朝初年的儒家经典《尔雅》竟不收"麒""麟"二字，《春秋公羊传》甚至称麒麟"非中国之兽也"。

麒麟与大角鹿

麒麟当然是中国之兽，至少曾经是中国之兽。就在孔子之前几个世纪，麒麟还是民众比较熟悉的动物，《诗经》中的一篇《麟之趾》，讴歌君子应当具备麒麟那样有蹄不踏、有额不抵、有角不触的高贵品德。孔子死后，中国古籍中依然不时出现关于麒麟的记载，然而人类对这种圣兽的记忆已经渐渐模糊不清，甚至将"麟"和"鳞"混淆。如今我们常见的明清时代麒麟雕像浑身布满鳞片，并不符合先秦时代真实的麒麟形象。"毛虫三百有六十，而麟为之长"，说明麒麟和大多数哺乳动物一样浑身覆盖着皮毛，并没有鳞片。明朝郑和下西洋，从东非带回长颈鹿，誉为麒麟，一时成为定论。从古生物学的角度看，几百万年前的中国生活着萨摩麟、河南兽、山西兽等长颈鹿科动物，但它们早在猿人在东亚出现之前就已经全部绝灭了。按照《宋书·符瑞志》的说法，麒麟"麕身而牛尾，狼项而一角，黄色而马足"，性情温驯，喜爱鸣叫。恰恰长颈鹿的双角并不显眼，从不鸣叫，脚不像马足，颈部的形状更与狼的脖子相差霄壤。长颈鹿最显眼的特征长脖子和长腿，却没有出现在中国古籍中的"麒麟"上。麒麟既然不可能是长颈鹿，那么它又会是什么动物呢？

"麒麟"这个名字表明，它是一种鹿，而且几乎所有关于麒麟的先秦古籍都提及麒麟有角。所以，麒麟应当是一种1万多年前曾经在中华大地上广泛分布，但在数千年前灭绝的鹿科动物，并且长着很特别的角。

这种动物的确存在。上百万年来，它一直与猿人和人类共享着亚欧大陆，但在几千年前永远地离开了这个世界。它的学名恰如麒麟给中国古人留下的印象——大角鹿。

古生物学家目前在华北发现了至少三种大角鹿的化石：包头大角鹿、肿骨大角鹿、鄂尔多斯大角鹿（河套中国大角鹿）。其中以鄂尔多斯大角鹿最为常见。大角鹿魁梧而匀称，看上去颇为优雅，但更引人注目的是它们的巨型双角。欧洲著名的爱尔兰大角鹿角宽可达4米，而中国的几种大角鹿角宽没有那么夸张，通常只有1米多宽，但形状极具特色：眉枝掌状，主枝异常发达。以最常见的鄂尔多斯大角鹿为例，它的角好像头上顶着4个大蘑菇，又像两对卷曲的招风耳（《宋书·符瑞志》中恰恰有麒麟卷耳的记载），十分滑稽。包头大角鹿的双角则弯曲成马鞍状，若非亲眼看见，实在难以想象如此怪异的鹿角。化石显示，中国古人类很早就利用鹿角做工具了，一些中国传统农具很可能就源自包头大角鹿的鹿角，而鄂尔多斯大角鹿的蘑菇状鹿角则酷似先秦的重要武器钺（战斧）。

几十万年来，大角鹿一直是华北的优势植食动物。北京猿人、鄂尔多斯人、金牛山人和山顶洞人等史前华北和东北的古人类都以大角鹿为主要食物，可以说众多大角鹿用自己的生命奠定了中华民族的生存基础。化石显示，中国的大角鹿一直生存到了1.16万年前新仙女木事件结束之后不久。对麒麟的崇拜，或许是人类对大角鹿经济需求和内疚心理的反映。

麒麟（大角鹿）的盛衰，是新仙女木事件前后许多大型哺乳类动物命运的缩影。新仙女木事件期间的气温骤降、寒风凛冽虽然杀死了许多动物个体，却没有造成多少物种绝灭。可是，在新仙女木事件之后，也就是"全新世大暖期"开始之际，随着气温的反弹，更新世大灭绝却发生了。不过，生命毕竟是顽强的，与麒麟（大角鹿）一样，很多更新世动物大灭绝的牺牲者虽然在更新世末期遭受重创，却顽强地坚持到了全新世初期（约1.1万—7000年前）才灭绝，这也是近年来科学界更多地用"第四纪动物大灭绝"取代"更新世动物大灭绝"的原因。由于有血有肉的动物个体已经消失，它们在人类心目中的形象就变得日益抽象和神秘起来。与麒麟（大角鹿）相似，许多当时消失在中华大地上的物种后来都成为古代氏族的图腾圣兽。

作为"四灵"中仅次于麒麟的第二种圣兽（禽），凤凰似乎是以孔雀为原型的。不过，先秦时期文物中的凤凰形象与孔雀相去甚远：前者的腿颈极长，而尾部很短。有学者认为，凤凰的原型其实是鸵鸟。化石显示，这种目前地球上最大的鸟类一直在中国生活到1.16万年前新仙女木事件结束前后。它和麒麟（大角鹿）同为史前中国古人类的重要食物，而且商朝甲骨文中还有用网捕获活凤凰的记载。后来鸵鸟在中国完全绝灭，只是偶尔从西域进口，凤凰在民间的形象就变得越来越远离鸵鸟而更像孔雀了。

"四灵"的第三种圣兽龟类早在多次生物大灭绝中证明了自己顽强的环境适应能力，至今仍广泛分布于中国，并无神秘之处。"四灵"的最后一种，也是中国文化中最富代表性、最神秘的圣兽，值得大书特书。先秦古籍中的"龙"，其实包括两类动物，即爬行动物龙，以及哺乳动物龙马。

龙马与爪兽

首先，让我们看看给中华民族带来八卦（河图）的龙马是怎样的动物。古籍中对龙马的描述很少。公元前32年，负责甘泉泰畤紫坛工程的丞相匡衡上奏汉成帝，声称"不能得其（龙马）象于古"。工程师不知道应该如何设计，于是匡衡建议龙马石像"宜皆勿修"。这证明这种动物已经绝灭了，灭绝时间很可能比麒麟（大角鹿）和凤凰（鸵鸟）更早。

按照《宋书·符瑞志》的说法，龙马是"河水之精，高八尺五寸，长颈有翼，傍有垂毛，鸣声九哀"。这里的"翼"显然并非翅膀，估计只是颈部至肩部的鬃毛或突起部分而已。南北朝的一尺折合24.5厘米，八尺五寸折合约2米。所以，伏羲所见的龙马，应当是一种能游泳、会鸣叫、体多毛、肩高近2米的大型哺乳动物。

我们需要寻找1万年前还在中华大地上生活，而在2000年前灭绝，肩高近2米、能游泳、会鸣叫的大型哺乳动物。化石显示，符合条件的动物有好几种，其中最常见的是其近亲至今还在东南亚和拉丁美洲生活的巨貘。

巨貘的外貌与现存的貘类相差无几，但体形硕大，身长约4米，肩高约2米，比河马更大一些。事实上，貘类源于中国，如果没有巨貘，南亚的河马很可能会北上中国，占领巨貘的生态位。已知生存年代最晚的巨貘化石出土于重庆巫山，^{14}C测定结果距今不过4235年，相当于尧舜时代，说明巨貘可能在四川盆地一直坚持到了历史时期才灭绝。2013年初，成都天府广场工地出土的"镇水神兽"很像犀牛，但是没有角。有专家认为它是《华阳国志·蜀志》记载的秦国蜀郡太守李冰修都江堰时造的"石犀"。其实它的原型更接近巨貘——比犀牛更擅长游泳，可能一直到春秋战国时代才在四川盆地灭绝。那么，巨貘这种水陆两栖的庞然大物会是"龙马"的原型吗？

其实，商周时期的貘形青铜器不仅数量众多，而且形态逼真，足以说明貘类在先秦中国十分常见。作为公元前1世纪的西汉官员，匡衡理应见过貘形艺术品，对这类动物比较熟悉，何以说"不能得其象于古"呢？更何况，巨貘长得既不像龙，也不像马。

地球上曾经存在长得既像龙，又像马，能游泳，会鸣叫，体多毛，肩高近2米的哺乳动物吗？是的，1万多年前，中华大地上的确生活着这样一种奇妙的动物。它的头和脖子像马，身躯像牛，尾巴像猪，如同鬣狗一般前肢比后肢长，但前肢像猿猴，后肢像虎豹，脚上长着弯曲的尖爪，前爪尤其发达。它走起路来像大猩猩。乍看上去，它像是一种凶猛的食肉动物，但其牙齿连树枝和干草都嚼不动，只能以柔软多汁的嫩叶和根茎为食，偶尔也吃肉。这种史前怪兽的学名是爪兽。

爪兽其实是一种极其古老的哺乳动物，早在猿人出现之前，已在地球上繁衍生息了数千万年。这种动物取代了一种古怪的恐龙——8000万年前同样生活在亚洲腹地的镰刀龙。依靠前肢长达75厘米的巨爪，纯粹植食的镰刀龙得以与地球上有史以来最凶残的陆地猎食者特暴龙和伶盗龙周旋达上千万年之久。镰刀龙灭绝几千万年后，原先属于它的生态位在东半球被爪兽占据，在西半球则被地懒占据。

化石显示，爪兽从未特别繁盛过，看来它们的生育能力并不强。古生物学家推测，爪兽与大熊猫类似，在潮湿的密林里过着与世无争的隐居生活。爪兽前肢的巨爪赋予它们强大的自卫能力，足以击碎华南虎的头骨。这双巨爪不是为对付虎豹级别的猛兽而演化的。正如镰刀龙必须抵御特暴龙的攻击，3000多万年前的爪兽不幸要与有史以来最庞大的掠食类陆生哺乳动物安氏兽共享中华大地。后者身长超过6米，重达1.5吨，体形2倍于灰熊。身为巨型猛兽，安氏兽居然长着蹄子，与爪兽形成了鲜明的对照，而爪兽的体形正好作为它们的猎物。爪兽的奔跑速度不快，又不会爬树，面对安氏兽的追捕，只能挥动前爪奋勇反抗。双方较量的结果是，安氏兽在2000多万年前灭绝了，而爪兽一直生存到更新世末期。最后的爪兽是黄河流域的黄昏爪兽，肩高2米左右，与"龙马"的体形完全相符。

先秦时期，中国古人仍然熟悉并关注着当时已经相当罕见的爪兽，因为这种动物实在太独特了。除了"龙马"，爪兽在古汉语里还有许多名字，例如《山海经》中的"駮"。其实，爪兽与其说像马，不如说像驴，因为它的耳朵很长，尾巴却没有马尾那样的长毛。《山海经》等先秦古籍之所以用马而不是驴来描绘爪兽，是因为毛驴起源于西亚，西汉北伐匈奴时才第一次将毛驴引入中原。先秦中国人对这种动物一无所知，《尔雅》等古籍里都没有"驴"字，第一次出现"驴"字的是汉文帝时期贾谊的《吊屈原赋》。直到唐朝，华南地区才开始养殖毛驴，因此有了《黔之驴》的故事。

柳宗元在《黔之驴》里提到，唐代的黔中道（今重庆市、贵州中北部、湖北和湖南西部）引入毛驴以后，当地的老虎对它十分畏惧，"驴一鸣，虎大骇，远遁，以为且噬己也，甚恐"。老虎对毛驴的畏惧不是没有原因的：老虎的祖先曾经多次被外形类似毛驴的爪兽杀死，对这种驴形动物的畏惧早已渗入了老虎的基因。在黔中道辖区的湖北神农架林区，至今仍然流传着"驴头狼"的传说。据说这种隐匿动物的头颈部像毛驴，四肢长着狼一般的爪子，直到20世纪80年代还有多次目击事件发生。许多动物专家怀疑，"驴头狼"是地球上最后的爪兽，不过迄今尚未找到有力证据。

无论神农架是否还有"驴头狼"，爪兽确实在中华大地上生存了2000多万年，见证了各种猿人和人类的兴衰沉浮，并且大大丰富了中华文化。不妨设想，五六千年前的一天，伏羲站在黄河岸边，看见一头上半身像马、下半身像龙、比人还高的四足动物迈着庄重的步伐，从河水里缓缓走出，继而消失在岸边的亚热带森林中。见多识广的伏羲惊呆了。他从未见过这种动物，很自然地将它视为"河水之精"。于是他匆忙拿起一根树枝，在土地上绘下这头圣兽的形象，但最终流传下来的只有其背部的图案，后人称之为"河图"。爪兽背部的图案确实非常独特，因此民间又管这种动物叫"马虎"或"花斑"。伏羲并不知道，这只被他按照外形称为"龙马"的动物是地球上最后一头黄昏爪兽，它的族群早在上万年前就成了濒危物种，而它自己已经十多年没有见过同类了……几千年后，作为龙马家园的这片亚热带森林将被砍伐殆尽，树材被用于建造巍峨的中华帝国的首都。值得一提的是，据《宋史·刘敞列传》记载，直到北宋和辽代，顺州（今北京顺义、怀柔一带）还生活着能够杀死虎豹的马形动物"駮"。这也许是世界上最后一头爪兽了。

龙与巨蜥

龙马灭绝了，真正的爬行动物"龙"仍旧生活在中华大地上。说起龙，很多人会认为，这只不过是一种祖先幻想出来的动物。但从中国的传统动物文化来看，"四灵"（麟、凤、龟、龙）、"四象"（青龙、白虎、朱雀、玄武）、"十二生肖"等圣兽组合，除了龙，全部是真实的动物，为何龙会是例外呢？

据《左传·昭公二十九年》记载，早在春秋末年，晋国史官蔡墨力辩龙的真实，声称龙只不过是一种可以被捕捉和驯养的普通动物，并没有神奇之处。殷墟甲骨文和战国青铜器上的豢龙图更一致证实，先秦时的中国人不仅能捕捉龙，也能饲养龙。

龙的外形是什么样的呢？东汉思想家王符曾经说，龙"角似鹿，头似驼，眼似鬼，项似蛇，腹似蜃，鳞似鲤，爪似鹰，掌似虎，耳似牛"。无神论哲学家王充在《论衡·龙虚》中又考证龙是一种"马首蛇尾"的动物，而且"龙无尺木，无以升天"。看起来似乎和麒麟、龙马一样古怪。中国出土的上古龙形文物通常都比较抽象，但河南濮阳西水坡墓葬群中发现的三组蚌塑龙虎图案却颇为写实，一些学者将其认定为鳄鱼。

濮阳蚌塑龙的原型与鳄鱼其实有很大的区别，最明显的区别在于颈部。濮阳蚌塑龙的颈部细长，向上弯曲，而鳄鱼的颈部粗短，不能弯曲。制造濮阳蚌塑龙的古代艺术家塑造的这只动物更接近王符总结的"项似蛇"。与濮阳蚌塑龙最相似的龙形文物并不在中国，而在同为文明古国的巴比伦。巴比伦城主神马尔杜克降服的巨兽"火龙"（又译作"怒蛇"）的颈部也是细长且向上弯曲的，而且没有西方龙的翅膀，形状与濮阳蚌塑龙几乎一模一样。据犹太古籍《但以理书》记载，古巴比伦城中养过火龙，后来它被犹太先知但以理设计杀掉了。正如中国的十二生肖中除了龙其他生肖都是真实的一样，在古巴比伦城墙上，火龙以外的其他动物也都是真实的。可见，中国和巴比伦的龙都可能不是虚构的生物。

其实，这种身体略似鳄鱼，但颈部更长而弯曲的动物至今仍然生活在地球上，而且依然被全球多个民族称为"龙"。它的学名是巨蜥。当6万年前人类初次抵达大洋洲时，他们曾经与6米长、半吨重的澳大利亚古巨蜥，也就是"萨胡尔兰龙"相遇。这种地球上有史以来最大的蜥蜴在2万多年前绝灭了，但它的小个子近亲科莫多巨蜥目前还在东南亚的多个岛屿上生活。史前时期，巨蜥曾经广泛分布于包括长江流域在内的中国大部分地区，华南至今仍然有多种巨蜥出没。其中最主要的，是体形仅次于科莫多巨蜥的世界第二大巨蜥圆鼻巨蜥，又称泽巨蜥或水巨蜥。华南百姓对它的俗称更熟悉——五爪金龙。

巨蜥是一类极其特别的动物，绝非普通蜥蜴的简单放大。直到近年科学家才发现，科莫多巨蜥是地球上最大的能够孤雌生殖的动物。巨蜥从幼年长到成年，身材比例和鳞甲花纹都会发生明显的变化。圆鼻巨蜥的不同亚种外观尤其多变，给人类留下龙善变的印象。巨蜥能游泳、奔跑和挖土，也会爬树，甚至能够在树间跳跃，与"龙无尺木，无以升天"相符。科莫多巨蜥拥有爬行动物中最长的舌头（超过20厘米），并且它的舌头不断地弹出，以便为其上颚里的犁鼻器采集空气样本。这条不断活动的怪异紫红色分叉长舌大概便是"龙会喷火"传说的起源，最早发现科莫多巨蜥的荷兰水手在惶恐中形成了这种印象。通过发达的犁鼻器，科莫多巨蜥和圆鼻巨蜥可以"嗅"到4千米之外，或是地表5米以下的动物和腐尸。它们爱吃腐尸，精于伏击和偷窃，堪称"盗墓大师"。巨蜥的短距离奔跑速度不亚于人类，它们爬树像豹子一样灵巧，游泳像鳄鱼一样敏捷，擅长躲避森林火灾。可以推测，在石器时代巨蜥给人类带来过很多麻烦。但当人类了解了它独特的习性之后，很容易被其深深吸引。而鳄鱼的分布范围有限，大部分时间藏在水里，或躺在河岸上晒太阳，不能深入旱地，与人类的接触较少；且不会爬树（无法"飞行"），不能吐舌头（无法"喷火"），缺乏神秘能力，很难得到人类的广泛崇拜。

在原始人看来，巨蜥魅力无穷。它体形巨大：澳大利亚古巨蜥的体形堪比湾鳄和尼罗鳄，是原始人接触过的最大的陆生爬行动物；圆鼻巨蜥虽然体重不如科莫多巨蜥，但更修长。近年来人们在斯里兰卡岛发现体长3.21米的圆鼻巨蜥个体，超过了科莫多巨蜥3.13米的记录。而从化石研究来看，史前中国的圆鼻巨蜥比现代的更大，体长估计可达4米以上。科莫多巨蜥可以存活约50年，在其原产地是长寿的象征，圆鼻巨蜥则可以活到20岁左右。科莫多巨蜥在古代曾经以弗洛勒斯剑齿象为主食，剑齿象灭绝之后则转而以水牛、鹿和野猪为主食。它们还有食人的记载，圆鼻巨蜥同样有伤人和吞噬人类尸体的记录；而在饱食状态下，科莫多巨蜥脾气温和，人类用木棒便可以驱赶，酷似战国青铜器上夔龙图中的形象。圆鼻巨蜥更是以性情温顺闻名，在国外被当作宠物广泛饲养，在东南亚的一些地区甚至起到了看门的作用（圆鼻巨蜥的体形、寿命和战斗力都与大型狗相似，而且食谱更杂，从昆虫到山羊，近乎无所不吃，免疫力还很强，易于饲养）。可以想象，在气候湿热的远古中国，饲养巨蜥也曾经风靡一时。

与其他肉食类爬行动物相似，巨蜥吃饱之后就不再肆意杀戮。争食或求偶时，它同样知道适可而止。科莫多巨蜥喜好在陆地上摆开阵势打斗，其壮观场面足以给人类留下深刻印象。《周易·坤卦》中所谓"龙战于野，其血玄黄"，很可能来源于三四千年以前的中国古人对巨蜥搏斗场面的长期观察。在与同类相搏时，它们收起致命的爪牙，只用后腿站立，相互撞击。胜利者把失败者撞翻在地，再用爪子轻挠对方的背部，以示羞辱和警告。失败者趴在地上一动不动，等胜利者宣泄完毕，便悄悄溜走。雌性巨蜥通常每年只和一只雄巨蜥交配。遭到拒绝的雄巨蜥尽管气恼，但绝不动粗，而是安静地离去。科莫多巨蜥和圆鼻巨蜥的地域观念极强，孵卵期间经常会为了保卫巢穴而与入侵者恶斗，表现出异常顽强的精神。大部分巨蜥的听觉极差，因为它只能听到400—2000赫兹之间的声波，而人类能够听到音频范围在20—20 000赫兹之间。也就是说，除非人类以中等偏高的特定声音强度喊叫，否则巨蜥将什么都听不到。因此，中文称丧失听觉的症状为"聋"，即"龙耳"，正如《本草注》解释的那样："龙耳亏聪，故谓之'龙'。"

巨蜥是天生的军事家，伏击战、游击战、持久战、阵地战、地道战、奔袭战，样样精通。为了迷惑敌人，它们使用狡兔三窟之计，挖掘大量假地道，有些地道长15米以上。科莫多巨蜥对牲畜的危害极大，而且捕猎成功率高达80%，胜于地球上绝大多数猛兽和猛禽。它也不亚于人类，因为它有独特的"武器"。科莫多巨蜥的唾液里含有超过60种有毒细菌，其中7种为高度脓毒性病菌，禽败血杆菌尤为致命。被科莫多巨蜥咬伤的动物即便不当场死亡，也会因血液中毒而死，所以它只需咬伤猎物，尔后长期跟踪，等待唾液中的病菌将猎物杀死。此外，科莫多巨蜥还是世界上最大的有毒动物，其下颚的腺体会分泌毒液，使猎物血压下降，流血不止。圆鼻巨蜥的毒性不如科莫多巨蜥，但是被它咬伤后也很容易感染。

中国古人很早就意识到，龙的唾液（"龙漦"或"龙涎"）具有特殊的功效。先秦中国君主喜好饲养龙，除了食用和役使，主要的目的是获取唾液。龙的唾液需要密封保存，传说夏朝有一个装龙漦的盒子，夏商周三代都没有人敢打开。周厉王出于好奇心打开，结果流出的龙漦使宫女怀孕，生下妖姬褒姒，最终导致西周的灭亡。龙的唾液有剧毒，故而又被称为"流毒"或"祸水"。对于这些君主来说，龙漦有许多重要功能：它是一种不易察觉的慢性毒药，可以用来暗杀政敌；同时，和许多毒药一样，如果长期少量饮用，它应当能够提高人体的免疫功能。这类有毒唾液的传说与鳄鱼显然毫无关系，而同巨蜥的特征完全相符。

上述巨蜥的特征和习性，可以解释先秦时期有关"龙"的大多数记载。有理由推测，圆鼻巨蜥等本土巨蜥才是古代中国人所谓"龙"的原型。华夏族既畏惧它，又敬佩它，中国文化受巨蜥的这些习性影响颇深。甲骨文的"龙"字状如蜥蜴，可见古人将龙看作蜥蜴的一种。

不过，传统形象中龙头上的角又是从哪里来的呢？原来，甲骨文的"龙"字与"虎""凤"等字相同，头上有一"辛"字，如以斧砍伐状，以示对这种猛兽的镇服，后来逐渐简化为"V"形。周朝以来，龙在中国逐渐成为被神秘化的罕见动物，久而久之，"V"被误认为是双角。其实周朝以前艺术品上的龙并没有角。

早在春秋时期，人们便已经很不熟悉龙（巨蜥），将其神秘化。这说明，龙（巨蜥）在先秦时期就基本上从中原大地上消失了，其分布区退到了长江以南。

饕餮与鬣狗

除了"麟凤龟龙"这"四灵"，还有一种圣兽在上古时期广受中国先民崇拜。这就是先秦青铜器和漆器上最为常见的动物——大眼巨口的贪食猛兽饕餮。它的形象有些像虎豹，不过先秦青铜器和漆器上的虎豹图案相当写实。《吕氏春秋·先识览》记载："周鼎著饕餮，有首无身，食人未咽，害及自身，以言报更也。"地球上从未出现过"有首无身"的高等动物，说明早在《吕氏春秋》创作的公元前3世纪，饕餮这种食人猛兽就已经在中国绝迹多年了，人们只能在礼器上看到它的抽象化头部形象。

作为一种极富特色的艺术形象，饕餮图案不仅在中国，也在东南亚和美洲等地广泛流行，被视为远古"泛太平洋文化"的核心艺术代表。这说明，在1.3万年前人类从东北亚迁徙美洲时，饕餮这种动物依然生活在东北亚。

饕餮在青铜器上最常见的一种形象，就是张口咬住一个人头。没有一种现存于中国的猛兽会首先攻击猎物多骨少肉的头部，柔软多肉的四肢、胸腹部、臀部和颈部通常是更优先的选择。如果某种猛兽对人类头部情有独钟，那么它渴望得到的很可能是人类头部最肥美的部位——大脑。而上古人类的头骨远比现代人坚厚，鬣狗孜孜不倦地钻研于将其打开的办法。在许多远古遗址中，例如周口店，鬣狗都证明了自己是熟练的人头收集家。还有一种较为罕见的兽面纹，形状与饕餮图案颇为相似，但獠牙极长，它的原型大概是史前人类的另一大敌剑齿虎。

几百万年来，数以亿计的人类成员命丧鬣狗最强有力的双颚。不过，自从3万—2万年前的末次盛冰期开始，由于人类发明了用来猎捕大型动物的标枪和弓箭等新式武器，并将野狼驯化成家犬，鬣狗帝国的百万年基业轰然崩溃。

在新仙女木事件和卷转虫海侵期间（距今1万—6000年），鬣狗、鸵鸟、大角鹿和黄昏爪兽等物种一同销声匿迹。随着最后斑鬣狗在华北绝迹，在整个亚欧大陆上，已经不再回荡它们怪诞的笑声，而此时人类已经踏在进入文明社会的门槛上了。不过，鬣狗的赫赫威名依然在各个人类部族中广泛流传。到了距今几千年的文明萌芽期，饕餮已经成了神秘的传说动物。青铜器等文物上之所以常见饕餮图案，目的也许很简单——祝您的胃口像鬣狗一样好。同时，以这种方式，人类也在向几百万年来的老对手表达最后的敬意，企盼它们的灵魂在阴间安息，不要再来搅扰人间。在环太平洋地区广泛流行的猎人头遗俗，可能正是受到鬣狗这种史前人头收集家的影响。

如此众多的物种在距今1.1万—7000年的更新世大灭绝中永远消失，问题也就随之而生：它们为何会在如此短暂的时间内集中灭绝？

圣兽为什么灭绝

自从20世纪60年代以来，国际科学界开始对"为什么大型哺乳动物在第四纪动物大灭绝中损失最为惨烈"产生了浓厚的兴趣。最早提出的理论认为，大型哺乳动物的灭绝与人类的过度捕猎有关，由于人类的狩猎技术在1万多年前出现了飞跃式的发展，捕杀动物变得轻而易举，于是人类狩猎族群纷纷陷入杀戮的狂热之中，直到大部分猎物都被灭绝。人类的主要猎物大型植食哺乳动物消失之后，大型肉食哺乳动物也因为猎物的消失而饿死，或被人类的竞争淘汰。这在美洲显得特别有说服力，因为当时科学家相信，1.15万年前的克洛维斯人是美洲最早的居民，所以早期人类遗址的出现与大型哺乳动物的灭绝似乎是同时发生的。这些残忍的嫌疑犯似乎既有时间，也有动机，更有能力作案。

不过，随着研究的进展，越来越多的学者开始怀疑人类是第四纪动物大灭绝的主要原因，这并非完全出于道德动机。更加值得研究的是灭绝动物的种类，诸如鹿和野牛这些人类偏好捕猎的野生动物并没有灭绝，而披毛犀、大地懒等许多灭绝的动物却极少成为人类的猎物。

为了解释第四纪动物大灭绝，20世纪末以来，科学界又找了另一个理由——气候变迁。根据这一理论，由于1.2万年前严寒的新仙女木事件和稍晚的酷热时代（卷转虫海侵或反仙女木事件）迅速更迭，野生动物难以适应全新的生存环境，因此迅速绝灭。在环保主义大行其道的时代，这一理论曾经十分受宠，不过很快也受到严厉的质疑：在环境史上，地球的气候从未稳定不变，新仙女木事件这种强度的环境变化每几万至几十万年就会发生一次，有时还伴以磁极倒转、山脉隆起、超级火山喷发等剧烈地质现象，但并不是每次都导致大规模物种灭绝。凡是生存到 1 万年前的大型哺乳动物，几乎全都成功经历过至少一次气候剧变，并未因此绝灭。气候变迁导致大灭绝的假设太低估野生动物适应生存环境变化的能力了。另外，为什么新仙女木事件这样突如其来的大寒潮没有导致严重的动物绝灭，反倒是这之后理应有利于动物生存的气候回暖期间频繁出现动物绝灭？所以，后来科学家又提出气候变迁与人类狩猎相结合的理论，但同样说服力不足。更奇怪的是，非洲为什么没有出现第四纪动物大灭绝？

有关第四纪动物大灭绝的探讨在死胡同里徘徊了许多年，直到近年来，古生物学家才通过分子生物技术取得了新的进展：对大绝灭前夕美洲乳齿象的化石研究表明，它们体内出现了大量新种病毒。看来，它们可能是因瘟疫灭绝的。那么，瘟疫等流行病是从哪里来的呢？从人类赖以为生的畜牧业而来。

在启蒙运动期间，以亚当·斯密为首的学术界一直认为，人类社会经过了渔猎采集、游牧、农业和工业四个社会发展阶段。这是因为，在 3000 年来的历史时期，游牧民族看上去一直比农业民族落后。前者经济不发达，识字率低，缺乏基础设施，广受农业民族鄙视，一些学者自然而然地认为这是一种比自己所处社会更原始的社会发展阶段。然而，经过 100 多年来的考古学和生物学研究，我们现在已经可以确定，游牧社会比农业社会起源得晚。这是因为农业的基础是驯化静止的、繁殖率极高的植物，驯化它们的难度相对很低；而游牧的基础是畜牧业，即驯化可以"游牧"的大中型牲畜，如马、骆驼、驴、牛、羊等，人类驯化这些大中型牲畜的野生祖先十分困难，直到最近 1 万年以内才有所成就，最近 5000 年左右相关技术才逐渐成熟。所以，二三万年前就已经出现了农业的雏形，1 万多年前水稻、小麦等主要农作物就开始被成规模种植，而直到距今 1 万年至 5000 年，游牧社会才逐渐在地球上出现。也正是在这一时期，人类接触牲畜的频率开始急剧增加。

科学研究发现，感染人体的许多主要流行病都源于牲畜或宠物：天花、麻疹、肺结核来自牛；流感、旋毛虫病、百日咳来自猪；狂犬病、钩端螺旋体病来自狗；流感、疟疾来自禽类；猫抓热来自猫；鼠疫来自鼠类；艾滋病、黄热病来自灵长类……从巫师的角度来看，畜牧业是受神灵诅咒的行业，但如果没有畜牧业，我们还能从哪里获得如此大量持续的蛋白质和脂肪呢？

与畜牧业同样利于传染病传播的还有农业。从民众的健康角度来看，水稻大概是最糟糕的作物，因为它要求农民终日赤足站在泥水里，与血吸虫和水蛭等上百种寄生虫零距离接触。田螺和蜗牛这些看似完全无害的小动物体内的病原体可能多得可怕，觊觎着人体器官，即便种旱地作物的农民也难以幸免。只要给庄稼施粪肥（无论粪肥来自哪种动物的肠道），农田就会无可避免地成为各种寄生虫和病原体的乐园。要想与它们彻底绝缘，唯一的方法就是放弃农业。但这可行吗？

全新世初期的农业和畜牧业革命，也就是人类对植物和动物的大规模集中驯化，导致了全球流行病的大幅增加。它不仅给人类带来了无穷的苦难，也给众多野生动物带来了灭顶之灾，例如现今每天都有许多野生动物死于狂犬病和肺炎。

如果从整个环境变迁的角度看，1万年来全新世大暖期的最主要受益者并不是人类，而是对气温更为敏感的微生物和无脊椎动物。末次盛冰期与新仙女木事件固然令人类感到寒冷难熬，却使世界变得相对干净，连尸体都很难腐烂。而当气候转暖时，从肝炎病毒到血吸虫，从流感病毒到苍蝇，从狂犬病毒到田螺，全都迎来了大发展、大繁荣的盛世。即便是地球上最庞大的哺乳动物，在这些小生灵的面前都可能不堪一击。

那么，非洲为什么没有出现第四纪动物大灭绝呢？因为非洲原住民没有成功驯化野生动物！我们知道，古埃及人曾经试图驯化猎豹、鬣狗、狮子、斑马、瞪羚、野牛、河马、长颈鹿、非洲象等非洲野生动物，结果都失败了。这些非洲野生动物直到今天仍然无法被驯化。它们拒绝在圈养环境中交配生育，而且对人类过于危险。已知仅有的三种可能被古代非洲人自行驯化的野生动物是驴、猫、蜜蜂，但是年代都晚至公元前2000年了，而且不排除是从西亚或南欧等邻近地区引进的。

时至今日，第四纪大灭绝还在无情地进行着。以大型野生哺乳动物种类最多的非洲为例，自从非洲原住民从亚洲和欧洲获得了易于放牧的牛和羊，他们就开始自觉而狂热地把土地"开发"成牧场。几百年后的今天，非洲野生动物与家畜的冲突（肉食动物捕杀家畜，草食动物与家畜争夺草场，破坏农田）已经取代偷猎，成为野生动物被射杀的最主要原因。与家畜的频繁接触，也使瘟疫在非洲野生动物中日益流行。野生动物的锐减又使得传统的狩猎江河日下，从而进一步刺激了新兴的农牧业发展。

与近现代非洲类似的情形，早已发生在古代的亚欧大陆和美洲大陆。在史前的亚欧大陆，家犬的驯化导致了尼安德特人、丹尼索瓦人和鬣狗的灭绝，这预示着物种大灭绝的开始。随着新仙女木事件的结束和卷转虫海侵的兴起，土地减少，人口密度上升，面临严峻食物压力的人类开始尝试大规模驯化动植物，通过刀耕火种等方法，制造出农田和牧场等广阔的单一物种土地。这种土地与天然的多彩生态系统形成鲜明的反差。现代生态学证明，仅仅是大规模捡拾枯枝败叶和蘑菇，就足以使原始森林彻底毁灭。

农牧业的发展首先对大型植食动物形成压力：它们要么因为无法进食这些品种单一的植物而饿死或迁徙，要么因为吃掉这些人类培育的植物而被急于保护财产的农民或牧民杀死，要么因为与被驯化的牲畜接触而感染瘟疫死亡。瘟疫同样在大型肉食动物中蔓延，对大自然的清洁工食腐动物的打击尤为严重。与末次盛冰期和新仙女木事件期间非常"干净"的动物尸体相比，全新世大暖期的动物尸体遍布细菌和病毒，这对食腐动物的免疫系统提出了更严峻的挑战。掠食动物的情况也好不了多少，它们即便不是一直被人类追杀的食人兽，也会因捕食家畜而与畜牧者产生冲突，最终死于非命。同时，杂食动物，特别是繁殖迅速的小型杂食动物，例如以老鼠为代表的啮齿类动物和乌鸦、麻雀等鸟类，却随着人类农牧业的发展变得异常兴盛。生态学揭示，它们的数量与大型食草动物之间存在此消彼长的关系，而繁殖率比大型食草动物高得多，所以种群数量容易从突发性灾难中恢复。在被人类用农牧业改造过的地区，动物的体形越小，数量和种类就越多，大型动物则纷纷灭绝。

可能是因为发现了这一规律，早在青铜时代，中国和其他亚洲古国就不断颁布法令，划定"保护区"，除了王室成员每年能够前往狩猎几次，所有民众被禁止进入"保护区"打猎、放牧和耕种，违者处以酷刑。即便是在非保护区，广泛的狩猎也受到严格的时间限制，终年随意捕杀野生动物的行为会受到政府和舆论的严厉谴责，例如孔子认为此等行为"非孝"。在农牧业水平最高的亚洲，一些野生动物因此才得以幸存至今。

这一假设也可以圆满地解释，为什么3万—2万年前的首批移民没有在史前北美大陆造成物种大灭绝。梭鲁特人与第一批进入美洲的东北亚原住民都是渔民，不会在渔船上携带家犬和其他牲畜，又不懂农业；但新仙女木事件之后通过白令地峡步行进入美洲的移民，也就是克洛维斯人，作为陆地狩猎者带来了家犬，继而又发扬东夷族过人的农业发明天赋，广泛驯化各种美洲动植物。不过美洲印第安人在驯化动物方面的成就远逊于驯化植物方面，他们只驯化了家犬、羊驼、火鸡等少数几种家畜家禽，所以美洲的流行病种类比亚欧大陆少得多，而这最终成为毁灭印第安文明的关键性因素。

具体到中国，鬣狗和巨蜥危害人类和牲畜的生命安全，巨貘和爪兽生活的丛林被人类出于发展农牧业目的而砍伐殆尽，大角鹿和鸵鸟等数量庞大的食草动物与牲畜形成直接的竞争关系。这些野生动物能够抵御气候和地质变迁，最终却难以适应人类早期文明造成的全新环境变化。无论这些物种的最后一头个体是否死于人类手中，我们的祖先都应对此负责。从某种意义上说，正是这些物种的绝灭，才有了今日人烟稠密的中国。

这些神奇的圣兽在中国彻底灭绝之后，孕育河图洛书、阴阳八卦等精英文化的自然环境基础便不复存在，中华民族的想象力因此大为枯竭。归根结底，古代学术起源于对野生动植物的仿生学，而高强度的农牧业极大地减少了野生动植物多样性。毫无疑问，农牧业革命是伟大的创举。但人类也为农牧业付出了沉重的代价。整个地球都为农牧业付出了沉重的代价。

就在第四纪动物大灭绝的同时，人类最早的文明也遭受了灭顶之灾。

第八章

当大陆沉没
（公元前9600—前4000年）

01
众口一词的神话

最初的一男一女

  人类对史前史的记忆隐藏在玄虚的神话传说里，而几乎所有古代文明都有一个情节高度相似的创世故事——大洪水。人类文明被认为是在大洪水之后才建立的。《旧约·创世记》中诺亚方舟的故事，在4000多年前的苏美尔文明的泥板史诗上就有记载，两者内容高度一致，仅有少数细节存在差别。《创世记》中伊甸园与失乐园的故事，可能也是大洪水神话的另一个版本。[①] 在古希腊，这个故事被进一步丰富：普罗米修斯从奥林匹斯山盗火送给人类，惹得宙斯大怒，宙斯将普罗米修斯处以酷刑，随即诱骗潘多拉带给人类疾病，又放出大洪水淹没陆地，意图淹死全部人类，唯独普罗米修斯的儿子丢卡利翁事先按照父亲的嘱咐，造了一艘大船，与妻子皮拉在洪水中生还，之后生下儿子希伦，希伦的后裔自称"希腊人"。此外，古希腊神话中还有大西洋上的亚特兰蒂斯大陆在远古时沉入大海的传说。太平洋彼岸的美洲印第安人中也广泛存在类似的神话故事，即一男一女在大洪水中幸存了下来，尔后结为夫妇。

  不过，最连贯、最丰富的大洪水神话出自亚洲的沿海地区。在南印度的泰米尔神话中，水神伐楼拿命令海水上涨，淹没潘地亚王国。主神湿

[①] 现存《旧约》是犹太人在公元前6世纪的"巴比伦之囚"期间完成创造的，所以其中既有伊甸园与失乐园这样的犹太神话，也夹杂了许多巴比伦神话，例如巴别塔和大洪水。

婆教会另一位主神梵天制造罐子,帮助潘地亚人逃离大洪水并向北迁徙。潘地亚人最终来到恒河流域及喜马拉雅山区定居。在中印度原住民比尔人的神话里,一对兄妹听从鱼的建议,做了一个足以藏身的木箱,以防大洪水。后来,大洪水果然到来。洪水退去后,这对兄妹找不到其他人类,于是结为夫妇,所有现代人类都是他们的后代。在印度教中,梵天大神化身为鱼,警告摩奴国王洪水即将到来,提醒他们应该立即造船,带上家人和作物种子逃离。

东南亚也有相似的神话:菲律宾人传说,一对兄妹在大洪水后幸存,于是结婚生子,或是一位孕妇逃生,生下一子,母子婚配;在泰国克穆人的神话里,一对兄妹挖竹鼠,不料引发大洪水从地下涌出,兄妹听从竹鼠的建议,做了一面木鼓,藏在里面逃生,洪水退去后,他们发现其他人都死了,于是结为夫妇,生儿育女。

在东亚,日本伊邪那岐与伊邪那美的故事可以被视为一种大洪水神话,日本西南部的琉球人传说史前发生过大海啸,日本东北部的阿依努人称之为"白发水"。在大洋洲,史前大洪水神话非常普遍,被海水淹没的人类故乡被称为"姆大陆""潘大陆""魁大陆""利莫里亚"等等。

神话学学者阿兰·邓迪斯总结,从亚洲开始,我们已经在巴比伦、巴勒斯坦、叙利亚、弗里吉亚、古代印度和现代印度、缅甸、交趾支那、马来半岛及堪察加半岛发现了例证,因此大概地说来,这个传说普遍地盛行于南亚。在欧洲本土,洪水传说比在亚洲稀少得多,但出现在古希腊。这类传说的例证在立陶宛、特兰西瓦尼亚的罗姆人部落和东俄罗斯也有报道。在非洲,包括埃及,缺乏有关大洪水的地区性传说,尚未有清楚的例证被报告出来。在印度洋群岛上发现了大洪水的传说,在菲律宾群岛的原住民部落和孟加拉湾中与世隔绝的安达曼人中也有相关报道。在新几内亚和澳大利亚有一些大洪水的故事,同类的传说也发现于边远小岛如美拉尼西亚。在太平洋中,大洪水传说广泛流传于波利尼西亚人之中,从北部的夏威夷到南部的新西兰都有传播。在美洲,包括南美、中美和北美,洪水传说非常流行,从南部的火地岛流传到北部的阿拉斯加，从东向西横贯整个南北美大陆。

相似的故事也在中国的许多民族内部流传。在苗族、黎族、彝族、壮族、瑶族、侗族、藏族、怒族、布依族、仡佬族、德昂族、拉祜族、独龙族、普米族等少数民族的创世神话里，都有大洪水的故事，内容与印度和东南亚的洪水神话颇为相似。内容大致是古代某家庭有一子一女，由于家长得罪雷公，雷公引来洪水淹没世界，兄妹二人坐进葫芦逃生，洪水后找不到其他同胞，于是结为夫妇。兄妹开荒，生育出的前两代子孙都是残疾人，自第三代起才恢复正常。这类传说的情节与西方的洪水传说如出一辙，只是最终人类得救的方式并不是用芦苇建方舟，而是坐进有东方特色的葫芦。

在汉族古籍中同样可以找到这场汹涌灾难的痕迹，女娲与其兄长伏羲结为配偶的传说恰如"兄妹开荒"的汉族版本。闻一多论证，"伏羲"和"女娲"这两个名字的本意都是葫芦，恰好与多个少数民族神话中兄妹二人坐着葫芦逃离洪水的传说相符。至于伏羲与女娲的父母，历代史籍均无记载，汉朝之后才模糊地出现华胥国女子踏巨人足迹怀孕，生下伏羲、女娲的故事。看来，伏羲、女娲的父母被洪水淹死了，坐葫芦逃生的伏羲和女娲当时年纪还小，不记得父母是谁。

总而言之，在亚洲、欧洲、大洋洲和美洲的沿海地区，存在广泛的大洪水神话，只有在大洲的内陆地区、北极地区和非洲，找不到大洪水神话。这些大洪水神话的核心内容基本相同，即这场洪水导致人类只剩下一个家族，其后裔创建了人类文明。在交通极不发达的史前时代，世界大部分沿海地区却出现了如此雷同的神话传说，并以此解释人类文明的起源，实在让过去的研究者费解。

通过环境史的研究，我们触摸到全球性大洪水神话的核心：史前曾经发生过吞噬辽阔地区的大洪水，海啸席卷了广大沿海平原，逼迫幸存的人类逃到山区避难，其后裔在大洪水退却之后吸取历史教训，开始建设用于防御大洪水的超高建筑。古埃及和美洲的金字塔、西亚的塔庙、古希腊的卫城、先秦中国的各种"台"和"丘"，无不如此。《创世记》中的巴别塔和中国浙江的良渚文化土筑金字塔,大概都属于此类。为了造出这些防范洪水的超高建筑,人类社会的组织能力需要提升到很高的水准。最终,以建设和维护这些超高建筑为核心,人类文明在公元前3000年左右几乎同时出现在地球上的许多地方。

在人类古文明出现前夕,地球海平面真的发生过一次猛烈的快速上涨吗?的确,环境史研究说明,自从新仙女木事件于公元前9600年结束之后,地球便迎来了大洪水的时代。

真实的大洪水

按照古希腊哲学家柏拉图的记载,公元前9600年左右,亚特兰蒂斯大陆消失在大西洋里。环境史则揭示,当时发生了卷转虫海侵,其结果是全球海平面上升了100多米,所有现今海水深度不足150米的浅海大陆架地区在1万多年前都是陆地:在欧洲,英吉利海峡、北海、波罗的海和爱琴海出现了;在亚洲,波斯湾、马六甲海峡和暹罗湾出现了。广阔的巽他次大陆和萨胡尔兰大陆从此分崩离析,变成了今日的马来群岛和澳大利亚。

虽然从地质史的角度看,这次海水的上涨速度并不算很快,平均每年只上涨几厘米,最快的年份也不过每年上涨0.5米。但是,在平坦的沿海平原上,海平面每上涨10厘米,海岸线就可能向内陆推进好几千米。可想而知,距今1万年左右的这场全球性环境剧变会造成怎样的生态动荡,又会给古代人类社会带来怎样的震撼。许多古人类死于海侵,幸存者带着对"大洪水"深深的恐惧,向着内陆高海拔山区匆忙逃难。于是,这场"大洪水"就以几乎完全相同的形式,出现在亚洲、欧洲、大洋洲和美洲各古老沿海民族的神话中,并且流传至今。沉没的亚特兰蒂斯、失落的伊甸园、消逝的姆大陆等神话,全都是亚欧各沿海民族亲眼看见的真实体验,那些被淹没的地方是他们1万年前被大海吞噬的故乡。

而非洲为什么没有出现大洪水神话?非洲原本位于冈瓦纳大陆的中央,后来因板块活动而与其他大陆分道扬镳,所以非洲四面的海岸都很陡峭，几乎没有浅海大陆架。因此，海水上涨或下降100米，对于非洲人类的生活几乎不会有任何影响，非洲自然就没有出现大洪水神话了。

凡是有浅海大陆架的地区都会深受影响，而当时全球最壮观的大陆沉没事件，理所当然地发生在全球温带和亚热带浅海大陆架最辽阔的地方——中国。

公元前1万年，渤海和黄海完全不存在，甚至大部分东海和近一半南海也不存在。黄河在今韩国济州岛西北不远处入海，全长约7600千米，高居全球第一长河的宝座。当时没有朝鲜半岛和海南岛，反倒有日本半岛和台湾半岛。到了公元前6500—前4000年，台湾岛和海南岛出现，近海出现，而且海水还漫过今天的海岸线，继续侵入内陆。海口沉没，广州沉没，厦门沉没，台北沉没，杭州沉没，苏州沉没，上海沉没，青岛沉没，天津沉没，大连沉没……如今位于京杭大运河以东的所有区域，除了山东等地的少数山丘高地，此时全部淹没于大海之中。

公元前6500—前4000年的这次海侵属于卷转虫海侵的第三阶段，在华东称为"洪泽-镇江海侵"，在华北称为"黄骅海侵"。这是离现代最近的一次大规模海侵，最终导致东亚海平面比现代海平面平均高出3米左右，吞没了现今中国的约20万平方千米土地，而且这一高水位直到公元前4000年左右才开始缓缓回落。

在与中国相邻的朝鲜和日本等东北亚地区，卷转虫海侵也淹没了数十万平方千米的土地。在东南亚，它造成的影响同样显著：巽他次大陆被上涨的海水弄得支离破碎，形成了马来半岛和"千岛之国"印度尼西亚；在大洋洲，萨胡尔兰大陆也被上涨的海水分割成澳大利亚与新几内亚两大块。仅把东亚和东南亚被卷转虫海侵淹没的土地合计，就高达500多万平方千米，相当于半个欧洲，而且全部是肥沃的沿海平原。

综上所述，公元前9600—前4000年，由于发生卷转虫海侵，东亚和东南亚的沿海平原有超过70亿亩可耕地被上涨的大海吞没，相当于中国现有耕地总面积的4倍多。而在太平洋沿岸的其他地区，类似的情况也不可避免。

地图33 沧海桑田时代的欧洲地形（罗三洋制作）

地图34 沧海桑田时期的中东地形（罗三洋、王晓明制作）

地图 35　黑海大洪水及其对亚欧大陆新石器文化的影响（罗三洋、王晓明制作）

水过留痕

在环太平洋地区，几乎所有东南亚民族、美洲印第安部落和太平洋岛屿原住民群体都听过史前大洪水淹没大陆，将他们逐出家乡的传说。与欧洲、西亚和南亚的史前大洪水传说相比，环太平洋地区的史前大洪水传说独具特色，普遍具备"兄妹开荒"情节。不过，这种区别反映的主要是社会组织与文化差别，各民族遭遇的自然灾难是相同的。

在各类环太平洋地区史前大洪水传说之中，被海水淹没的人类故乡被称为"姆大陆""潘大陆""魁大陆""利莫里亚"等等。基于环太平洋地区广泛存在的史前大洪水神话，一些西方学者设想，太平洋上曾经有过一块大陆，它西至关岛、北至夏威夷、东至复活节岛、南至新几内亚，面积达数千万平方千米，人口上亿，但它在1万多年前沉入海底。这一理论从未得到过主流科学界的支持，将来也不可能得到，因为太平洋板块的海底结构决定了不可能出现过这样一块大陆。

类似"姆大陆"的大洪水传说之所以广泛流行于上述广阔海域内，是因为这些海域的岛屿居民原本居住在东亚和东南亚的沿海陆地上，为了躲避卷转虫海侵而坐船漂泊，远离亚洲大陆故土。即便如此，他们依然保有对故乡的记忆。现代人类学家称这些东夷族的海上难民为"南岛人"。语言学和考古学等方面的多重证据表明，在海侵期间，南岛人的主体在新出现的台湾岛上避难，在公元前4500年发展出大坌坑文化，直到公元前3500年左右从那里迁出，散居其他太平洋岛屿。台湾古称"夷洲"，意思是"东夷人的岛屿"。然而，这里的一些原住民未必是真正的东夷人。

说到台湾，不能不提"兄妹开荒"的后裔高山族。今天的人们经常视高山族为台湾的原住民，其实台湾更早的居民是所谓的"小黑人"，与印度的安达曼岛人和马来西亚的塞芒人类似，可能是在多巴火山喷发以后从非洲来到东南亚的第一批移民。高山族定居在台湾岛的历史不过几千年，其语言属于南岛语系，文化与先秦中国接近，既有文身、凿齿等东夷族风俗，也有华夏族特色的习惯。尤为特别的是，许多高山族部落坚持以原产华北的小米（粟）为主食，拒绝大米（稻），认为吃大米是背弃了祖先。现代多数高山族虽然接受了大米，但在祭祀粟祖期间，仍然不与大米接触。日军侵占台湾期间，曾命令高山族为其运输稻米，结果酿成暴动。高山族种植粟的方法很原始，不使用现代农业技术，甚至禁用镰刀收割粟穗。粟的品种多样，颜色缤纷，以致外国学者曾经误以为粟作农业起源于台湾，之后才传到华北。现在看来，高山族可能是早期华夏族中居于东南的一支，不幸被1万—7000多年前的海侵驱赶至台湾，所以才如此固执地坚持原始粟作农业。

卷转虫海侵不仅造就了台湾岛这座"不沉的诺亚方舟"，同时也造就了日本列岛。海侵发生之前，朝鲜海峡、对马海峡、濑户内海都是陆地，所以日本当时是一个半岛，与朝鲜和山东都有陆路可通。海侵发生之后，首先淹没的是平均水深约70米、最大水深131米的朝鲜海峡和对马海峡，直接导致日本从此与亚洲大陆分离，成为日本列岛。当时大和民族尚未形成，日本列岛的居民是阿依努人。他们没有农业，完全依赖渔猎和采集为生。这一时期日本的主要遗址是围绕三方五湖兴起的鸟滨贝冢，这里出土了可能是世界上最早的一批陶器。当时三方五湖周边的植被是以水青冈为主的冷温带落叶阔叶树，但在公元前8200年就已过渡为板栗树等暖温带落叶阔叶树，说明此时日本的气温变得比过去暖湿。同时，随着气温的升高，海侵继续发展，海水最终漫入三方五湖，使其变成咸水潟湖，擅长打鱼的阿依努人的食谱因此发生变化。就像在北京市区出土的距今3万年的鲸鱼脊椎骨化石一样，在鸟滨贝冢也发现了鲸鱼脊椎骨化石，以及大量鱼类和贝壳类化石，其中尤为多见的是中华马鲛化石。这种东亚海水鱼如今的体长通常不过1米，体重不过5千克，但在鸟滨贝冢发现的中华马鲛化石显示，这些鱼身长可达3米，体重可达50千克。大概是由于当时气候适宜，人类捕猎和环境污染较少，同一种海水鱼的体形比现代大得多。

在鸟滨贝冢发现的陶器、漆器等文物的年代并不明显落后于中国大陆上的同类文物，这种文化交流看起来一直持续到公元前5000年左右的绳纹文化中期和河姆渡文化前期，而在公元前 4500 年左右卷转虫海侵极盛时期，由于中国与日本之间的海洋变得过宽过深而中断了。最终，社会发展停滞的阿依努人在公元前 6 世纪左右成为大和民族渡海扩张的牺牲品。

在东南亚和大洋洲，情况则与日本相去甚远。日本直到公元前 600 年左右才出现农业，而在新几内亚岛，农业出现于公元前 7000 年以前，甚至比中国和印度的许多地区还早。公元前 7000 年的新几内亚正处于卷转虫海侵的焦点，它的周边有广袤的浅海大陆架，海水上涨迫使萨胡尔兰大陆的居民大批涌上海拔远高于澳大利亚的新几内亚山区避难。如今，新几内亚独占全球 6000 多种语言中的 1000 多种，其山区居民全部是农民，沿海平原地区的居民以渔猎采集为生。这种看似不合理的现象其实有着悠久的历史原因。新几内亚的农业之所以先于日本 6000 多年出现，并不是因为新几内亚原住民比阿依努人更聪明，而是因为在新几内亚存在由海平面上涨引起的食物需求爆炸，在日本则没有。

浅海大陆架对农业文明的重要性，也回答了一个常常被农业史研究者忽视的重大问题：为什么恒河、密西西比河和亚马孙河流域的农业起源很晚，远不及同为当今粮食主产区的印度河、黄河、长江，以及中东、东欧的各大河流域，甚至还不如墨西哥和新几内亚等如今贫困落后的山区？

恒河、密西西比河和亚马孙河附近没有足够广阔的浅海大陆架，因此受海侵影响较小，也就没有发明农业的驱动力。恒河流域的情况尤为典型。当印度河、湄公河、黄河、长江、幼发拉底河、底格里斯河和尼罗河等大河流域都已经开垦出广袤的农田时，恒河流域还是一片热带雨林，当地人继续过着狩猎采集的生活。

02
时隐时现的蓬莱仙岛

东夷与华夏

卷转虫海侵淹没了大约 200 万平方千米中国领土,其中包括上文提到过的"无底之谷"归墟和五仙山等蓬莱仙境,它们从此消失在茫茫黄海里。《山海经·北山经》记载了"精卫填海"的神话,说炎帝的女儿女娃被东海淹死,死后化为名为"精卫"的海鸟,不断衔着石子向东海投掷,想要将它填平。台湾高山族神话中也有类似的故事,但规模更为宏大:鸟儿在看到家园被淹没以后,叼起成千上万的石子投入洪水。这些神话反映的其实是上古中国人对卷转虫海侵的恐惧。在黄骅海侵期间,山东一度被上涨的海水切割为两座大岛,被海水夺走土地的难民们被迫快速向这两座海岛的高海拔山区聚集,逐渐形成了北辛文化和大汶口文化。泰山、崂山、天台山、普陀山等沿海山峦之所以获得神圣的宗教地位,很可能与它们在卷转虫海侵期间充当过人类避难所有关。

从各方面来说,卷转虫海侵都是中国进入历史时代前夕经历的最重大事件。但令人困惑的是,能够与卷转虫海侵联系起来的古代文献并不多见。约公元前 22 世纪的尧舜洪水被古人大书特书,却没有留下明显的地质纪录。看起来,华夏文化在卷转虫海侵问题上让人相当茫然。孟子认为,那都是《齐谐》之流的"齐东野人之语"!

"齐东野人之语"这六个字放在东夷族的大洪水传说上,真是恰如其分。所谓"齐东野人",指的显然是胶东半岛的原住民"九夷"之一的莱夷。在卷转虫海侵与姆大陆沉没的问题上,没有哪个民族比莱夷更有发言权,可惜他们早已不知去向,只有《齐谐》《管子》等古籍还保留了一点莱夷的神话传说,可惜不受孟子等儒家学者重视。

卷转虫海侵为什么在华夏民族的集体记忆中严重缺失了呢?因为当时华夏民族并不居住在东亚的沿海平原上,未曾亲眼见证海侵。汉族古籍和苗族史诗一致记载,直到公元前3000年左右,黄河下游平原都在以太昊、少昊、蚩尤为代表的三苗九黎的控制下,而以黄帝和炎帝为代表的华夏族当时居住在黄河中上游至蒙古高原的山区里。至于山东、江苏等更靠南的沿海平原,直到周朝仍旧被号称"九夷"的东夷族统治着,徐夷酋长徐偃王更在公元前10世纪几乎推翻周朝,征服整个中原。

华夏民族奉炎黄二帝为祖先,《国语》记载:"昔少典娶于有蟜氏,生黄帝、炎帝。黄帝以姬水成,炎帝以姜水成。"姬水和姜水都是甘肃、陕西一带的渭河上游支流,而从《山海经》《穆天子传》等古籍来看,早期华夏族最尊崇的不是泰山等"五岳",而是黄河源头所在的昆仑山,并对甘肃、青海、新疆一带的地理环境异常熟悉。中国东部多地的史前文化遗址出土了新疆和田玉,可能是由甘肃一带的华夏族商人从新疆运来卖给东夷族的。同样,小麦、大麦、甜瓜、蚕豆等农作物和山羊、绵羊等牲畜也被认为很可能是在公元前6000—前3000年经中亚传入中国的。由此可知,华夏族的原住地在燕山至天山一带的山区,其自然环境与东夷族生活的沿海平原地区完全不同。这块土地是全亚洲、乃至于全世界距离海洋最遥远的地区,加之海拔较高,因此不会受到卷转虫海侵的直接影响。只有精卫填海的神话诉说着华夏族对卷转虫海侵模糊的恐惧,而居住在沿海平原上的东夷族对这次灭顶之灾却有着刻骨铭心的记忆。

与华夏族不同,东夷族是卷转虫海侵的亲身感受者,满怀着对被淹没故乡的美好回忆和对滔天洪水的深切恐惧。直到这两个族群在汉朝最终融合为汉族之后,伏羲女娲兄妹开荒的神话才渐渐成为汉族共同的祖先记忆。但在汉朝以前,华夏族和东夷族的意识形态时常高度对立,冲突极为频繁。

距离周口店猿人遗址西北方不远的涿鹿，传说是华夏族与东夷族第一次大规模会战的地点。这片山区不像是沿海居民东夷族的固有领土，华夏族认为来自东方平原的东夷族入侵了他们的领土，而因海水上涨而遭受重创的东夷人正在向内陆迁徙，寻找海拔更高更安全的土地。与被海水淹死相比，内陆部落的抵抗显得不那么可怕了。尽管古籍都记载华夏族取得了这场战争的胜利，但是从考古研究来看，东夷族的大汶口文化在此后的影响范围日益扩大，后来还发展为龙山文化，囊括了大半个华北和环渤海地区。看来，华夏族并未对战败的东夷族斩尽杀绝，而是将他们大量吸收进自己的部落。但是，由于此时全球海平面已经开始回落，东夷族的"大洪水"和"兄妹开荒"传说很难被华夏族接受。生活在内陆地区的华夏族大概认为，这些都只是东夷族为了给自己西迁进入华夏族领土的侵略行为辩解而编造出来的神话故事。

虽然东夷族的古老传说并不为华夏族接受，但东夷族文化依然深受这些古老传说的影响。东夷族的聚居区往往以"丘"或"台"命名，指天然形成或人工筑成的高地。据《竹书纪年》和《后汉书·西羌传》等古籍记载，夏商时期，今山东和苏北地区有"九夷"，夏朝末年，九夷中最强的犬夷（后来也被称为"昆夷"或"犬戎"）西迁关中盆地，最终摧毁了西周王朝。春秋时期，黄河流域共出现了4个名为"犬丘"的地点，其中两个在今鲁豫交界，另两个在关中平原。前两者估计是犬夷西迁以前的故都，后两者是西迁之后的新都。犬夷专门寻找或建设高大的土丘以居住，目的大概是防范洪水。

犬夷西迁之后，留在东方的东夷部族中以莱夷最大。莱夷的势力范围是三面环海的胶东半岛，有漫长的海岸线，其都城却在靠近内陆的潍坊昌乐一带。西周初年莱夷一度将齐太公姜尚包围在营丘城内。西周时，莱国迫于齐国和纪国的压力，东迁至青岛平度东郊的"即墨故城"（与青岛市即墨区的"即墨古城"不同）。昌乐和平度都地处胶东半岛的中心，远离大海，可见莱夷对海洋的恐惧。定都内陆导致莱夷很容易遭到齐国军队的攻击，最终被吞并，不过他们依然不愿意退向海边，一部分逃往西南边境的山谷，该地因此得名"莱芜"，另一部分则在距离大海20千米的烟台龙口的归城山寨被齐军消灭。

与莱夷衰亡同时，另一支作为战俘被掳到华夏族腹地关中的东夷族部落却迅速崛起，这便是未来的秦人。秦人与犬夷关系密切，曾经长期居住在一个叫"犬丘"的地方。秦人的另一个主要据点名为"西垂"，而"垂"正是"犬丘"的别名。这些都说明，即便已经在高海拔的关中地区生活了几百年，这些东夷后代依然保留着对"大洪水"的深刻恐惧。

尽管儒家不大重视东夷族的神话传说，但孔子的名字"丘"偏偏就与"大洪水"相关。曾经有许多理论解释孔子名"丘"的原因，而一个极为明显的事实是，"丘"是孔子出生地区最常见的地名之一。据统计，先秦古籍中有59个含"丘"的地名，除了关中的两个"犬丘"（因犬夷西迁而得名），全部分布在黄河和淮河下游的大汶口文化和龙山文化区域。例如齐国的早期首都"营丘"和另两个"犬丘"，而孔子的家乡曲阜就位于这个区域的中心。可见，称城镇为"丘"本是东夷族文化，"丘"字即来自古东夷语，而非古华夏语。孔子本人是殷商贵族后裔，殷商部族发源于环渤海地区，很可能原先是东夷族的一支，因此孔子被父母命名为"丘"一点都不奇怪。

在东夷族于黄河及淮河下游寻找"丘"或"台"等高地居住的同时，长江下游的居民也在忙着同样的事。近年来，良渚文化的土筑金字塔逐渐被发现，其中大莫角山的体积接近300万立方米，甚至比埃及胡夫金字塔还大。与埃及金字塔的尖顶不同，良渚土筑金字塔的顶部是平台，以建造用于生活的房屋。此外，良渚文化的祭祀神庙和墓地也都建在土筑高台上，称为"祭坛"和"高台墓地"。良渚古人耗费巨大人力物力建造这些土筑建筑的原因不言自明：与大汶口文化和龙山文化的"丘"一样，用以抵御上涨的海水。

五六千年前，从辽宁的红山遗址到浙江的良渚遗址，中国东部沿海的各部落都开始修建"丘""台"等高层建筑，以防御洪灾。如此巨型的建筑理应存在一个发展过程，但是在中国，许多文化现象都是刚一出现就显得十分成熟，此后便停滞不前，这些史前高层建筑也是如此。"丘""台"等中国金字塔不需要一个发展过程，可能是因为它们在建设之初就已经有了成熟的范本可供借鉴。

由于中国绝大部分受卷转虫海侵直接影响的地区至今仍躺在渤海、黄海、东海和南海之下，尚未进行系统性的发掘研究，有理由相信，浅海大陆架将在未来中国的史前考古领域扮演重要角色。正如末次盛冰期时古菱齿象等华北陆生动物生活在澎湖海沟附近，新仙女木事件期间，新石器时代早期的中国先民也生活在因低温而露出海面的渤海、黄海和东海大陆架上。那里深藏着中国最古老的新石器时代遗址，虽经近万年来饱受海水冲刷浸泡，但应当还有地基可寻。如果真的有这样的远古海底遗址，中国先民们会称它们为什么呢？

龙宫。

发现海底龙宫

《西游记》等许多中国古代文学作品都提到了海底龙宫，据说那里面藏着无数的稀世珍宝，例如大禹曾经用来治水、后来被孙悟空从东海龙宫抢走的如意金箍棒。学术界一般认为，龙宫传说起源于古印度，后来随佛教进入中国，因为现存龙宫记载最早始于唐朝，内容又多与佛教有关。那么，印度的龙宫是怎么回事呢？

在古印度，人们普遍相信世上存在龙、夜叉、阿修罗等智慧生物，合称"天龙八部"。其中，印度的龙（那伽）实为巨大的多头眼镜蛇，有时也表现为蟒蛇的形态。中国的龙在隋唐之前呈现与巨蜥相似的粗短兽身，在隋唐以后变成了与蛇类相似的修长蛇身，显然是受了佛教带来的印度文化影响。在西域高僧鸠摩罗什翻译的《妙法莲华经》里，有 8 位龙王，主管水族，各自在海中建有宫殿（其他佛经对龙王的数量有不同的说法）。它们实际上是印度的海神。随着佛经被大量翻译成汉字，到了隋唐时期，道教经典中也陆续出现了"龙王"，它们同样主管水族，也有龙宫，但是数量和名称与印度龙王有所区别，主要分"五帝龙王"和"四海龙王"。唐玄宗首先下令各地官府祭祀龙王，之后龙王便被佛教和道教共同尊奉，社会影响日益扩大。宋代学者赵彦卫在《云麓漫钞》中写道："古祭水神曰河伯，自释氏书（佛经）入，中土有龙王之说，而河伯无闻矣。"到了明清和近代，道教的"四海龙王"成为最广为人知的中国龙神，名称也被统一为东海龙王敖广、南海龙王敖钦、西海龙王敖闰、北海龙王敖顺。

其实，早在佛教传入之前，中国也存在本土海神。根据《山海经》记载，远古中国的"四海海神"分别是东海海神禺虢、西海海神弇兹、南海海神不廷胡余、北海海神禺疆。她们都是鸟身人面，双耳各缠着一条蛇，双脚各踩着一条蛇，形象与后世的龙王毫无共同点，倒是与古希腊米诺斯文明的持蛇女神像颇为接近。秦始皇在征服齐国后，曾经几次与海神"交流"，对象可能就是《山海经》中的这些鸟身人面持蛇海神。

毫无疑问，中国本土传统的鸟身人面持蛇海神源自东夷族的神话体系，因为东夷族最主要的文化特色就是鸟崇拜。大汶口文化和龙山文化等东夷遗址中都出土了大量的鸟形文物，古代文献对此也多有记载，如《左传·昭公十七年》："我高祖少昊挚之立也，凤鸟适至，故纪于鸟，为鸟师而鸟名。"究其原因，东夷族生活在海滨，经常与海鸟接触。在航海的过程中，海鸟也非常重要，因为发现海鸟往往意味着陆地就在附近。无独有偶，除了东亚的东夷族，在东南亚、大洋洲和美洲的环太平洋古代文化中，鸟崇拜都非常流行，这些地区的祭司们经常穿着用鸟羽制成的服饰，祭拜造型与《山海经》中的海神颇为相近的鸟形神祇。末次盛冰期和之后的历次海侵，对东亚沿海平原的生物都造成了普遍性的影响。鸟类因为大多能够飞翔，受到的影响相对最小，陆生动物就没有那么幸运了。

如今，大连旅顺口区距陆地约10千米的海上，有一座面积约1.2平方千米的小岛，自古以来就无人居住。据1950年代的政府调查，这座岛屿一直无人居住的原因，是岛上住着大约10万条剧毒的黑眉蝮蛇，因此得名"蛇岛"。蝮蛇的游泳能力不强，蛇岛四面环海，岛上这么多蝮蛇是从哪里来的呢？原来，在末次盛冰期，海平面下降，蛇岛地区成为大陆的一部分；末次盛冰期结束、海侵发生时，蝮蛇被上涨的海水驱赶，逃到这块高地上，最终成为海岛上的居民，并且将一同来到此处避难的其他动物捕食殆尽，蛇岛就此形成。像这样的蛇岛在海侵时期本来形成了很多，但是在大多数岛屿上，蛇最终都因为缺乏食物最终绝灭了，留下了没有动物的荒岛。但是，大连蛇岛正好位于候鸟迁徙路线上，蝮蛇经常能够捕猎到路过的鸟类，就这样熬到了今天。

与大连蛇岛类似，在东亚和东南亚的不少海岛上，毒蛇数量都特别多，因为毒蛇擅长捕猎小动物，新陈代谢又慢，几个月不吃东西也饿不死，比大多数陆生动物都容易适应新生海岛与世隔绝的环境。可想而知，毒蛇对于环太平洋地区的人类形成过巨大的威胁，而许多鸟类擅长捕蛇，因此得到人类的尊崇。这样看来，史前东夷族崇拜鸟身人面持蛇海神便是非常自然的。

道家先驱列子和庄子笔下的神奇海洋世界看似虚无缥缈，实则是对史前时期中国环境的具体描绘，《山海经》也是如此。参照其他环太平洋古文化可以推论，《山海经》中的鸟身人面持蛇海神形象，很可能就是以史前身披鸟羽的大祭司或大酋长为原型的。在卷转虫海侵期间，这些祭司酋长的领地被不断上涨的海水淹没，他们的形象在后世的流传中开始与海神联系起来。

先秦时期思想界的主要矛盾是夷夏之争，而汉朝以后则变成外来的佛教与本土思想之争。由于东夷文化在东周、秦汉的没落，加之佛教文化的冲击，中国传统的鸟身人面持蛇海神自汉朝以后便消亡了，被龙王家族取而代之。不过，"东西南北"四海神的模式依然深入人心，最终被中国本土道教巧妙地结合佛教带来的印度龙王系统，被改造为"四海龙王"。

与古印度的"天龙八部"类似，中国远古神话中也存在许多人类需要敬畏的智慧生物，道家文献通常称之为"仙圣"。《列子·汤问》记载了"仙圣"的故乡"无底之谷"下面的岱舆、员峤、方壶、瀛洲、蓬莱等五座仙山。由于另一种智慧生物龙伯国人的无意破坏，这些仙山失去根基，在海水中漂散流失了。

我们已经探讨过,"无底之谷"归墟就是末次盛冰期华北陆桥上的黄河大瀑布,"五仙山"指的是黄河大瀑布以下、黄河入海口附近的五座山。在卷转虫海侵期间,这些仙山或是变成了海岛,或是被上涨的海水完全淹没了。东夷族之所以把它们视为神奇的仙境,不仅因为它们难以抵达,还可能因为那里的居民拥有更高的文明水准。

今天的黄海和东海浅海大陆架在寒冷的冰河时期是肥沃的沿海平原,而到了温暖的间冰期则常被上涨的海水淹没。千万年来,这里的居民反复遭受自然环境剧变的洗礼,势必要在填饱肚子之余,绞尽脑汁筹划防灾减灾的策略。

1985 年,日本潜水员在日本最西端的岛屿、琉球群岛的与那国岛沿岸潜水时,意外地在水深 23 米的海底发现了一堆巨型石块。这些石块全都边缘笔直,很像人工切割而成。进一步的研究显示,这些石块组成了一座高大的金字塔形建筑,其顶端在落潮时露出海平面约 1 米,总高 24 米。在这座水下金字塔顶部,还发现许多类似现代采石场为了开采石块而凿出来装填炸药的小洞。另外,水下金字塔的一些石块异常巨大,高达 2 米以上。因此,有的学者认为它是人造建筑,另一些学者则认为它是一座古代采石场。但是无论怎样,这座巨大的建筑立在水深 23 米的海底,近代人显然没法在此施工。与那国岛水下金字塔上一次能够完全露出海面、人类可以在陆地上施工的时代,还是距今约 1.2 万年的新仙女木事件时期。

还有人提出,与那国岛水下金字塔所在的地壳可能下沉了。但是,随着潜水技术的改进,在琉球群岛的其他海域,以及相邻的澎湖群岛和朝鲜半岛沿海,潜水员陆续都发现了海下石制建筑遗迹。例如澎湖海下的一堵石墙长约 600 米,高约 4.5 米;琉球海下的一排石柱矗立在水深约 28 米的海底;1998 年,在日本隐岐群岛附近水深 33 米处发现了几座 30 米高的石塔,塔周围有螺旋楼梯,塔顶端距离海平面约 6 米。在如此广阔的地区发现众多海底遗迹,而且都位于水深约 30 米处,显然不是偶然事件,更难以完全用地壳下沉来解释。

众所周知，东海和黄海是台风高发区，每年都有多次12级以上的台风卷起巨浪，从这些海域呼啸而过。因此，假设这些海底建筑原本有一部分露出海面，那么势必会遭到严重的破坏，轻则顶端被毁，重则整体倒塌。所以，这些海底建筑自从被海水淹没以后，一直在变矮变少。而当船只经过这些海域时，船上的渔民水手很可能会注意到这些水下建筑。如果其顶端露出海面或距离海面不远，他们很可能会登上这些建筑，寻找里面的珍宝（如果有的话），甚至试图拆掉建筑里的某些部件，这或者可以解释为什么与那国岛水下金字塔顶端会有小洞。对于这些渔民水手来说，"海底龙宫"是完全真实的存在。考虑到台风和人为的破坏，可以推想它们原本的数量和规模是何等惊人。

《日本书纪》和其他古籍曾经多次提到海神的沉没城堡，台湾岛和琉球群岛的民间传说也有许多相关的故事，但这对古代渔民来说并不是神话，因为他们曾经亲自进入这些城堡的遗址，甚至可能因此发了大财。实际上，"海底龙宫"真的存在，建造者也不是龙王，而是冰河时代的人类。世界文化遗产土耳其哥贝克力石阵的存在表明，1.2万年前的人类就早已掌握了复杂的石制建筑工程技术。由此看来，和哥贝克力石阵同时代的与那国岛水下金字塔等东海水下建筑出现得并不突兀。他们的建造者，很可能是东夷人所谓的"仙圣"或"龙伯国人"。

在《列子》等中国古籍中，"仙圣"的特点是有高度发达的文明、能飞行，龙伯国人的特点是身材极高，而且两者寿命都极长。孔子曾言，防风氏的身高足有三丈。但古籍中还有更加惊人的记载，称龙伯国人身高三十丈，能活一万八千岁。之所以如此夸张，可能是古人误将恐龙等巨型远古动物的化石认作人类，但也可能是因为他们在东海上见过规模庞大的"海底龙宫"。与那国岛水下金字塔最令人费解的是它的"阶梯"有2米多高，人类难以攀越，而正常的阶梯高度是15—30厘米。古代水手发现这些巨大的阶梯远非普通人可以攀登，又将附近海床上打捞出的古菱齿象等冰期陆生巨兽的遗骨误认为是巨人遗骨，于是很自然地推论，建造这些巨型海上金字塔的能工巧匠身高应该是普通人的数倍以至几十倍，因此便有了龙伯国人身高三十丈的传说。实际上，巨人建造史前巨型建筑的传说在全世界都有流传。不妨大胆推测，"海底龙宫"的古称可能是"龙伯宫"。在佛教传入中国以后，印度的龙王传说开始加入，"龙伯宫"最终演变成道教里的"龙宫"。

其实，与那国岛水下金字塔的"阶梯"可能并不是阶梯，而是支撑上层建筑的底座。早在这些建筑被海水淹没之前，它们就可能被原居民拆除过。经过上万年台风、海啸的破坏和人为掠夺，这些"海底龙宫"的现存部分只是原先庞大建筑群的石质地基和支柱，所有木质、竹质、砖土等其他材料都完全消失在太平洋中。

1.2 万年前的新仙女木事件时期，当地球上大部分人类还蜷缩在山洞里避寒时，今天的黄海和东海大陆架上已经发展出了最古老的文明。考虑到这些建筑必然有漫长的发明和改进阶段，其最初建造时间可能要提早至约 2 万年前的末次盛冰期，大约与台湾海峡出土的左镇人和东山人处于同一时代。所谓龙伯国人身高三十丈、能活一万八千岁的古代传说，如果理解为"龙伯国的建筑高达三十丈，是一万八千年前修造的"，从环境史和考古学的角度来看就很合理了。

黄海和东海大陆架地区能够在 1 万多年前发展出人类最古老的文明，肯定与当时全球气温剧烈下降、人类大规模南下避寒有关。骤然增加的人口密度迫使温带沿海平原上的居民放弃传统的穴居狩猎采集生活模式，转而发明出村镇的生活模式。他们似乎也很清楚，海洋终有一天会重新上涨，因此他们尽量选择在山丘定居，并且设计出越来越宏伟高大的建筑。

环境史解释了金字塔式建筑是怎样出现的：卷转虫海侵开始以后，海水不断上涨，人类被迫不断一层层地加高自己的建筑。起初建筑只是简单的堆砌叠高，后来在实践中被改进为更加牢固的下大上小的结构，最终形成了山丘般的金字塔。由于台风和海啸泛滥，人类使用最坚固的材料石块。又由于越大越重的石块越能抵御风暴和海潮的破坏，因此人类不断提高石块加工技术，便有了与那国岛水下金字塔高 2 米多、长达十几米、重达数十吨的巨型石块作为金字塔的基座。台湾海峡等海域发现的"海底石墙"可能是早期人类修造的防波堤。直到周边广大地区被完全淹没，人类才依依不舍地放弃这些他们精心维护近 1 万年的建筑，它们很快被台风和海浪破坏得面目全非，只剩下部分海平面下的石质地基，最终成为后代渔民水手们猎奇寻宝的奇幻海底世界。

随着最后一座"龙伯宫"在约 7000 年前被海水淹没，灾民从此流落四方。起初，其后代在良渚等邻近地区用结构类似的金字塔城市（古称"台"或"丘"）重现了祖先的辉煌。后来，随着东海上的"龙伯宫"遗址逐渐被台风和人为因素破坏，加之良渚等早期文明的衰亡，这些辉煌的历史便越来越难被后人理解，逐渐演变为虚无缥缈的神话传说。

人类科学的进步将上古神话复原为真实的史前史。环境史揭示，从良渚金字塔到美洲金字塔，从纣王的鹿台到秦始皇的阿房宫，如今黄海和东海大陆架上的"海底龙宫"是所有环太平洋古文明的母体。

至此，我们可以简略地复原姆大陆的历史。约 2 万年前的末次盛冰期，全球海平面比现代低 100 多米，受寒冷气候影响，东亚居民大量向露出海面的黄海和东海大陆架地区迁徙。其中，黄河入海口附近的"五仙山"和长江入海口附近的"龙伯国"气候适宜，淡水充足，土地肥沃，这些地区成为最受欢迎的移民区。随着人口数量的增加，传统的狩猎采集生活方式逐渐难以为继，加上这些地区山洞匮乏，连居住都成了难事。人类被迫寻找新的经济来源，例如出海捕鱼、发展原始农牧业，并且尝试建造比帐篷和树窝更加坚固耐久的住所。到了约 1.2 万年前的新仙女木事件时期，世界上最早的几座"城镇"已经出现在"五仙山"和"龙伯国"，一些先进的交通和建筑技术也被发明出来。考虑到台风和海潮的影响，这些"城镇"并没有建在海边，而是在海拔几十米的内陆高处。同时，他们崇拜鸟类，制造玉器，钻研天文，试图以此找到气候环境变迁规律的钥匙。然而，新仙女木事件之后，全球气温以惊人的速度变暖，两极冰盖大面积消融，海水以超乎想象的幅度上涨。到了约 1 万年前，海水淹到了"五仙山"和"龙伯国"的郊外。在此后的两三千年里，这些"城镇"的居民被迫迅速发展石块切割技术，借此建造防波堤，同时一层层地加高建筑，使其变成下宽上窄的阶梯金字塔，并在金字塔顶的平台建造住宅和庙宇。可惜，到了约七八千年前，连续上涨了100多米的海水终于攻破了"五仙山"和"龙伯国"的最后防线。居民四散奔逃，有的逃到山东半岛，发展出大汶口文化；有的沿长江和钱塘江逆行西去，逃到今天的长三角地区，发展出河姆渡文化和良渚文化；有的逃往台湾、朝鲜半岛，甚至美洲和大洋洲。就这样，他们带着"姆大陆"和"兄妹开荒"的神话扩散到整个环太平洋地区。

扑朔迷离的新石器革命

限于目前的技术水平，在系统性发掘"海底龙宫"之前，中国史前考古学的重点仍然集中在陆地遗址，而这些遗址也能展现出卷转虫海侵对远古人类社会造成的影响。

公元前9000年左右，海水虽然快速上升，但尚未涨到如今的海平面高度。这期间的中国大陆考古遗址甚少，其中较为重要的是河北徐水南庄头遗址。此地背靠太行山，面对华北古湖的残余部分白洋淀（当时白洋淀的面积约为现代白洋淀的10倍）。这里出现了华北最早的农业证据——石磨盘和石磨棒，据推测当时的古人已经驯化了粟。

总体上看，在全新世大暖期初期，也就是距今9500—7000年，中国的文化遗址较仙女木事件之前大量减少，众多距今一两万年的古人类遗址如周口店、萨拉乌苏、峙峪、小南海、小孤山、东山、左镇等均被永久废弃，而新出现的遗址则寥寥无几。这种人类数量减少的情况颇令人费解。在考古学上，这段时间又被称为"新石器时代早期"，其特点是遗址小、文物少，与突然涌现众多大型遗址的距今7000年形成了鲜明的对照。这种古怪现象有一个解释：仙女木事件期间，气候过于干旱寒冷，所以大部分中国先民都和他们狩猎的野生动物一起，迁居至随海平面下降而出现的沿海平原上的"五仙山"和"龙伯国"，这些地区如今都已被海水淹没。

公元前9000年左右，也就是新仙女木事件刚刚结束之际，海水尚未进入今渤海地区，黄海、东海和南海的许多浅海大陆架也未被淹没，新仙女木事件中幸存的先民被开始上涨的海水驱赶，逐渐向高海拔地区迁徙。南庄头遗址出土的孢子粉化石以耐旱的植物为主，由此判断，当时华北的气候比仙女木事件期间温暖湿润，但与现代相比依然偏寒冷干燥。国外的环境史研究成果也表明，在新仙女木事件结束后大约2000年内，全球气候仍比现代干冷，两极冰盖依然广阔，海平面比现代要低数十米。直到公元前7000多年，全球气温才回升到与现代相近的水平。所以，对于古人而言，此时中国最宜居的地区不是如今的中原大地（当时过于干旱寒冷），而是更接近东南海岸线、气候更温暖、湿度更高的低海拔平原，也就是如今已被海水淹没的浅海大陆架，那里应当是中国新石器早期文化遗迹的主要聚居地。随着全球气温持续上升，大洪水时代不可避免地来临，无数东亚平原被海水吞没，居民四海飘零。良渚、河姆渡、大汶口等东部沿海地区的史前城镇与阿兹特克、玛雅、印加等美洲城镇之间存在许多相似之处。它们应当都源自被卷转虫海侵淹没的共同祖型，也就是《列子·汤问》中记载的"五仙山"和"龙伯国"，或是美洲人的"姆大陆"。

公元前6000年左右，随着海侵的又一次兴起，海水迅速上升至现代海平面附近，中国陆地上的人类遗址随之突然大量增加，形成"新石器中期大爆炸"。重要的遗址有河南新郑裴李岗、河北武安磁山、山东淄博后李、内蒙古赤峰兴隆洼、陕西宝鸡北首岭、甘肃秦安大地湾、浙江余姚河姆渡、浙江嘉兴马家浜、湖南澧县彭头湾等等，可谓遍地开花，基本上奠定了中国早期文明时代的政治文化格局。与之前的新石器早期文化遗址相比，这些公元前6000年左右兴起的新石器中期文化遗址的普遍特点是规模大，人口达数百人至上万人不等，有些俨然已初具城市或国家的雏形。此外，当时的人们掌握了农业技术，水稻与粟等农作物的种植相当普遍，家畜和家禽的养殖业蔚然成风，其经济模式与新仙女木事件之前普遍的狩猎采集经济模式完全不同，因此这一阶段被考古学家称为"新石器革命"。这些遗址几乎全部位于当时的湖滨地区，说明公元前6000年左右的中国古人依然和上百万年前的祖先一样，偏好居住在湖畔，而非河滨。不过，中国的大湖时代已经过去，未来中国的自然环境将被大型江河主导。

河南舞阳贾湖遗址作为裴李岗文化里年代最早、面积最大的遗址（约 5.5 万平方米），堪称公元前 6000 年左右中国早期农业文化定居点的代表。贾湖遗址出土了中国目前已知最早的家犬、家猪、家鸡、家养黄牛和家养山羊的骨骸，还有大豆化石、骨笛和龟甲刻符，说明当时这里的居民与动物关系相当密切，而且精神生活丰富。经过 ^{14}C 年代测定和树轮校正，这些文物的年代介于公元前 6680—前 6420 年。

大量的动植物驯化、复杂的音乐、作为文字雏形的刻符，这些革命性创举在新仙女木事件前后的中国尚无踪迹可寻，但贾湖古人好像在短短两个世纪内把它们都发明了出来。然而，与工业革命和信息革命期间的发明不同，农牧业革命需要极其漫长的几代人的大量实践，绝不是少数天才能够在短时间内完成的。仅是一种动物的驯化，都需要至少数十代优选育种的尝试，还不算几乎必然要经历的众多失败和挫折。即便贾湖古人个个都是爱迪生，他们也难以在两个世纪内完成这么多创新。

种种迹象表明，公元前 6000 年左右，中国出现了一次没有先兆的农业革命和人口爆炸。在此之前，只有江西、湖南、河北的极少数地区初具农业雏形，但在这之后，农业技术得到了广泛普及，同时人口在几个世纪之内增长了上百倍。究竟是农业革命促进了人口爆炸，还是人口爆炸驱动了农业革命呢？

其实公元前 6000 年左右，中国既没有出现农业革命，也没有人口爆炸。有理由相信，农业革命和人口爆炸早在公元前 1 万年左右就陆续开始了，但这些现象出现在肥沃的沿海平原，也就是公元前 9600—前 6000 年左右被海侵陆续淹没的"五仙山"和"龙伯国"。随着海侵的发展，被上涨的海水夺走土地的难民带着先进的文化，从冲绳至济州岛一线的海岸向西退入现代大陆范围内，这才引发了"新石器中期大爆炸"。也只有出现过这种情况，遍布于中国南方各少数民族和环太平洋民族之中的史前大洪水传说才能得到合理的解释。

导致公元前 6000 年左右掌握先进文化的新石器聚落在中国大陆突然大量出现的主要原因,是此时卷转虫海侵的最后阶段"镇江海侵"开始,迫使掌握农业技术的沿海难民成群地从如今的浅海大陆架涌入内地。公元前 6500 年左右的贾湖地区紧邻湖沼,气候比现代温暖湿润,属于亚热带气候,贾湖先民种植水稻,搭造干阑式建筑,说明他们的祖先并不是来自西北山区,而是东南沿海。这也就意味着,中国最早的家禽、家畜、乐器和文字的起源证据,现在应该还都静静地躺在渤海、黄海和东海的水下,等着未来更成熟的发掘和保护技术。

卷转虫海侵淹没中国广阔的沿海平原,造成巨型难民潮,导致内陆人口密度激增,进而促成文明起源。这个过程听起来也许像天方夜谭,但纵观环境史,类似的情况在第四纪并不罕见,每隔几万年至几十万年就会发生一次。与此前的历次大海侵不同,卷转虫海侵发生在现代智人战胜所有竞争者,并掌握了相当多技术之时,因此能够在全球范围内促成人类文化的本质改变。联系欧洲的亚特兰蒂斯和西亚的伊甸园、诺亚方舟传说,再辅以中国和环太平洋文化圈各民族的大洪水传说,有足够的理由相信,在卷转虫海侵这场全球性自然灾难面前,中国扮演了重要角色。而这期间,中国大地上有两个主角,即华夏族与东夷族。中国的史前史,即将告别神话传说时代,进入有文字记载的夷夏相争时代。

第零次世界大战

卷转虫海侵期间涌入内地的沿海难民,就是古代文献中的"东夷族"。汉字"夷"的主要释义之一就是"平坦",因为东夷族世世代代居住在平坦的东部沿海平原上,这里交通便捷,土壤肥沃,但也最容易受到沧海桑田现象的影响。他们大规模内迁必然触动内地原住民,也就是华夏族的利益。难怪在华夏族看来,这场难民潮是可恶的"蛮夷猾夏"。从考古遗迹上来看,与东夷族相比,华夏族的人口与技术水平都明显处于劣势,直到公元前 4000 年左右,吃粟的族群都被吃稻米的压制着。不过随着卷

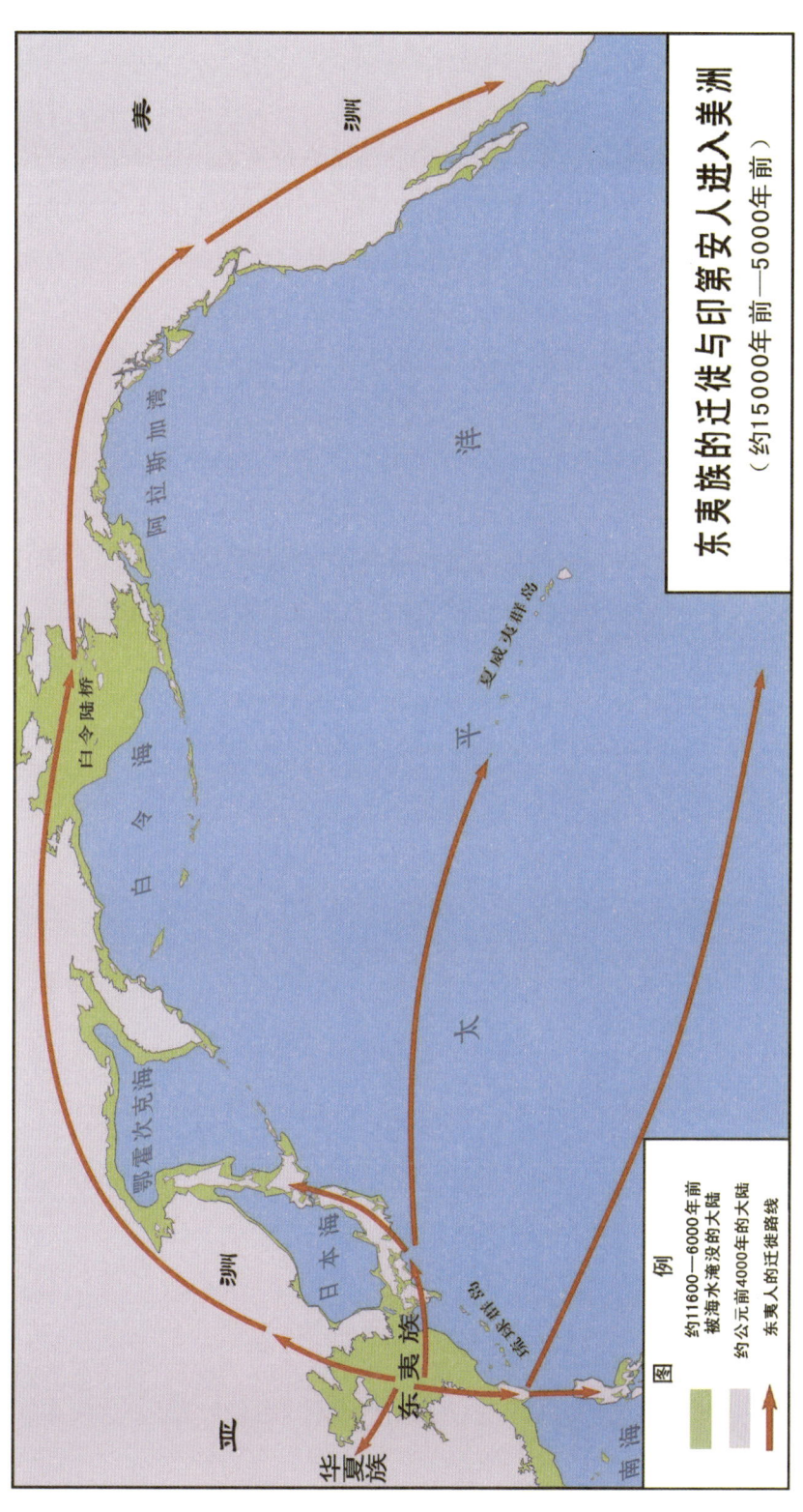

地图 35 东夷族的迁徙与印第安人进入美洲（罗三洋、王晓明制作）

转虫海侵的终止,这一现象很快就被逆转了。

东夷族在卷转虫海侵期间的命运,无疑是极为不幸的。在海侵发生之前,他们控制着地球上最广阔的温带和亚热带平原,拥有地球上最多的人口,也许还有最先进的文化。随着兴起于公元前 9600 年的大洪水泛滥,这一切很快化为乌有。东夷各部落颠沛流离,天各一方,有些迁入临近华夏族的中原内地,有些逃往朝鲜等东北亚地区,有些去南方的山地避难,有些辗转前往美洲,促成末次盛冰期之后的又一次印第安人移民浪潮。

在先秦时期,华夏族和东夷族是两个截然不同的族群。他们有时是贸易伙伴,有时是战场死敌。正如西汉大臣桑弘羊所说,"轩辕(黄帝)战涿鹿,杀两昊(太昊、少昊)、蚩尤而为帝",华夏族最终通过军事手段击败了被大洪水重挫的东夷族西北支系,这才成为中华大地上的支配力量。

华夏族不仅没有同情、援助东夷族,反而乘人之危加以打击,现代社会可能对这种行为产生反感,但在古代,这是完全正当的行为。卷转虫海侵淹没了东夷族的家园,但华夏族的领土毫发无伤。在传统的"天命"理论看来,这正是"天讨有罪""天命殛之""天命诛之",这类对遭受天灾国家和部族的指责遍布于《尚书》等先秦古籍,此后也史不绝书。助人为乐是华夏族的美德之一,《左传》有"陈不救火,许不吊灾,君子是以知陈、许之先亡也"的记载。但是,这种互助仅限于火灾等普通灾害,人力难以抵御的超级大灾则被视为代表天意的"天谴",受灾者被视为触怒了天神的罪人。只有消灭了这些罪人,世界才能恢复正常秩序。受这种思想的影响,华夏族认为自己打击受到海侵损害的东夷族并不是落井下石,而是在"替天行道",这是一场神圣的战争。

约公元前 6000 年,因卷转虫海侵而爆发的这场华夏族与东夷族的战争,在世界上并不是个例。世界各地几乎所有的神话传说都有这样的情节:在史前时代,神灵、巨人与人类之间曾经爆发多场毁灭性战争,幸存下来的人类寥寥无几。近年来的基因研究显示,男人专属的 Y 染色体 DNA 在距今 8000—6000 年出现过一次严重的"遗传瓶颈",意味着这期间生育后代的男性数量只有女性的十几分之一。也就是说，地球上95%以上的男性没能繁衍后代。纵观人类历史，造成这种青壮年男性大量死亡的情况只有一种，就是战争。可以推测，公元前6000—前4000年发生过一场漫长而恐怖的"第零次世界大战"，其时间长度、规模、残酷性大概都远远超过后来的世界大战，全球95%以上的男性都死于战争。之所以全世界所有人类群体都如此疯狂地相互杀戮，是因为卷转虫海侵吞噬了冰期大部分人类的家园，迫使他们"入侵"内陆，与当地居民为了极其有限的资源相互杀戮，直到大部分男人丧命为止。在全球气温变暖、两极冰盖消融的大背景下，这场史前大洪水导致的民族大迁徙波及了地球的每一个角落，没有族群能够独善其身，东亚的华夏族与东夷族当然也不例外。

东夷族与华夏族在文化方面有许多冲突。例如，华夏族讲究"身体发肤，受之父母，不敢毁伤"，而东夷族完全相反。他们有十分普遍的文身现象，在婴儿出生后用带子紧裹脑部造成头骨变形（这一习俗可以追溯到山顶洞人），因宗教文化原因给身体放血，在鼻子、嘴唇上穿孔戴环，在青春期拔除上颚门齿（古代称这种习俗为"凿齿"），并且口含石球，造成齿弓严重变形，等等。东晋时期甚至还出过一位著名的文学家习凿齿，他的祖籍襄阳位于荆州中部，正是三苗族的大本营，不知当时是否还保持着拔除门齿的成人礼。习凿齿曾经与祖籍太原的散骑常侍孙绰引用《诗经》文句开玩笑，孙绰说："蠢尔蛮荆，敢与大邦为仇？"习凿齿回答："薄伐猃狁，至于太原！"蛮荆即三苗，猃狁即北狄，孙绰与习凿齿的这番滑稽的对话，昭示了汉族由古代的华夏族、东夷族和北狄族融合而成的历史。

作为受卷转虫海侵影响最大的族群，全球各地的东夷族后裔被迫尝试各种农业生产的可能性，继而成了地球上最优秀的农民。在培养农作物方面，没有任何种族能与他们相提并论。稻米、玉米、番茄、辣椒、马铃薯、花生、甘薯、甘蔗、香蕉、向日葵、烟草、大麻、南瓜、葫芦、桑树……地球上的大部分农作物都要归功于东夷族农民的勤奋、耐心与创造力。如果没有东夷族，人类的餐桌该会多么乏味！

细心的读者可能会注意到一个关键词：桑树！是的，人工栽种的桑树和许多农作物一样，出现在卷转虫海侵期间，人工养殖的家蚕也始于此时。现在，是时候解答本书开篇中提出的问题了：沧海为什么偏偏化作桑田？

03
麻姑的神圣桑林

从野蚕到蚕宝宝

蚕桑养殖业是古代中国有别于世界其他古文明的标志性产业,也是中国传统社会的经济支柱之一。关于蚕桑养殖的起源,流传最广的一种民间传说是这样的:上古某酋长有一个女儿和一匹公马,后来酋长出门多年未归,想念父亲的女儿对公马说,如果能把父亲接回来,自己就嫁给它。公马立即把酋长接了回来,从此纠缠酋长女儿不放。酋长得知此事,射杀了公马,并扒掉马皮晾晒。一天,酋长女儿对着马皮调侃,马皮突然裹起酋长女儿飞上大树,变作了家蚕,而这树就是桑树。因此,家蚕又被叫作"马头娘"。

马头娘的故事显然基于蚕宝宝的头部像马,娇嫩的皮肤像少女的外观特征。除此之外,这个神话还提到了一个目前被考古学界广泛认可的现象:蚕桑与野马大约是同时被驯化的,也就是始于公元前4000年左右的卷转虫海侵末期。

与野马的驯化起源相比,蚕、桑的驯化起源更难解释。毕竟野马经常与人类相遇,而且马是很实用的家畜:马肉可以吃,马奶可以喝,马皮可以穿,马还可以用来骑乘和运输。而蚕和桑则不然。野蚕是生长在桑树上的一种不起眼昆虫,通常藏在桑树的树冠里,原始人类在摘桑葚时应该看见过它们,但未必留下深刻的印象。在自然界中,有上千种昆虫

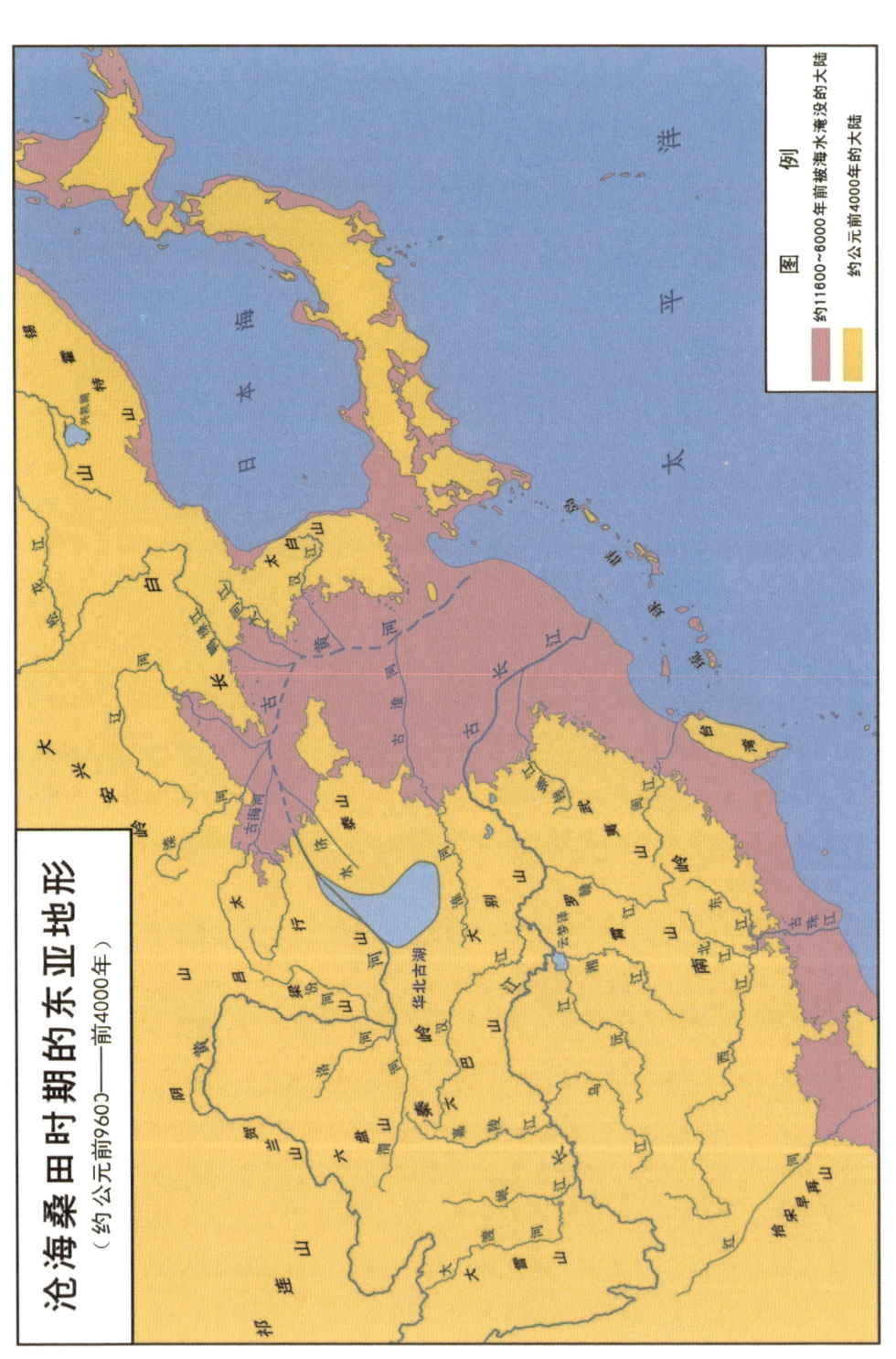

地图36 沧海桑田时期的东亚地形（罗三洋、王晓明制作）

比野蚕更频繁地接触人类，其中不乏吐丝结茧者，可它们都没有被人类驯化。事实上，人类有史以来只驯化过蜜蜂和家蚕两种昆虫，驯化昆虫的难度之大可想而知。

人类养殖蜜蜂的原因很容易理解：蜂蜜味道甜美，蜜蜂又是勤劳的传粉者，养蜂对农业十分有利，缺点不过是蜜蜂有时蜇人。而且蜜蜂在野外相当常见，人类频繁与之接触。它与神秘的野蚕形成了鲜明的对照。奇怪的是，就驯化程度而言，蜜蜂反倒远不如家蚕。

如今，家养蜜蜂的外貌与野生蜜蜂区别很小，而且依然野性十足。家蚕则与野蚕极为不同：家蚕的卵对温度和湿度的要求极为苛刻，难以在野生环境中孵化；家蚕的幼虫和成虫都比野蚕肥大得多，幼虫运动能力低下，蚕蛾过于肥胖，身材比例失衡，虽然还长着翅膀，却完全丧失飞行能力。总而言之，在所有家养动物之中，家蚕的驯化程度登峰造极，已经成为只要离开人工饲养就会迅速灭绝的高度特化动物，堪称昆虫界的约克夏猪。要想把野蚕培养成现代家蚕，起码需要上千年持续不断的优选育种，若没有极强的驱动力和明确的目的性，肯定无法做到。

与家蚕的驯养同样令人费解的，还有桑树。中国现存 15 种野生桑树，分布在从新疆到云南的全国各地，但多以高达十几米的乔木桑为主（中国上古传说中的"扶桑"能一直长到天庭），这意味着采摘桑叶需要费许多力气。早期人类爬桑树的主要目的恐怕只是摘桑葚吃。直到明朝，栽培桑树才发展为现代茎矮、叶多的形态。桑树寿命长，生长慢，栽培桑树在发芽后的 3—4 年幼龄期叶子很少，品质也不佳，农民通常不采。野生桑树的幼龄期更长，可达 5—7 年，这意味着最早种植桑树的农民要付出巨大的时间成本。如此漫长的收益周期显然不适合任何急功近利的投资者，更何况谁也不能保证在这些年内，没有饥饿的野猪或贪婪的暴徒冲进桑田内肆意破坏。

关于谁是最早驯养家蚕的人，古籍中记载不一，最常被提及的是伏羲、黄帝和黄帝的妻子嫘祖。作为民间影响更广泛的蚕女神，马头娘的传说始于春秋战国时代的四川，此地古称"蜀"，意思即"野蚕"。按照

《华阳国志》等古籍的记载，古蜀有位国王名叫"蚕丛"，可见养蚕在先秦四川经济中的重要地位。

如果我们追溯到先秦时期，例如商朝，就会更加接近桑蚕养殖起源的本来面貌。殷墟甲骨文称蚕神为"蚕示"，"示"即"神"的异体字。《黄帝内经》记载："黄帝斩蚩尤，蚕神献丝，乃称织维之功。"由此推论，这位向黄帝献丝的"蚕神"，在历史中可能是蚩尤手下的一位祭司。蚩尤败亡之后，他沦为黄帝的俘虏，被迫交出桑蚕驯化技术，以嫘祖为代表的华夏族从此开始种桑养蚕。从考古发现来看，桑蚕驯化至少在黄帝、嫘祖、蚩尤时代前一两千年就完成了，最早的发明人或许正是蚩尤的祖先。

东夷族发明了桑蚕养殖业的观点也得到了考古发现的支持。家蚕的最早实物证据出现于公元前 5000 年左右的浙江余姚河姆渡遗址，包括一个象牙小盅上面雕的蚕纹，以及纺轮等许多纺织工具。在公元前 4000—前 3000 年的新石器时代遗址中，出土了不少蚕形艺术品，甚至还有几个蚕蛹化石和少量丝绸，这些遗址的分布范围遍及从山西到浙江的各地。由于这些文物都显示了清晰的家蚕特征，所以家蚕的驯养必然早于公元前 4000 年。基本可以肯定，家蚕的驯养和丝绸的发明都始于公元前 9600—前 4000 年的卷转虫海侵时期。

桑者，丧也

尽管商朝人广泛经营蚕桑，并且隆重地祭祀蚕神，甚至已经掌握了缫丝、提花和刺绣技术，但奇怪的是，商朝人并不穿丝绸衣服，至少在他们生前不穿。近现代出土的许多商朝和西周青铜器都被丝绸包裹着，因为丝绸的性质脆弱易腐烂，所以出土时都不完整，仅存粘在青铜器表面上的残片。早期的考古者和盗墓者对这些丝绸残片不重视，通常都直接从他们感兴趣的青铜器上剥离。直到近期，学者们才意识到，商朝和西周青铜器在随葬之前都要裹上丝绸，这是一种十分重要的文化风俗。不仅随葬的青铜器如此处理，下葬的尸体和其他随葬品似乎也都要用丝绸裹得严严实实，看上去就像一个又一个巨大的蚕茧。

为什么先秦古人要将死者和随葬品"蚕茧化"呢？一种推测是，他们相信灵魂不死而只是前往另一个世界，就像蚕结茧化蛾。不经过"蚕茧化"处理，逝者的灵魂就无法"化蛾"，其内在逻辑与西方的裹尸布文化如出一辙。这一宗教风俗现在虽已消失，但在历史上持续了很久。在约公元前3600年的河南仰韶文化荥阳青台村遗址中，就出土了被丝绸严密包裹的儿童尸体。由此看来，桑蚕的养殖与史前中国的宗教，特别是丧葬习俗之间存在密切的联系，我们可以从汉字本身窥见一些端倪。

干宝在《搜神记》叙述马头娘传说时解释道："桑者，丧也。"套用这一格式，我们或许可以说：蚕者，残也，惨也；丝者，死也，尸也，逝也（古代中国没有重音）。桑、蚕、丝的谐音字都散发着这么强烈的死亡气息，这不是偶然的，其中透露出桑蚕养殖业的起源。西周以后，丝绸突然失去了丧葬文化属性，变为民众的日常用品，还成了奢侈品的代名词。北宋大臣司马光曾经批判当时社会上"走卒类士服，农夫蹑丝履"的奢靡风气，如果商朝人穿越时空来到2000多年后，一定会震惊于街上行人浑身上下穿着裹尸布。

看来，将野桑蚕驯化为家蚕，并不是早期农民自发的，而是由贵族祭司集团推行的自上而下行为，专为史前中国的宗教和丧葬文化服务。古代中国通常政教合一，帝王既是国家元首，又是最高祭司，而且首先是最高祭司，也就是著名的"政由宁氏，祭则寡人"。野桑蚕经过数千年的人工优选育种被成功地驯化为家蚕这一事实本身，说明早在公元前9600—前4000年的卷转虫海侵时期，中国的政教合一国家机器便已初具规模，而绝不仅仅是原始松散的部落氏族。其领袖拥有相当坚定的执政意志和宗教热忱，为了自己死后能够"作茧自缚"，他们在几十代人的漫长时间内，历经成百上千次实验失败，仍毫不动摇，方才得以成就人类养殖史上的这一伟大奇迹。

问题随之而来：如此先进的史前国家一定有庞大的遗迹留存地下，在哪里呢？最早发明桑蚕养殖的史前国家，如今已经长眠于汪洋大海之下，这就是中国的"亚特兰蒂斯"和"伊甸园"——被卷转虫海侵吞没的"五仙山"和"龙伯国"等史前文明。

盐碱地克星

卷转虫海侵不仅是单纯的海水上涨，而且在数千年的漫长过程中，也伴有频繁的海退。卷转虫海侵有三个高潮，即约公元前 1.2 万—前 1.1 万年、前 9600—前 8500 年、前 6500—前 4000 年。在这三个高潮之间的两个过渡阶段，海退是普遍现象，此时大陆收复了许多失地，都是被海水长期浸灌的盐碱地。公元前 1.2 万—前 9600 年，卷转虫海侵曾被新仙女木事件打断，代之以严重的海退。而对人类文明而言，公元前 8500—前 6500 年的海退尤为重要。它给了逃离大洪水的人类喘息的时间，并且提供了发展的良机，许多家畜和作物的驯化很可能发生在这一时期，其中就包括桑蚕。

作为桑蚕丝绸产业的物质基础，野生桑树看似毫不起眼。但和所有历经亿万年磨难而生存至今的物种一样，桑树有自己的独门绝技——适应和改造盐碱地。土地盐碱化对植物生长非常有害，因为盐（氯化钠）浓度过高容易导致植物枯死，农学家称之为"盐胁迫"。农学家将植物的抗盐性分为三级。其中，含 0.1% 氯化钠的土壤为低盐度，能够耐受这一盐碱水平的植物具有 3 级抗盐性；含 0.2% 氯化钠的土壤为中盐度，能够耐受这一盐碱水平的植物具有 2 级抗盐性；含 0.3% 氯化钠的土壤为高盐度，能够耐受这一盐碱水平的植物具有最高的 1 级抗盐性。在很大程度上，抗盐性决定了不同农作物在各地区的产量。自从公元前 1.2 万年之后，中国东部出现了大片卷转虫海侵形成的盐碱地，此时此地，抗盐性强的植物前景无疑远比抗盐性差的植物乐观。

现在，轮到桑树在盐胁迫实验中接受严酷挑战了。实验结果表明，0.1% 左右的氯化钠浓度居然对桑树的生长具有一定的促进作用。直到土壤氯化钠浓度达到 0.3% 以上，桑树幼苗的成长才会受到明显抑制，

0.52%以上的土壤氯化钠浓度才会使桑树幼苗大面积枯死。看来，现代人工养殖桑树的抗盐性不错，而古代野生桑树的抗盐性可能还要更强。

更加令人印象深刻的是桑树对盐碱地的改造能力。实验结果表明，种植人工养殖桑树3年之后，0—20厘米深的土壤pH值从9.15下降到8.81，原先严重盐碱化的板结土壤盐碱度下降，肥度上升，物理结构变得松散，通气性和透水性都有所增大，导致20厘米深的土壤内的细菌、真菌和放线菌数量大幅上升。

可见，桑树对中国沿海地区具有重大的生态意义：它能够，甚至偏爱在盐碱地上生长，并且在生长过程中将板结的盐碱地变为松散的沃土。正是有赖于桑树等耐盐植物，中国东部的广大沿海平原才能一次又一次地从海侵过后的盐碱地中重新焕发生机。在海退之后，沧海之所以变成了桑田，而不是稻田、麦田或菜园，是因为被海水淹没的土地都是盐碱地，不适合大多数农作物生长，只有桑树等耐盐植物才能在这里生存。而从历代古籍来看，在占领海退造成的盐碱地时，野生桑树的表现尤为突出。据史书记载，东晋初年长江口水位下降时，野生桑树迅速地占领了露出水面的河床。而在卷转虫海侵前后，桑树必然多次在华北和华东的沿海平原上制造出大片的单一物种森林，也就是"桑田"。正如现代华南和东南亚沿海广布红树林一样，史前华北和华东的沿海平原也曾经广布桑林。如今这些桑林大多早就被改造成了农田，但如果没有桑树对盐碱地的改造，水稻、小麦和玉米等抗盐性低的农作物便不可能在这些土地上存活。

桑林作为单一植物遍布盐碱地的壮观景象，无疑引起了中国古人的高度关注。这片上不飞鸟、下不长草的海滨桑林是特别安静和安全的场所，除了桑葚收获的季节，一般人迹罕至，毒蛇猛兽也是稀客，甚至连蚊子和苍蝇都不常见。所以，桑林成了青年男女幽会的最佳地点，有时候在空桑（中空的枯死桑树）中还会出现弃婴。谈情说爱之余，他们发现自己并不孤独——桑林中还有另一种动物在繁殖，那是一种以桑叶为食的蛾子，因为桑林中缺乏天敌而肆意繁殖，数量众多。这种蛾子不仅生于桑林，而且在桑林中结茧化蛾，最终"羽化升天"。人类是善于联想的，蚕宝宝使人联想到桑叶，从桑叶想到桑林，从桑林想到男女幽会，从男女幽会想到性行为，从性行为想到男性外生殖器，而男性外生殖器又使人联想到蚕宝宝。这是一个严密且合乎生活常识与普遍逻辑的循环，家蚕旺盛的生殖力又进一步加强了人类对此的认识。在史前中国社会中，蚕不仅是帮助死者灵魂升天的沟通桥梁，也是生殖崇拜的重要象征。它将生与死两件大事集于一身，因此被赋予了重大意义。于是，统治阶层以饱满的热情推动保育桑蚕的工作，经过上千年的努力，终于完成了野桑蚕的驯化。

除了桑树，还有另一种东亚特产的农作物受益于卷转虫海侵和与之相伴的海退，这就是大豆（先秦文献称大豆为"菽"）。盐胁迫对比实验结果表明，大豆的抗盐性超过桑树等许多耐盐植物，野生大豆的抗盐性又远强于栽培大豆，而大豆的根瘤还使它拥有超强的固氮能力，在改造盐碱地方面表现得比桑树等耐盐植物更好。不过，野生大豆的产量太低，寿命又短，因此在野生环境内与桑树的竞争中处于下风，但也足以引起古代中国人的密切关注，最终成为中国主要的农作物之一。

文明古国同时出现之谜

在卷转虫海侵以及与之相伴的海退期间，东亚的植物和动物驯化有了巨大的进展，而在西亚，也出现了类似的情况。现代西亚人的主食几乎全部是小麦制品——面包、馕和面条，但在文明肇始，也就是欧贝德文化及其继承者苏美尔文明中，大麦的占比却高于小麦，这也使西亚人酿出世界上最早的啤酒。其实，欧贝德人和苏美尔人之所以更多地种植大麦，主要原因是当时的土地不适合种植小麦，他们知晓两种作物的产量差别。大麦的抗盐性比小麦强得多，而卷转虫海侵时代的两河流域土地盐碱化程度与华北和华东平原同样严重。基于同样的理由，原产于中东的另一种作物鹰嘴豆，也因其良好的抗旱抗盐碱属性备受中东古代农民的青睐，如今鹰嘴豆的种植地区已遍及大半个亚洲。

不过，大麦和鹰嘴豆并非中东植物界真正的抗盐碱之王。海退时期，在环波斯湾的盐碱地上，一种耐盐碱的果树日益繁盛起来，和东亚的桑树一样，造就了大片单一树种的森林。这是枣椰树，它的果实叫椰枣，其花粉主要靠风力和蜜蜂传播。香甜的椰枣对古代中东人来说是难以抵挡的诱惑，他们在枣椰林中的采集活动便成为农业史上又一个重要步骤。就目前考古资料所知，枣椰树是第一种被人工授粉的植物（不晚于公元前 1500 年），原因大约是风向无法控制，而蜇人的蜜蜂又尚未驯化。补充一句，蜜蜂最早也是由中东居民驯养的（不晚于公元前 1000 年，甚至可能更早，所以《旧约》中的以色列人屡次骄傲地将自己的家乡称为"流奶与蜜之地"）。也就是说，人类成功驯化家蚕和蜜蜂都与卷转虫海侵及海退有关。

公元前 9500—前 4000 年，海水的反复内侵和退却造就了东亚的桑田和波斯湾周围椰枣林的奇观，这场千载难逢的自然浩劫尽管沉重地打击了亚洲居民，但也给他们提供了领先世界各民族的难得良机。农业和畜牧业的核心技术突破都发生在这一时期，面包、面条、啤酒、牛奶、羊肉、猪肉、酱油、丝绸、蜂蜜、椰枣、西瓜、南瓜、葫芦、鹰嘴豆……这个名单简直可以无限长。

总而言之，冰期之后的气温上升导致海水上涨，广阔的浅海大陆架被淹没，这对于温带浅海大陆架最为广阔的亚洲和地中海区域的人类影响最为巨大。严重的生存危机迫使他们放弃传统的狩猎采集等"猎食"经济模式，转而研究驯化动植物的方法，而驯化动植物奠定了现代人类社会的基础。这就是约 5000 年前，许多文明古国几乎同时出现在亚洲和地中海区域的奥秘。

文明的曙光

卷转虫海侵期间兴起于亚欧大陆和北非的农牧业，能够生产出远超农民和牧民自身所需的食物。有史以来，地球上首次出现了一批不必终日为食物奔波的生物个体,他们能够完全脱离直接的食物采集工作,把主要精力用于科学技术研究和文化创新,这使人类完全不同于以往数十亿年来出现的任何物种。稠密的人口、复杂的职业分工、先进的科学技术、深奥的文化,当所有这些因素都集合在同一个社会时,我们称之为"文明"。

早在旧石器时代,现代智人就在敬畏自然的同时,热衷于征服自然、改造自然、破坏自然,从而占据了食物链的顶端,并给许多物种带来了毁灭性的灾难。进入文明时代,随着技术水平的提升和科学理论的发展,现代智人对自然的敬畏日渐消失,而"人是万物的尺度""人为自然界立法"之类的观点广为流传,有些君主甚至宣布,自己就是永生的神祇。

然而,在文明社会中,自然环境对人类的影响不仅不会减弱消失,反而会变得更加深远。与原始社会一样,文明社会也要经常面临自然环境剧变的考验。一旦无法通过这些考验,整个社会都要为此付出惨痛的代价。国运的盛衰、朝代的更替、战争的胜负、个人的成败,往往都与自然环境因素息息相关。

无论如何,渔猎时代都已经随着卷转虫海侵而结束。地球的环境已经变得截然不同,任何人类社会都必须主动适应新的自然环境,才能够持久繁荣昌盛。

未来的时代,将是农牧争雄的时代。

附 录

史前中国大事年表

（距今46亿年—公元前4000年）

距今年代	大事记
46亿年前	地球形成
45亿年前	大撞击事件，月球形成
43亿—35亿年前	地壳冷却，陆核形成
26亿—25亿年前	阜平运动
23亿—22亿年前	五台运动
20亿—18亿年前	吕梁运动
10亿—8亿年前	青白口纪；晋宁运动
9.6亿—8.9亿年前	青白口冰期（奈舍冰期）
8亿—6.8亿年前	南华纪
8.2亿—7.3亿年前	南华冰期（斯特廷冰期）；"雪球地球"时代
6.8亿—5.4亿年前	震旦纪
6.4亿—5.4亿年前	震旦冰期（维兰杰冰期）
5.7亿年前	埃迪卡拉生物群、瓮安生物群
5.4亿年前	"雪球地球"时代结束；寒武纪生命大爆发；冈瓦纳大陆、劳伦古陆和中华群岛形成
5.1亿年前	寒武纪末期生物大灭绝
5.1亿—4.4亿年前	奥陶纪
4.4亿年前	奥陶纪末期生物大灭绝
4.4亿—4.1亿年前	志留纪
4.4亿—4.2亿年前	奥陶-志留纪冰期
4.3亿年前	志留纪海退；陆生植物出现
4.1亿—3.55亿年前	泥盆纪；华夏浅海与华南岛合并，华北岛与柴达木岛合并
3.6亿年前	泥盆纪海退；动物登陆；泥盆纪末期生物大灭绝
3.6亿—2.9亿年前	石炭纪；华北煤田形成
3.5亿—2.7亿年前	石炭-二叠纪冰期

(续表)

距今年代	大事记
3 亿年前	辛梅里亚大陆和冈底斯岛形成
2.9 亿—2.5 亿年前	二叠纪
2.6 亿年前	峨眉山火山群爆发；台湾岛与海南岛出现
2.5 亿年前	西伯利亚火山群爆发；二叠纪末期生物大灭绝
2.5 亿—2.05 亿年前	三叠纪；华北岛东部和华南岛东南部火山活动频繁
2.42 亿年前	拉丁期大海退
2.33 亿年前	卡尼期洪积事件
2.2 亿—2 亿年前	印支运动（阿尔卑斯造山运动 I）：辛梅里亚大陆与盘古大陆及华北岛相撞，华北岛与华南岛和塔里木岛相撞，华南岛又与马来半岛相撞，盘古大陆和中华半岛形成
2.05 亿年前	三叠纪末期生物大灭绝；北大西洋玄武岩喷发
2.05 亿—1.35 亿年前	侏罗纪
2 亿年前	亚洲与盘古大陆分离；中国东部沿海火山群喷发
1.9 亿年前	劳伦古陆与盘古大陆分离；大西洋形成
1.8 亿—1.4 亿年前	古巴蜀湖形成；自贡古生物群、禄丰古生物群与喜马拉雅海古生物群
1.7 亿年前	劳伦古陆分裂为欧洲和北美洲
1.5 亿年前	被子植物出现
1.35 亿—6500 万年前	白垩纪；燕山运动（阿尔卑斯造山运动 II）：燕山隆起；冈底斯岛撞击亚欧大陆，使昆仑山火山爆发，松辽盆地、华北平原、华东平原和江汉盆地形成；欧洲撞击亚洲，乌拉尔山脉形成；北大西洋洪流玄武岩喷发；盘古大陆开始解体，非洲、南美洲和印度陆续分离
1.3 亿—1 亿年前	辽西古生物群
6500 万年前	K-T 事件；白垩纪生物大灭绝；恐龙绝迹；尤卡坦半岛的奇克苏鲁布陨星撞击；美国的曼森陨星撞击；印度孟买外海的湿婆陨星撞击；印度德干半岛火山群爆发；中生代的结束与新生代的开始
6500 万—2300 万年前	古近纪（古新世、始新世、渐新世）
5000 万—4000 万年前	印度次大陆开始撞击亚欧大陆；古地中海缩小；中国东部发生大规模裂陷现象；高等灵长类动物出现
3400 万年前	北西伯利亚陨星撞击事件；哺乳动物开始繁荣
3100 万年前	埃塞俄比亚洪流玄武岩喷发
2650 万—1830 万年前	青藏高原的主体隆升时代
2650 万—238 万年前	长白山、澎湖、雷州半岛、海南岛等中国东部火山喷发
2300 万—250 万年前	新近纪（上新世、中新世）
2200 万年前	亚洲季风出现；三趾马红土开始形成
1720 万年前	哥伦比亚洪流玄武岩喷发
1500 万年前	德国巴伐利亚陨星撞击事件；阿尔卑斯造山运动兴起；类人猿出现
1200 万年前	东非大裂谷开始形成；森林古猿、西瓦古猿兴盛
800 万—700 万年前	墨西拿阶危机爆发，地中海干涸；内蒙古达里火山群爆发
800 万—530 万年前	人亚科动物出现，分化为人族和大猩猩族；撒海尔人出现
530 万—400 万年前	猿人从环乍得湖地区迁徙到东非大裂谷；南方古猿出现
360 万—170 万年前	青藏运动，青藏高原边缘地区剧烈抬升；华北古湖、苏北古湖、三门古湖陆续出现

(续表)

距今年代	大事记
260万—240万年前	智利外海陨星撞击事件；北京海侵；撒哈拉沙漠扩张；横贯非洲水系消失，尼罗河诞生；能人出现；汾河期事件；松山-高斯磁极倒转事件；三峡首次贯通；白令陆桥形成；黄土与季风开始形成；中国东部火山停止喷发
260万年前至今	第四纪（更新世、全新世）；第四纪冰期
260万—245万年前	前提格利亚冰期
247万—73万年前	松山反向期
243万年前	北京海侵；白令陆桥被海水淹没为白令海峡
240万—180万年前	提格利亚冰期
220万—50万年前	直立人出现，并由西南向东北扩展到中国和亚洲大部分地区
220万年前	美国北部黄石火山爆发与阿根廷西北部伽兰火山爆发
210万—180万年前	东非匠人、爪哇猿人、重庆巫山猿人、芜湖繁昌人字洞遗址
170万—110万年前	云南元谋猿人
150万—130万年前	拜伯冰期
115万年前	陕西蓝田猿人
110万年前	西非利比里亚陨星撞击事件；南方古猿绝种
100万—95万年前	多瑙冰期
79万—63万年前	贡兹冰期（鄱阳冰期）
73万年前	松山-布容地磁界限事件
73万年前至今	布容正向期
70万年前	咸海陨星撞击事件；湟水期事件；昆仑-黄河运动；长江第二次冲出三峡
64万年前	黄石火山爆发
62万—23万年前	北京猿人、德国海德堡人
62万—50万年前	桑干河-永定河水系形成
56万—43万年前	民德冰期（大姑冰期）
50万—40万年前	沂源猿人
43万—30万年前	盐城-上海海侵
40万—30万年前	智人出现，分化为尼安德特人和现代智人等亚种，尼安德特人从欧洲东迁，在亚洲中部演化为丹尼索瓦人，将直立人驱逐到亚洲沿海地区
28万年前	辽宁金牛山人
23万—14万年前	里斯冰期（庐山冰期）
23万—18万年前	陕西大荔人
20万年前	湖北长阳人
15万年前	清水期事件；华东和华南的火山活动频繁；三门峡、龙羊峡和雅鲁藏布江大峡谷形成；长江最后一次冲出三峡，东流注入苏北古湖；黄河冲出三门峡，经华北古湖、华北陆桥注入黄海；雅鲁藏布江冲出喜马拉雅山脉，形成布拉马普特拉河；三门古湖消亡；华北古湖萎缩；河套古湖消失；毛乌素沙漠形成；日月山隆起，青海湖沉降；华北沙尘暴肆虐，马兰黄土形成；直立人、巨猿、巴氏大熊猫、丽牛、肿骨鹿、菱齿象、板齿犀、锯齿虎、巨颏虎、硕鬣狗等物种灭绝

(续表)

距今年代	大事记
15万—13万年前	广东马坝人、贵州桐梓人
13万—12万年前	末次间冰期；老富士山形成
13万—10万年前	山西丁村人、山西许家窑人
12万—8万年前	布莱克磁极倒转事件；星轮虫海侵（沧州海侵）；老富士山持续喷发；羌塘古湖和青西古大湖形成；现代智人首次走出非洲
11万—1.5万年前	玉木冰期（大理冰期）
10万—8万年前	富士山、长白山、城山日出峰共同喷发；河南许昌人
7.8万—7.4万年前	印尼多巴火山大爆发，全球气温剧烈下降；全球海平面下降，大陆架变成陆地；现代智人再次走出非洲
7万年前	现代智人抵达南亚和东南亚
7万—6万年前	现代智人抵达中国
6.8万年前	中国最早的现代智人广西柳江人出现
6万—4万年前	现代智人抵达大洋洲
5.8万—2.8万年前	全球气温反弹；内蒙古鄂尔多斯人
4.5万年前	现代智人抵达欧洲，形成克罗马农人
4万—2万年前	北京山顶洞人
3.6万年前	羌塘古湖湖水溢出那曲分水岭，注入印度洋，形成怒江（萨尔温江）；现代智人抵达日本，形成阿依努人
3.5万—2.5万年前	拉尚磁极倒转事件；假轮虫海侵（献县海侵或泗阳-滆湖海侵）；标枪的发明；格拉维特人进入欧洲；欧洲人驯化家犬；鬣狗在欧洲灭绝
2.8万—1.5万年前	末次盛冰期；欧洲-北美联合冰盖形成；全球海平面下降，大陆架变成陆地；渤海完全成为沙漠化陆地；黄海、东海和南海大片海域成为陆地；黄河在济州岛西北至冲绳海槽一带入海；中石器时代；弓箭和鱼钩的发明；鄂尔多斯人与山顶洞人南迁进入黄河流域和沿海平原
2.8万—0.7万年前	广西柳江白莲洞人
2.5万年前	维苏威火山初步形成
2.4万年前	尼安德特人灭绝
2.2万年前	青西古大湖湖水东溢，进入长江，长江突破苏北古湖，在舟山群岛至冲绳海槽之间入海，实现全线贯通；恒河与布拉马普特拉河（雅鲁藏布江）汇合流入孟加拉湾
2.2万—1.7万年前	长白山爆发；欧洲梭鲁特文化
2万年前	台湾左镇人
2万—1.5万年前	梭鲁特人越过欧洲-北美联合冰盖，发现美洲
1.8万年前	维苏威火山底波米斯大爆发
1.75万—1.15万年前	云南的马鹿洞人
1.6万年前	维苏威火山绿波米斯爆发
1.6万—1.2万年前	欧洲马格德林文化
1.5万—1.3万年前	卷转虫海侵第一阶段开始；欧洲-北美联合冰盖解体；东北亚人发现美洲；水稻农业在江西出现；麦作农业在西亚出现
1.4万—0.8万年前	日本绳纹文化

(续表)

距今年代	大事记
1.4万—1.2万年前	哥德堡反极性事件
1.37万—1.36万年前	老仙女木事件，全球气温下降
1.35万—1.33万年前	博令间冰阶，全球气温上升；北美无冰通道形成
1.33万—1.32万年前	中仙女木事件，全球气温下降
1.32万—1.3万年前	阿勒罗德间冰阶，全球气温上升
1.3万年前	老富士山爆发后坍塌；东北亚黄种人涌入美洲，形成印第安人
1.3万—1.2万年前	陶器的发明
1.29万年前	阿加西斯古湖溃坝；新富士山形成
1.29万—1.16万年前	新仙女木事件，全球气温下降；欧洲-北美联合冰盖重新形成
1.16万—0.82万年前	欧洲-北美联合冰盖解体；卷转虫海侵第二阶段，全球海平面上升，沿海平原被淹没形成大陆架；黄海、波斯湾、北海、爱琴海、波罗的海、白令海峡等海洋形成；更新世大灭绝
1万年前	新石器时代开始；中国人驯化家犬和家猪；丹尼索瓦人和鬣狗在中国灭绝；西亚人驯化山羊和绵羊
公元前6200年	8.2kaBP事件，全球气温下降，维苏威火山墨卡托大爆发
公元前6200—前2300年	全新世大暖期
公元前6000—前4000年	卷转虫海侵第三阶段（洪泽-镇江海侵或黄骅海侵）；渤海、爪哇海、马六甲海峡、英吉利海峡形成；黄海、东海、南海、北海、爱琴海、波斯湾、墨西哥湾扩大
公元前6000—前5000年	新石器早期结束；河南裴李岗、河北磁山、山东后李、内蒙古兴隆洼、陕西北首岭、甘肃大地湾、浙江河姆渡、湖南彭头湾等新石器中期文化在中国各地出现；家鸡、黄牛、水牛、家蚕、粟、黍、大豆、薯蓣、南瓜、葫芦在中国的驯化；陶符、骨笛、甲骨占卜的发明
公元前5600年	博斯普鲁斯海峡和达达尼尔海峡形成，地中海水涌入好客湖，形成黑海

参考书目

一、古籍

"二十五史"

《山海经》

《尚书》

《论语》

《左传》

《国语》

《庄子》

《淮南子》

《博物志》

《搜神记》

《神仙传》

《水经注》

《梦溪笔谈》

《绎史》

二、专著

Helmut Uhlig, *Die Sumerer*, BasteiLuebbe, 1989.

Volker Storch, Ulrich Welsch, Michael Wink, *Evolutionsbiologie*, Springer, 2001.

《吉尔伽美什》,南京:译林出版社,1999年。

阿兰·特纳、莫西奥·安东:《进化伊甸园:揭秘非洲大型哺乳动物的演化》,南京:江苏科学技术出版社,2010年。

艾萨克·阿西莫夫:《终极抉择:威胁人类的灾难》,上海:上海科技教育出版社,2000年。

爱德华·泰勒:《原始文化:神话、宗教、哲学、语言、艺术和习俗之研究》,桂林:广西师范大学出版社,2005年。

巴里·考克斯、彼得·穆尔:《生物地理学:生态和进化的途径》,北京:高等教育出版社,2007年。

柏拉图:《柏拉图全集》,北京:人民出版社,2003年。

布莱恩·费根:《世界史前史》,北京:世界图书出版公司,2011年。

曹伯勋:《地貌学及第四纪地质学》,北京:中国地质大学出版社,1995年。

查尔斯·辛格、E. J. 霍姆亚德、A. R. 霍尔:《技术史》,上海:上海科技教育出版社,2004年。

陈明远:《四大文明古国质疑》,北京:中央编译出版社,2011年。

陈小和主编:《生命交替的轮回:史前生物大灭绝》,上海:上海科学普及出版社,2011年。

崔述:《崔东壁遗书》,上海:上海古籍出版社,1983年。

大卫·克里斯蒂安:《时间地图:大历史导论》,上海:上海社会科学院出版社,2007年。

德斯蒙德·莫利斯:《裸猿》,上海:复旦大学出版社,2010年。

第欧根尼·拉尔修:《名哲言行录》,桂林:广西师范大学出版社,2010年。

丁山:《古代神话与民族》,北京:商务印书馆,2005年。

丁山:《中国古代宗教与神话考》,上海:上海书店出版社,2011年。

丁照:《理解自然:一个文明星球的形成》,北京:清华大学出版社,2010年。

董枝明、邢立达:《龙鸟大传》,北京:航空工业出版社,2009年。

方洪宾等:《松辽平原第四纪地质环境与黑土退化》,北京:地质出版社,2009年。

菲利普·布雷特:《地球的终结:未来世界是这样走向消亡的》,北京:中央编译出版社,2009年。

冯时:《中国天文考古学》,北京:中国社会科学出版社,2007年。

弗兰克·约瑟夫:《失落的利莫里亚文明:印度洋史前文明档案》,南京:江苏人民出版社,2011年。

弗雷泽:《金枝》,北京:新世界出版社,2006年。

葛剑雄、胡云生:《黄河与河流文明的历史观察》,郑州:黄河水利出版社,2007年。

葛姆瑞·汉卡克:《上帝的指纹》,北京:新世界出版社,2008年。

葛全胜等:《中国历朝气候变化》,北京:科学出版社,2011年。

顾颉刚:《古史辩自序》,石家庄:河北教育出版社,2003年。

郭大顺、张星德:《东北文化与幽燕文明》,南京:江苏教育出版社,2005年。

郭旭东:《北京第四纪地质导论》,重庆:重庆出版集团,2007年。

海尔特·J.弗尔迈伊:《自然的经济史》,杭州:浙江大学出版社,2012年。

汉娜·霍姆斯:《盛装猿:人类的自然史》,上海:上海科技教育出版社,2010年。

何新:《龙:神话与真相》,北京:时事出版社,2002年。

何新:《谈龙说凤:龙凤的动物学原型》,北京:时事出版社,2004年。

赫西俄德:《工作与时日神谱》,北京:商务印书馆,2011年。

黄万波、侯亚梅、徐自强:《龙骨坡:200万年前的山寨》,北京:中华书局,2006年。

贾雷德·戴蒙德:《枪炮、细菌与钢铁:人类社会的命运》,上海:上海译文出版社,2016年。

简·麦金托什:《探寻史前欧洲文明》,北京:商务印书馆,2010年。

江晓原:《12宫与28宿:世界历史上的星占学》,沈阳:辽宁教育出版社,2005年。

江晓原:《天学真原》,沈阳:辽宁教育出版社,2007年。

卡尔·马克思、弗里德里希·恩格斯:《马克思恩格斯全集》,北京:人民出版社,2006年。

肯尼思·L.费德:《骗局、神话与奥秘:考古学中的科学与伪科学》,上海:复旦大学出版社，2010年。

李济:《安阳》，上海：上海人民出版社，2007年。

李培英、徐兴永、赵松龄:《海岸带黄土与古冰川遗迹》，北京：海洋出版社，2008年。

李玥:《遥想侏罗纪》，昆明：云南民族出版社，2001年。

李增学、魏久传、余继峰等:《海侵事件与海侵成煤机制研究》，北京：地质出版社，2010年。

理查德·福提:《生命简史》，北京：中央编译出版社，2009年。

理查德·利基:《人类的起源》，上海：上海学科技术出版社，2007年。

刘东生等:《黄土与干旱环境》，合肥：安徽科技出版社，2009年。

刘文鹏:《古代埃及史》，北京：商务印书馆，2000年。

隆纳·莱特:《进步简史》，海口：海南出版社，2009年。

路易斯·亨利·摩尔根:《古代社会》，南京：江苏教育出版社，2005年。

罗恩·雷德芬:《起源：大陆、海洋与生命的演化》，郑州：大象出版社，2007年。

罗素·福斯特、里昂·克赖兹曼:《生命的季节：生生不息背后的生命节律》，上海：上海科技教育出版社，2011年。

罗易、沃克:《第四纪环境演变》，北京：科学出版社，2010年。

吕鸿声:《栽桑学原理》，上海：上海科学技术出版社，2008年。

麦克尼尔:《瘟疫与人：传染病对人类历史的冲击》，台北：台湾天下远见出版股份有限公司，1998年。

诺埃尔·T.博阿兹、拉塞尔·L.乔昆:《龙骨山：冰河时代的直立人传奇》，上海：上海辞书出版社，2011年。

帕斯卡尔·阿科特:《气候的历史：从宇宙大爆炸到气候灾难》，上海：学林出版社，2011年。

彭适凡等:《手铲下的文明：江西重大考古发现》，南昌：江西人民出版社，2004年。

普林尼:《自然史》，上海：上海三联书店，2018年。

普鲁塔克:《希腊罗马名人传》，长春：吉林出版集团，2009年。

齐陶:《周口店遗址通览》，北京：同心出版社，2009年。

乔恩·埃里克森:《地球上失落的生命：大灭绝》，北京：首都师范大学出版社，2010年。

乔治·萨顿:《希腊黄金时代的古代科学》,郑州:大象出版社,2010年。

秋道智弥、市川光雄、大塚柳太郎:《生态人类学》,昆明:云南大学出版社,2006年。

萨洛蒙·克罗宁博格:《人类尺度:一万年后的地球》,上海:上海文艺出版社,2011年。

森川昌和:《鸟滨贝冢:日本绳纹文化寻根》,上海:上海古籍出版社,2008年。

沈爱凤:《从青金石之路到丝绸之路:西亚、中亚与亚欧草原古代艺术溯源》,济南:山东美术出版社,2009年。

石发林:《澳大利亚土著人研究》,成都:四川大学出版社,2009年。

石如金、龙正学:《苗族创世纪史话》,北京:民族出版社,2009年。

斯宾塞·韦尔斯:《出非洲记:人类祖先的迁徙史诗》,北京:东方出版社,2004年。

斯蒂芬·伯特曼:《探索美索不达米亚文明》,北京:商务印书馆,2009年。

斯特拉博:《地理学》,上海:上海三联书店,2014年。

苏秉琦:《中国文明起源新探》,沈阳:辽宁人民出版社,2009年。

唐纳德·休斯:《什么是环境史》,北京:北京大学出版社,2008年。

田丰、李旭明主编:《环境史:从人与自然的关系叙述历史》,北京:商务印书馆,2011年。

田家康:《气候文明史:改变世界的8万年气候变迁》,北京:东方出版社,2012年。

田明中、程捷:《第四纪地质学与地貌学》,北京:地质出版社,2009年。

王大有:《三皇五帝时代》,北京:中国时代经济出版社,2005年。

王全伟等:《四川盆地中生代恐龙动物群古环境重建》,北京:地质出版社,2008年。

王哲:《上帝的跳蚤》,昆明:云南人民出版社,2008年。

沃尔特·阿尔瓦雷斯:《霸王龙和陨星坑:天体撞击如何导致物种灭绝》,上海:上海科技教育出版社,2001年。

吴晓东:《苗族图腾与神话》,北京:社会科学文献出版社,2002年。

吴新智:《人类进化足迹》,北京:北京教育出版社,2002年。

吴珍汉、吴中海、胡道功等:《青藏高原新生代构造演化与隆升过程》,北京:地质出版社,2009年。

希罗多德:《历史》,上海:上海三联书店,2008年。

夏东兴等:《海岸带地貌环境及其演化》,北京:海洋出版社,2009年。

夏训诚:《中国罗布泊》,北京:科学出版社,2007 年。

萧兵:《中国上古图饰的文化判读:建构饕餮的多面相》,武汉:湖北人民出版社,2011 年。

谢端琚:《甘青地区史前考古》,北京:文物出版社,2002 年。

邢立达、杨鹤林:《海龙大传》,北京:航空工业出版社,2009 年。

邢立达:《古兽真相》,北京:航空工业出版社,2007 年。

邢立达:《恐龙真相》,北京:航空工业出版社,2006 年。

徐旭生:《中国古史的传说时代》,北京:文物出版社,1985 年。

许靖华:《大灭绝:寻找一个消失的年代》,北京:生活·读书·新知三联书店,1997 年。

许靖华:《古海荒漠》,北京:生活·读书·新知三联书店,1996 年。

严健民:《远古中国医学史》,北京:中医古籍出版社,2006 年。

杨达源:《长江研究》,南京:河海大学出版社,2004 年。

杨鹤林、陈瑜等:《巨兽时代:寻找史前动物的世界》,重庆:重庆出版社,2006 年。

杨坤光、袁晏明:《地质学基础》,北京:中国地质大学出版社,2009 年。

姚汉源:《中国水利发展史》,上海:上海人民出版社,2005 年。

叶舒宪、萧兵、郑在书:《山海经的文化寻踪:"想象地理学"与东西文化碰撞》,武汉:湖北人民出版社,2004 年。

叶舒宪:《熊图腾:中国祖先神话探源》,上海:上海画报出版社,2007 年。

伊格内修斯·唐纳里:《亚特兰蒂斯:消逝的人类文明真相》,北京:新世界出版社,2009 年。

伊万·费奥多罗维奇·格鲁莫夫等:《里海区域地质与含油气性》,北京:石油工业出版社,2007 年。

游修龄:《中国农业通史(原始社会卷)》,北京:中国农业出版社,2008 年。

于革、刘健、薛滨:《古气候动力模拟》,北京:高等教育出版社,2007 年。

袁宝印、夏正楷、牛平山:《泥河湾裂谷与古人类》,北京:地质出版社,2011 年。

约阿希姆·拉德卡:《自然与权力:世界环境史》,保定:河北大学出版社,2004 年。

约翰·H.恰瑞夫:《前一千年的简明自然史》,上海:学林出版社,2011 年。

岳邦湖、田晓等:《岩画及墓葬壁画》,兰州:敦煌文艺出版社,2004 年。

詹姆斯·乔治瓦特:《遗失的姆大陆之谜：太平洋史前文明档案》,南京：江苏人民出版社,2011年。

张鹏:《猴、猿、人：思考人性的起源》,广州：中山大学出版社,2012年。

张之恒:《中国新石器时代考古》,南京：南京大学出版社,2004年。

张宗祜:《九曲黄河万里沙：黄河与黄土高原》,北京：清华大学出版社,2009年。

赵丰:《中国丝绸艺术史》,北京：文物出版社,2005年。

赵志中等:《青藏高原东缘晚新生代地质与环境》,北京：地质出版社,2009年。

郑杰祥:《新石器文化与夏代文明》,南京：江苏教育出版社,2005年。

中国国家博物馆:《文物史前史》,北京：中华书局,2009年。

周志炎、冯伟民等:《远古的悸动：生命起源与进化》,南京：江苏科学技术出版社,2010年。

祝中熹:《早期秦史》,兰州：敦煌文艺出版社,2004年。

三、论文

G. Shen, X. Gao, B. Gao, De. Granger, "Age of Zhoukoudian Homo erectus determined with (26) Al/(10)Be burial dating", *Nature*, No.3, 2009.

MitsuhiroYoshimoto,ToshitsuguFuji,TakayukiKaneko,ect., "Evolution of Mount Fuji, Japan: Inference from drilling into thesubaerial oldest volcano,pre-Komitakeiar", *Island Arc*, No.19,2010.

M. Widdowson, M. S. Pringle, A. O. Fernandez, "A Post-KT Boundary (Early Palaeocene) Age for Deccan-type Feeder Dykes, Goa, India", *Journal of Peterology*, Vol. 41, No. 7.

蔡保全:《晚玉木冰期台湾海峡成陆的证据》,《海洋科学》第26卷第6期。

董枝明:《喜马拉雅鱼龙》,《化石》1973年第1期。

范代读、李从先:《长江贯通时限研究进展》,《海洋地质与第四纪地质》2007年4月。

樊祺诚、隋建立、王团华等:《长白山火山活动历史、岩浆演化与喷发机制探讨》,《高校地质学报》2007年6月。

季军良、郑洪波、李盛华等:《山西平陆黄河阶地与古三门湖消亡、黄河贯通三门峡时代问题的探讨》,《第四纪研究》第 26 卷第 4 期。

柯越海、宿兵、李宏宇等:《Y 染色体遗传学证据支持现代中国人起源于非洲》,《科学通报》第 46 卷第 5 期。

刘东生、孙继敏、吴文样:《中国黄土研究的历史、现状和未来:一次事实与故事相结合的讨论》,《第四纪研究》第 21 卷第 3 期。

刘武、高星、裴树文等:《鄂西:三峡地区的古人类资源及相关研究进展》,《第四纪研究》第 26 卷第 4 期。

欧阳自远、管云彬:《巨大撞击事件诱发古气候旋回的初步研究》,《科学通报》1992 年第 9 期。

欧阳自远、王世杰等:《新生代地外物体撞击事件诱发的古气候环境灾变》,《第四纪研究》1995 年 11 月。

裴云鹏、吴乃琴、李丰江:《晚第三纪红黏土成因和沉积环境的生物学证据:蜗牛化石记录》,《科学通报》第 49 卷第 13 期。

彭淑贞、郭正堂:《风成三趾马红土与第四纪黄土的黏土矿物组成异同及其环境意义》,《第四纪研究》第 27 卷第 2 期。

王青:《鲧禹治水传说新探》,《南京师范大学文学院学报》2003 年第 3 期。

王苏民、吴锡浩、张振克等:《三门古湖沉积记录的环境变迁与黄河贯通东流研究》,《中国科学》D 辑第 31 卷第 9 期。

吴新智:《人类起源与进化简说》,《自然杂志》第 32 卷第 2 期。

吴新智:《巫山龙骨坡似人下颌属于猿类》,《人类学学报》第 19 卷第 1 期。

于振江、郭盛乔、梁晓红等:《长江三角洲(江南)地区第四纪海侵层的划分及时代归属》,《地质力学学报》第 29 卷增刊。

朱茂炎:《动物的起源和寒武纪大爆发:来自中国的化石证据》,《古生物学报》2010 年 9 月。

图书在版编目（CIP）数据

我们从哪里来 / 罗三洋著. -- 北京：北京联合出版公司, 2022.4（2025.3 重印）
ISBN 978-7-5596-5948-4

Ⅰ. ①我… Ⅱ. ①罗… Ⅲ. ①中国历史—通俗读物 Ⅳ. ① K209

中国版本图书馆 CIP 数据核字 (2022) 第 024340 号

Chinese edition ©2022 Ginkgo (Beijing) Book Co., Ltd.
All rights reserved.
本书中文版版权归属银杏树下（北京）图书有限责任公司

审图号：GS（2022）562

我们从哪里来

著　　者：罗三洋
出 品 人：赵红仕
选题策划：后浪出版公司
出版统筹：吴兴元
特约编辑：林立扬　张宇帆
责任编辑：夏应鹏
营销推广：ONEBOOK
封面设计：尬　木

北京联合出版公司出版
(北京市西城区德外大街 83 号楼 9 层　100088)
天津中印联印务有限公司印刷　新华书店经销
字数：296 千　　720 毫米 × 1030 毫米　1/16　21.5 印张　插页 4
2022 年 4 月第 1 版　2025 年 3 月第 5 次印刷
ISBN 978-7-5596-5948-4
定价：80.00 元

后浪出版咨询(北京)有限责任公司版权所有，侵权必究
投诉信箱：editor@hinabook.com　fawu@hinabook.com
未经书面许可，不得以任何方式转载、复制、翻印本书部分或全部内容。
本书若有印、装质量问题，请与本公司联系调换，电话 010-64072833